平台幻觉

科技巨头时代的赢家与输家

[美]乔纳森·尼———著
（Jonathan A. Knee）
王喆斐————译

The Platform Delusion,
Who Wins and Who Loses in the Age of
Tech Titans

中国出版集团
中译出版社

图书在版编目（CIP）数据

平台幻觉：科技巨头时代的赢家与输家 /（美）乔纳森·尼（Jonathan A. Knee）著；王喆斐译. -- 北京：中译出版社，2023.2
　　书名原文：The Platform Delusion
　　ISBN 978-7-5001-7098-3

Ⅰ.①平… Ⅱ.①乔… ②王… Ⅲ.①高技术企业—企业管理—研究 Ⅳ.① F276.44

中国版本图书馆 CIP 数据核字 (2022) 第 098377 号

All rights reserved including the right of reproduction in whole or in part in any form.
This edition published by arrangement with Portfolio,an imprint of Penguin Publishing Group, a division of Penguin Random House LLC.
由中译出版社与企鹅兰登（北京）文化发展有限公司 Penguin Random House（Beijing）Culture Development Co., Ltd. 合作出版。
著作权合同登记号：图字 01-2022-2928

"企鹅"及其相关标识是企鹅兰登已经注册或尚未注册的商标。
未经允许，不得擅用。
封底凡无企鹅防伪标识者均属未经授权之非法版本。

平台幻觉：科技巨头时代的赢家与输家
PINGTAI HUANJUE: KEJI JUTOU SHIDAI DE YINGJIA YU SHUJIA

出版发行 / 中译出版社
地　　　址 / 北京市西城区新街口外大街 28 号普天德胜科技园主楼 4 层
电　　　话 /（010）68005858，68358224（编辑部）
传　　　真 /（010）68357870
邮　　　编 / 100088
电子邮箱 / book @ ctph. com. cn
网　　　址 / http：// www. ctph. com. cn

策划编辑 / 范　伟　张孟桥
责任编辑 / 张孟桥　范　伟
营销编辑 / 白雪圆　喻林芳
版权支持 / 马燕琦　王立萌
封面设计 / 仙境设计
排　　　版 / 邢台聚贤阁文化传播有限公司
印　　　刷 / 北京中科印刷有限公司
经　　　销 / 新华书店

规　　　格 / 710 毫米 ×1000 毫米　1/16
印　　　张 / 22.5
字　　　数 / 270 千字
版　　　次 / 2023 年 2 月第 1 版
印　　　次 / 2023 年 2 月第 1 次
ISBN 978-7-5001-7098-3　　　定价：89.00 元

版权所有　侵权必究
中　译　出　版　社

纪念我挚爱的母亲
Rokki Knee Carr 女士
她是自然之力

引 言

世界即将被各种平台控制。把孩子藏好，带上行李，逃吧。

平台的统治无可避免，反抗都是徒劳。任何不屈从于平台的人，只会在这个阶层日益分化的社会中沦落到底层。

早期的平台投资者和那些受他们资助的卓越企业家统治着新的全球秩序。加入他们，或许还会有一线生机；否则，只能被一并摧毁。

这个故事里，有太多值得说道的地方。

一个又一个的行业中，那些真正做实事的公司创造出来的价值、收益和成果，全部被新兴的所谓平台公司所攫取。

2015年，在一场IBM的企业家会议上，有一页幻灯片完美地把握住了这一"时代精神"，迅速走红。在这场题为"数字时代下的错乱"的演讲中，IBM的创业主管列出了8个已经被平台支配的大型行业。这张幻灯片至今仍在网络上广泛流传，那些科技投资人和顾问们只要拿来稍做修改，就能用它唬住他们的客户。

数字时代下的错乱

- 全球最大的出租车公司没有出租车（Uber）
- 最大的住宿提供商没有房产（Airbnb）
- 最大的手机公司没有电信基础设施（Skype, WeChat）
- 全球市值最高的零售企业没有库房（Alibaba）
- 最受欢迎的媒体公司不创作内容（Facebook）
- 增长最快的银行没有资金（SocietyOne）
- 全球最大的电影院没有影院（Netflix）
- 最大的软件商不做 APP（Apple 和 Google）

这些有"魔力"的企业往往会哄骗增长乏力的现有竞争者参与合作，从而加速其灭亡。那些增长乏力的企业被分享数字财富和恢复企业活力的说辞所诱惑，过度披露信息，最终失去自我，沦为自己昔日的影子，无从辨认。

2000 年前后，电路城（Circuit City）、鲍德斯书店（Borders）和玩具反斗城（Toys "R" Us）都以为将线上订单外包给亚马逊平台是个好主意。结果电路城和鲍德斯书店分别于 2008 年和 2011 年申请破产。2004 年，玩具反斗城试图夺回其运营控制权，却为时已晚，收效甚微。随之而来的是诉讼，2005 年被当时财力最为雄厚的私募股权公司收购。经过 5 年的诉讼，亚马逊才同意向玩具反斗城支付 5 100 万美元的"保密"和解金。最终，玩具反斗城于 2017 年申请破产。

奈飞（Netflix）2007 年推出流媒体服务，当时娱乐巨头急切地出售旗下电影电视工作室原创内容的数字版权，觉得这是躺着赚钱。2008 年的经济衰退又进一步刺激了这些公司，使他们忽视了通过出售流媒体版权来满足短期利润需求所带来的长期影响。

2010年，时代华纳（Time Warner）作为独立公司的最后一位首席执行官杰夫·贝克斯（Jeff Bewkes）仍然对奈飞的野心不屑一顾，认为它不过是老牌电影公司又一个高利润来源。他嘲笑道："这好比是阿尔巴尼亚军队要接管世界了？我觉得不太可能。"

几年后的2014年，时代华纳拒绝了鲁珀特·默多克（Rupert Murdoch）麾下21世纪福克斯公司（21st Century Fox）的恶意收购，并且为了证明这一决策正确，公布了对HBO流媒体服务的收购计划，以此与奈飞竞争。公司花费了数亿美元资金在内部建立线上能力未果，只好匆忙将这项业务外包给美国职业棒球大联盟（Major League Baseball）的数字化部门，才赶上之前公布的首发日。

时代华纳随后在2018年被美国电话电报公司（AT&T）收购，当时成交保住的价值还不足奈飞公开市值的一半。但不到3年，时代华纳又被AT&T剥离。2019年，面对传统娱乐业日益黯淡的前景，默多克也将21世纪福克斯公司抛售。

那些无助的模拟公司（Analog Businesses）被科技巨头无情地碾压，数字平台大获全胜，目前人们普遍认为数字平台是一种不可阻挡的病毒。2020年的新冠肺炎疫情确实也加速了它的传播。疫情期间，纳斯达克作为这些平台的发源地屡创新高，而纽约证券交易所却停滞不前。这些例子听起来很有说服力，实则经不起推敲。有些人也正竭力避免大家仔细推敲，以便他们自己能从中获利。此外，对于发一笔数字横财的渴望也阻碍了我们深入思考。

赚快钱的诱惑难以抵挡。它那诱人的曲调使得我们用自己渴望的真实来取代实际认知的真实。在数字颠覆时代，吸引我们注意力的既不是独角兽企业的崛起——那些曾经几乎没有收入的初创企业一夜之间就获得数十亿美元的估值——也不是科技巨头向着万亿美元领域不可阻挡的跃升，而是一种表面上的单纯，似乎任何人都可以仅仅通过数字技术赌赢市场。

在追求互联网财富的过程中，我们常常忘记基本的投资规律同样适用于数字和模拟领域。要想评估一个企业是否值得投资、应以何种价格买入，关键在于正确判断该企业有无结构性竞争优势。目前的技术支持者试图将人们的注意力从企业基本面转移到新奇想法上，而这绝非新鲜事。过去，媒体大亨就曾不断说服投资者相信他们在管理人才和寻找热点方面有法宝，然而他们的股票其实一直表现不佳。

本书旨在暂停播放这些催眠的数字音乐，深呼吸，重新回到首要原则上来，帮助读者区分企业韧性（Resilience）和脆弱性，辨别特许经营（Franchise）和欺诈。竞争优势背后的经济概念是永恒的，但它在数字环境中却以别样的方式出现。这些将是本书关注的重点。

本书中，我所提到的"平台幻觉"有双重含义，一个非常具体，一个更宽泛。目前的系统性倾向是过高估计数字企业潜力和韧性，本书第一章明确定义了这种谬论的要素。广而言之，这种平台幻觉背后是一整套松散的词汇，暗示所指企业拥有超自然力量。除"平台"之外，还包括"人工智能""赢家通吃""网络效应""大数据"等，这些热词常常被用作"信号枪"，让人们相信自己将是毋庸置疑的赢家。用了这些术语，人们就不必去考虑竞争优势的逻辑。

像所有好的幻觉一样，这些说法还是基于部分事实的。通过支持拥有一个或多个平台幻觉特征的企业，很多人都收获大笔财富。问题是，这些特征的定义和应用都不一致。而认真、系统地研究这些特征后，会发现通常它们与企业成功其实没有必然联系。

更重要的是，互联网的魔力加持让人们误以为这些都是全新的概念。然而无论是平台、人工智能还是其他，大多数涉及的核心概念和技术，都早于互联网出现。数字生态系统改变了这些技术的性质和可用性，但不完全是往好的方向改变。对投资者、企业家和企业来说，不幸的是，互联网带来的结构性变化，往往阻碍而非助力企业获得并维持强大的防御力去进入新的赛道。

《华尔街日报》称，平台是"最能定义过去10年（科技）行业热潮的词"，并解释了互联网如何"成为巨大增长和财富的跳板"。尽管平台企业的盈利模式多种多样，但都有一个决定性特征，即平台的核心价值在于它们推动的连接。许多最具代表性和价值的数字企业都符合这一定义：连接软件开发者和用户的操作系统（微软和苹果），连接买家和卖家的市集（亚马逊），连接社群的社交网络（脸书），连接广告商、数字出版商和搜索者的搜索引擎（谷歌）。

虽然平台这个词最近才进入人们的视野，但在互联网发明之前，具有这种决定性特征的企业已经存在了数十年。而且其中许多企业的商业模式其实要优于当前的互联网融合版本。互联网通过降低固定成本和畅通转换渠道，激化了平台之间的竞争，这对股东而言是利空。没有人称一家地方垄断报纸为平台，但它确实是个平台：它通过分类广告将广告商、读者以及买家和卖家连接起来。大多数中型城市无法扶持超过一家垄断报纸，因此它是个赢家通吃的业务，即便读者数和发行量出现不可逆的下跌，仍能产生 40% 以上的利润。互联网上竞争性新闻内容和分类网站的激增，为这些数字平台带来了空前的利润。

长期以来，这些著名的平台企业有着最具魅力和标志性的首席执行官——史蒂夫·乔布斯（Steve Jobs）、杰夫·贝索斯（Jeff Bezos）、里德·哈斯廷斯（Reed Hastings），间接推动了平台幻觉的盛行。这些人与他们公司的理念深刻交织，以至于难以辨别企业发展应归功于卓越的管理还是其结构性优势的影响和属性。领导力、执行力和文化都有助于企业的成功，但它们与比较优势有着根本的不同。要想正确评估一个公司的长期发展前景以及其竞争优势的持久性，必须深入探究其结构性优势的具体来源。

简而言之，许多数字巨头企业都是"平台"，但这并不等于大多数平台企业都能产生巨额收益，也不意味着那些巨头企业的成果要归功于其平台属性。事实上，只有结构性竞争优势才能实现持久收益，而巨头平台企业所具备的韧性，也只有在多种优势相互作用的情况下才能产生。而相比其共同点，这些优势在每个具体案例中的差异更值得关注。相反，如果有谁将这些企业的成功简单归结为它们背后有一个包罗万象的平台，这就无异于媒体大佬最爱的诡计：只要将点击率看作唯一的标准，就连风险业务看起来也是无敌的。

并非所有的幻觉都一定是坏事。哈罗德·希尔教授（Professor Harold Hill）假扮成艺术家，他不会教音乐，但却成功地给孩子们灌输了一种自信，让他们真的能够演奏一点乐器。诸多实例表明，认为自己能够取得卓越表现的自信有助于这一目标的实现。那些被告知能在考试中取得好成绩的学生比那些被告知不能的学生更有可能得高分。

但平台幻觉的问题在于，它并不会系统性地激发卓越表现。相反，它会主动破坏对商业模式强弱的辨认力。它掩盖了决定性的因素，让人们看不到何为真正推动巨头平台企业成长的结构性优势——且无法恰当地从大多数并未成功的平台企业的命运中吸取教训——导致这种幻觉的代价极大。

平台幻觉不仅存在于大众的想象里，也根植于机构投资者之中，他们长期致力于在平台幻觉的长久活跃中获取既得利益。技术高管、风险资本家、私募股权合伙人和投资组合经理都殷切盼望他们信赖的平台企业估值能够持续走高。他们公开申明自己相信这些公司将屹立不倒，但被曝出的私人对话却表明他们对这些公司实际拥有的优劣势持更为微妙的看法。

在这个罪恶的联盟中，每个阵营都只考虑自己的利益，这其中存在着第一次互联网热潮动力的回声。那时候，我在投资银行做高管，先是在高盛，后来在摩根士丹利担任媒体集团业务的联合主管。我近距离地看到这些曾经饱受尊敬的私人银行合作伙伴在成为上市公司后所面临的财务压力，股东们要求持续的增长和更大的市场份额。至于他们承销的业务——许多业务没有现实的盈利前景，有时也无法带来实际效益，但却在公开市场上长期得到银行贷款，这明显违反了公司长久以来建立的机构标准。因此当他们被那些既在战略上不连贯，又在财务上有破坏性的更大型公司收购时，投资研究员由衷感到高兴。

只是这一次，风险高得多，也有了更大的动机去为了经济利益而进行掩饰甚至欺瞒。在泡沫破灭后的 20 年里，由于移动性、计算能力和带宽的爆炸性增长，出现了许多全新或全面升级的、规模和实力兼备的企业和商业模式。其中最大的几家公司目前在整个股票市值中占据空前的比例。依靠这些高估值企业，许多风投和私募股权部门管理的资金规模已达到 2000 年的 10 倍。尽管监管部门限制了当时全业务投行的严重超额收益，但过去与现在所涉及的金额相比还是小巫见大巫。

在最初的科技泡沫破裂后，我写了《半路出家的投资银行家——华尔街 10 年变迁内幕》（The Accidental Investment Banker: Inside the Decade That Transformed Wall Street）这本书，记录这些投资银行如何推波助澜，并因此损害了自己的银行文化。作为哥伦比亚商学院媒体与技术专业的联合主任，以及媒体与技术职业实践的迈克尔·弗里斯教授[1]，我的关注点从银行的决策转移到了接受银行咨询和融资服务的企业的行业结构和最优战略。在此之后，我又撰写了《被诅咒的巨头——传媒大亨们为何走上了穷途末路》（The Curse of the Mogul: What's Wrong with the World's Leading Media Companies）和《最聪明的投资者如何在教育企业上损失了数十亿》（Class Clowns: How the Smartest Investors Lost Billions in Education），研究投资者如何因忽视商业战略、行业结构和估值之间的基本联系而酿成大错。本书采用了同样的视角，聚焦当今时代最重要和最具价值的公司，即所谓的 FAANG——脸书[2]（Facebook）、苹果（Apple）、亚马逊（Amazon）、奈飞

---

1. 美国哥伦比亚大学的一类教授头衔（译注，以下无特殊说明，皆为译注）。
2. 脸书（Facebook）已于 2021 年 10 月 28 日宣布更名为 Meta。

（Netflix）和谷歌（Google）/字母表[1]（Alphabet）。

本书的重点不是要让人们对数字时代几个大获成功的特许经营企业（Franchises）的韧性失去信心。相反，本书的目标是厘清每一种特许经营权所依据的各不相同的优势来源。但这样必然会对传统智慧——包括对平台性质的认识和对数字竞争优势的基本理解构成挑战，也对一些数字时代巨头的具体优势表示了质疑。

如果我的目的达成，当你读完这本书时，你将抱持以下几种反直觉的观点：

- 网络效应已被吹捧为数字时代竞争优势的主要来源，能使产品随着每一个新用户的加入而产生内在优化。但是，大多数表现出网络效应的企业，要么是由于其特定的行业结构，要么是因为缺乏其他增强优势（Reinforcing Advantages），并没有太多亮眼的成果。更重要的是，强大的网络效应并不像人们以为的那样会在所有的平台企业中得以显现。在FAANG数字巨头中，只有脸书是以网络效应为主导的"连锁企业"。
- 许多促使FAANG获得空前估值的新增长点，从其核心业务竞争优势中得到的支持较为有限。尤其像苹果的音乐和电视娱乐布局，以及亚马逊在国际市场和食品杂货行业的加速投资，这些本身也都不是热门赛道，大公司在这类竞争中其实处于劣势。
- 奈飞也没有享受到有意义的网络效应。按理说奈飞可以借

---

1. 谷歌（Google）已于2015年8月重组为字母表（Alphabet）。

助人工智能系统性地产出"爆款",但平台向原创内容领域进军后,这种能力却没有发挥作用或给予支持。奈飞此前声明要避免创造性风险,现在却迫于日益激烈行业竞争而放弃了这一战略,但公司经营还是没能出现拐点。

- FAANG 公司的收购潮揭示了其"盔甲"的脆弱和其优势的局限。独立的电子商务公司在尿布、鞋类、布料、宠物用品和家具方面建立了持久领先于亚马逊的优势,照片墙(Instagram)、瓦次普(WhatsApp)和抖音(TikTok)都不靠脸书就培养出了建设全球线上社区的能力,这些都反映出结构性限制。上述多数公司都已被收购,但监管环境将限制未来的收购(甚至撤销之前的收购),并加剧未来对 FAANG 的竞争挑战。

- 在特定行业背景下,网络效应在很大程度上受到产品或服务的复杂性以及特定市场盈亏平衡经济的影响。这就是为什么爱彼迎(Airbnb)总会比优步(Uber)的经营状况更好,以及缤客(Booking)和艾派迪(Expedia)的盈利大部分源于销售酒店房间,极少来自销售机票。在诸如旅游和支付等行业中,许多最具韧性的网络效应驱动平台,早于互联网几十年出现。

- 人工智能和网络效应一样被大力宣传,声称这一技术能够让数字平台屹立不倒,带来全球统治。人们预测人工智能将导致"传统专业化分工逐渐消亡",让世界愈发呈现"赢家通吃"的局面,但垂直领域数十亿美元软件公司的迅速扩张驳斥了这种观点。

在 2020 年底，FAANG 企业的市值合计超过 6 万亿美元。而 2015 年，这些公司的总值还不到 2 万亿美元；在那之后以标普 500 指数三倍的速度增值。在新冠疫情期间，这些企业集体大幅增长，再一次让人们相信它们一贯、固有的强大。因此，了解这些卓越企业的优劣势对于做出明智的决定至关重要，不仅直接影响到这些大公司，也关乎与它们存在实际或潜在竞争的大多数公司。

说到传统智慧中有关数字平台的不足之处，最好的证明是它无法解释为何看似相同的商业模式却产生截然不同的结果。一大批线上线下零售商在亚马逊的力量面前倒下，但亚马逊却无法征服那数十个已经由 Wayfair、Etsy 这些独立公司领导的专业化市场。有数百个新的垂直软件平台获得了成功，但与之形成鲜明对比的是，数百个广告支持和广告技术平台尽管常常获得广泛采用还是没落了。本书试图通过三部分的叙述来解释这些异象。

第一部分（第一章至第三章）介绍思考数字环境中竞争优势所需的背景知识。第一章分析了平台幻觉背后的理念，每一条都被广泛接受，体现出这种强大幻觉的持久性，但显然这些理念并不正确。第二章探讨规模的概念，它经常在数字环境中通过网络效应表现出来。网络效应与传统规模有截然不同的好处，后者的收益主要来自固定成本的分摊。此外，本章明确了决定网络效应潜在强度的关键行业特征，以及传统规模效益对网络效应企业的持续相关性。第三章提出了一个大框架，在这个框架内思考数字环境中的竞争优势。任何形式的规模，如果没有额外的增强竞争优势，都容易在竞争中受挫。平台和网络效应的存在（或不存在）可能与这种论述有关，但它本身并不是决定性因素。

第二部分（第四章至第八章）将这一框架应用于5家FAANG公司，对每家公司的历史和业绩进行了概述，并详细研究了每家公司竞争优势的来源和强度水平，探讨了他们具体的弱点和潜在发展道路。

第三部分（第九章至第十四章）探究了一系列行业和商业模式，其中许多是在FAANG巨头的荫蔽下运作的，尤其像旅游、广告技术、大数据、电子商务、软件即服务（SaaS）和共享经济。在每个案例中，我都阐述了特定领域在数字生态系统中出现或被转化的历史，突出强调了最值得关注的成功和失败投资的结构特征。

最后，后记中表达了我对"平台幻觉"背后潜在危险的看法，认为它不是仅仅导致大幅亏损那么简单。在公共政策和更广泛的文化领域，对数字产业结构和致富途径的简单化假设已经导致了短视和通向自我毁灭的决策。

这本书既是对竞争优势基本重要性的提醒，也是对竞争优势在数字环境中与模拟环境中的不同表现的场外指南。在投资银行和学术界20多年的工作经验，让我意识到将这些内容介绍给广大读者的紧迫性。很多时候，即使是成熟的董事会、经验丰富的高管和专业的投资者也会因对短期结果的误判，将自己卷入错误的数字交易中。这些错误的交易和失败的投资背后是对行业结构的误解，导致一大批即将毕业的商科学生渴望在雄心勃勃的技术初创公司追求事业，殊不知这些公司注定要蒸发，终将使他们和社会白费力气，蒙受损失。

当前，全球经济因新冠疫情而进行大规模整顿重组，每个政府部门似乎都准备仔细检阅自己与技术公司的关系，因此现在是研究平台经济的结构性优缺点的最佳时机。只有找出当今竞争优势的真正来源，投资者、管理者和企业家才能在这个前所未有的技术和市场变革时期持续创造价值。但是，除了商业和投资策略，公民和政策制定者如果要对当前的全国性辩论做出积极贡献，也需要了解这些结构属性。在避免当代经济风险的同时实现承诺的这种集体能力取决于我们是否愿意清醒认识市场和产业结构，是否愿意克服平台幻觉。

目 录

PART I 数字的优与劣

第一章 平台幻觉的四大支柱 003

第二章 网络缺陷：数字时代的规模 025

第三章 部落的力量：数字化竞争优势的来源 037

PART II 在巨人之地

第四章 脸书：终极网络 073

第五章 亚马逊：贪多会不会嚼不烂 093

第六章 苹果：核心是什么 119

第七章 奈飞：内容从未且永不为王 145

第八章 谷歌：完美的字母表 179

PART III 巨人的阴影之下

第九章 电子商务：如果亚马逊是"万能商店"，其他公司卖什么 201

第十章 带我上月球：太空旅行数字化中谁赚到钱了 225

第十一章 "旅行就是生活"：Priceline 千亿美元价值公司的
成长之路 245

第十二章 分享有时候是好事：为什么爱彼迎将始终优于优步 269

第十三章 狂人与悲者：当广告和广告技术遇见互联网 285

第十四章 大数据和人工智能：何时重要何时不重要 305

结　　语　初创热潮：是病还是药 327

致　　谢 335

01

PART I 数字的优与劣

第一章
平台幻觉的四大支柱

第一章　平台幻觉的四大支柱

平台幻觉的呈现往往很微妙，它是一种不言而喻的假设，是对经济发展方向颇具信心的断言，或是对某一企业所向披靡的想象。无论用哪个确切的术语——比较常见的有"平台经济""平台革命"还有"平台效应"——其背后的谬误都是一样的，都满怀信心地期待少数巨型平台可以统领世界。这种传统思维全然倚靠四个核心的理念支柱。

每一个都存在明显的错误。

平台幻觉的核心理念

1. 平台是一种革命性的新型商业模式。
2. 数字平台在结构上优于模拟平台。
3. 所有平台都显示出强大的网络效应。
4. 网络效应不可避免地导致赢家通吃的市场。

平台是一种革命性的新型商业模式

尽管商学院的教授们在 2000 年后才开始认真撰写关于平台商业模式的文章，但如果将一个社会或经济现象出现的时间与它受到学界关注的时间划等号，那就大错特错了。不用从商业化的角度来说，早在互联网被构想出来之前，普通消费者每天都在与平台企业互动。

平台企业的定义很简单。尽管形式不同，但平台都有个共同点，即其核心价值在于平台所促成和加强的连接。"它们将个人和组织聚集在一起"，近期一篇对平台企业和相关研究的综述文章这样总结道，"从而实现别处无法实现的创新或互动"。

尽管定义相对简单，但由于无益的市场激励，关于什么是平台企业的问题一直存在争议。一旦出现一个可能带来估值溢价的新名词，很多企业就开始牵强附会，声称自己也与这个词有可靠的联系。比如一家快餐沙拉连锁店将自己宣传为"食品平台"，这都不足为奇。这家名为 Sweetgreen 的公司甚至吸引了一位哈佛商学院的知名教授加入董事会来为其宣传提供合理依据。

即便如此，互联网所带来的连接的多样性还是催生了各种各样的正经平台企业，它们有着截然不同的商业模式。有些平台的价值来源是通过在市场上为买卖双方牵线搭桥进行经济交易；有些是通过为游戏平台这类共享环境增加功能和内容来促进创新；有的只是来自互动本身，比如社交网络。奇怪的是，新平台的爆炸性增长让人们忘记了早在数字时代来临之前，平台业务就已经无处不在。

在互联网出现之前的一些平台业务主要是电子化的，如信用卡。1950年大来卡公司（Diners Club）推出信用卡，之后美国运通公司（American Express）成立，到20世纪70年代信用卡已经相当普及了。2020年底，维萨卡（Visa）的美股价值逼近5万亿美元，万事达公司（Mastercard）也紧随其后。

还有一些历史悠久的平台公司则以实体形式存在，如连接全美各地零售商和购物者的标志性商场。位于美国明尼苏达州埃迪纳（Edina）的南戴尔中心（Southdale Center）一般被认为是第一个现代购物中心，1956年开业，至今仍在运营。电影院也是类似的平台企业，电影院会与电影制作商谈判，试图以最优惠的条件购得最好的电影，并向当地影迷售卖观影体验。而电影院获得好影片的能力部分取决于他们声称能够吸引的最大观影人数的可信度，而他们吸引观众的能力又部分取决于他们放映的影片质量。

平台业务中的这种"鸡生蛋、蛋生鸡"的态势并没有随着互联网的发展而发生根本性变化。经营者寻求建立和维持成功的多方位平台的过程中，面临着同样的基本商业问题——向谁收费和如何收费，如何增加平台忠诚度，以及"流量"如何变现等。

令人惊讶的是，过了这么久才有人想到要研究平台业务的结构和经济状况。诺贝尔经济学奖得主让·梯若尔（Jean Tirole）在2003年以共同作者的身份发表了一篇文章，这即便不是第一篇研究平台业务现象的文章，也是被引用最广泛的文章。这篇文章发表后引发了之后一系列对平台的相关研究。有趣的是，即便人们认为平台的"发现"跟互联网的普及之间有一定联系,这篇具有重大意义的文章却并不是发表在美国的期刊上,尽管最受瞩目的规模化数字平台都诞生于此。

让那篇突破性论文的几位作者疑惑的是,学界对于网络经济学和"鸡生蛋"的问题已经研究了几十年,但对于平台的关注却微乎其微。其中有些研究也谈及了互联网企业,但大多数被分析的案例(电子游戏、信用卡和操作系统等)都远早于互联网出现,许多案例(如折扣券卡册、商场和房产中介)甚至没什么技术含量。不过,这并没有妨碍媒体或其他学者认为梯若尔的文章能以某种特别或不同的角度应用于"互联网时代的公司"。

"平台是新奇的、特别的"这种理念直到最近几年才深入人心。过去 10 年的搜索趋势显示,"平台"一词几乎是报复性地流行起来。然而这一现象是否意味着人们对平台企业显著特征的理解也有相应的增加,倒要画一个问号。

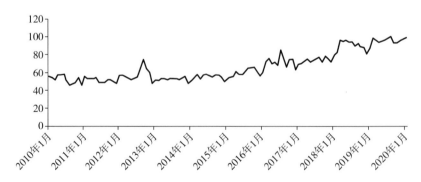

图 1.1 谷歌趋势图:对"平台"的兴趣趋势

第一章　平台幻觉的四大支柱

数字平台在结构上优于模拟平台

平台不是一个新的概念，但互联网极大地突破了潜在平台企业的界限、范围和规模。诸多案例已经证明这些新的数字模式对历史悠久的企业具有毁灭性的影响。但是，"更大"并不总是"更好"，颠覆的能力也并不总是预示着创造持久价值的能力。

在过去几十年来成立的几个最大的数字平台——特别是谷歌和脸书所具备的不容置疑、有时令人震惊的力量，催生了一种广为流传的假设，即数字平台始终是比模拟平台更好的业务。但这个假设经不起推敲，许多投资者为此付出了代价。

只要比较一个我们熟悉的模拟平台和与它对应的数字平台的关键商业特征，便能看出这种说法之荒谬。连接卖家和买家的商场和其对应的数字平台电子商务网站是最简单的双边平台。

传统的商场有两个主要的优势：卖家有长期租约，买家的次优选择远在数英里[1]之外。在投入建设之前，商场开发商通常会确保少数几个主力租户，他们不仅有长期租约，而且承诺不在商场一定距离范围内开设其他分店。最初的选址过程涉及对人口统计学、替代性购物选项、土地成本和利用率的考虑。其中的一个关键点是要确认随后不太可能在附近出现另一个竞争商场。这些关键点确保了商场经营者能够为其投资人赢得更好的回报。

---

1. 1英里约合1.6千米。

在互联网上，平台与买家和卖家的关系通常不会表现出这种持久性。买家只需点击鼠标就能找到替代选项，而成熟的卖家会动态地优化自己的能力，通过竞争性平台或直接接触客户。电子商务网站几乎没有什么杠杆可以用来对抗这种结构性的现实。据估计，电子商务平台的失败率高达97%。

亚马逊的案例另有复杂之处，后面专门有一个章节讨论。值得注意的是，最成功的商场经营者所获的利润比亚马逊的电子商务运营利润要高得多。这不代表在新冠疫情期间你应该投资商场经营者而非亚马逊，关键在于线下商业模式具有惊人的相对弹性。在新冠疫情暴发前就已存在一个长期趋势，即陷入困境的线上零售商越来越希望通过入驻商场来解决他们的结构性困境，而这绝非巧合！

在最早的互联网公司中，有相当一部分是电子商务公司，如今已经偃旗息鼓，比如Pets.com、Kozmo、Boo.com和Webvan。对于我们这些经历过第一次互联网热潮的人来说，这些公司会引发一些怀旧情绪，但对于一些实际支持这些公司的风投界大佬来说，这些名字可能是他们长久的噩梦。

最近进入该赛道的企业几乎没有表现出更大的韧性，但这似乎并没有明显抑制公共和私人投资者积极的投资意愿。"闪购"热潮持续了几年，并短暂地产生了自己的标志性独角兽企业——吉尔特集团（Gilt Groupe）。线上交易市场高朋团购（Groupon）2011年实现了自2004年谷歌上市以来规模最大的首次公开募股（IPO），估值远超百亿美元，而如今已经成了被人遗忘的微型股。2019年，最受瞩目的电商IPO——Jumia、Revolve和Chewy分别聚焦非洲电子商务、服装和宠物产品业务——股价都在首发日飙升，但到了年底其市值只有最初狂欢的一小部分。

尽管新冠疫情一开始让许多计划2020年上市的电商公司梦想破灭——例如时尚零售商Poshmark[1]推迟了上市——但随着投资者开始相信网购会成为永久的趋势，电商行业急剧恢复。在床上用品方面，Casper在疫情全面暴发之前上市，在第一个月就折损了75%的市值，但在年底前股价成功突破了首发价。更具戏剧性的是，曾经无人问津的Chewy被誉为当今时代的Pets.com，市值暴涨到400亿美元。而在2021年9月，Poshmark继续提交其IPO文件，最终成为2021年IPO热门之一。然而，变化无常的市场情绪对电子商务基本经济状况的掩饰也就到此为止了。

数字零售平台为消费者提供了关于价格和产品选择的丰富信息。但是，买方的朋友通常是卖方的敌人——随着权力转移到消费者而非生产者身上，卖方很难找到突破性的盈利点。电子商务可能已经被正式定位成万维网的第一批"杀手级应用"，但绝大多数情况下，被杀死的是这些电子商务企业的投资者。

当然，数字商务企业各不相同，之后将详述这其中的重要区别。有些是纯粹的平台，只是连接买家和卖家，如eBay；其他如Casper这样的平台，本质上是卖家甚至是制造商；以亚马逊为代表的企业采用混合经营模式；还有一些大型电子商务公司，如在线旅游企业，销售的是服务而非产品。尽管它们的商业模式和产品各不相同，但作为一个群体，它们至少在一个方面令人惊讶地一致：随着时间的推移，财务表现都令人失望。

自商业互联网诞生后的20多年来，有几十家不同形式的电

---

1. 美国二手交易平台。

子商务公司上市,其中近四分之一的公司已经宣布破产或退市。有些公司设法在衰落之前被收购,而这类公司中超过三分之二被以低于其首发价的价格出售,剩下三分之一的上市公司中,超过60%自IPO以来股价表现已经落后于整体市场。

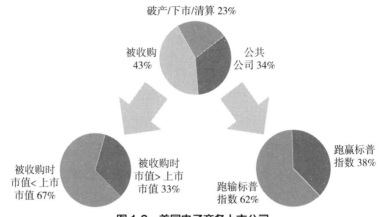

图1.2　美国电子商务上市公司

资料来源:标普资本IQ。公司文件,新闻发布。

注:1995—2020年美国互联网和直销零售公司的IPO情况。

所有平台都显示出强大的网络效应

想象中平台商业模式的护身符往往是由于利用了一种重要经济现象——"网络效应",也被称为"飞轮效应(Flying Wheel Effect)",它意味着每一个新用户都增加了对现有用户的网络价值。

网络效应的诱人之处在于它可以自食其力。那些建立在网络效应基础上最成功的企业形成了让优势稳步增长的良性循环,这

第一章 平台幻觉的四大支柱

着实令人着迷。从理论上讲，每一个新用户都会增加企业的相对吸引力，再吸引更多新用户，让其他企业的竞争战略愈加难以施展。

平台企业与网络效应之间的逻辑联系不难理解。毕竟，平台的业务一般是管理和促进网络参与者之间的互动。但如果认为所有的平台都有强大的网络效应，那就错了。事实上很多平台企业几乎没有从网络效应中受益。

例如，所有以广告为生的媒体公司，无论是电视广播公司还是互联网内容提供商，都是连接广告商和消费者的平台。"饮水机效应"[1]可能会产生一些心理优势，因为知道其他人与你有同样的兴趣，广告商也无疑会被更多的受众所吸引。但这些企业的经济效益主要是由传统的固定成本规模所驱动，需要由热门广告和吸睛的网络内容来注入动力，而不是观众和广告商各自或之间的网络效应。当内容成功时，大量的固定基础设施成本可以由更多观众和更可观的广告费产生的高收入基数来分摊。

同样，如前所述，电影院是连接影迷和电影公司的平台，但其经济效益与网络效应关系不大。相反，它的相对利润率通常主要取决于影院是集中仅能支持几家影院的小规模市场，还是分布在全国竞争激烈的大城市。

即使是 Zoom，作为一个视频通信平台获得了疫情期间可能是最具代表性的成功，也不是真正意义上的网络效应企业。到 2020 年底，该公司市值超过 1 000 亿美元，股价约为 2019 年发行价的 10 倍。Zoom 是一个绝佳的产品，它成功消除使用过程中

---

1. "饮水机效应"（water cooler effect）指几个员工在一起进行的非正式的面对面的谈话，就像在饮水机旁的闲聊一样。有理论称，人们在非正式的聊天小组中能想出最好的创意。

所有不便和复杂程序，但这却严重限制了其网络效应的发展。它的许多竞品也允许仅通过点击浏览器链接访问，所以尽可能广泛地获得潜在网络参与者访问权并不构成一个差别化因素。如果没有任何有意义的转换成本或用户协调方面的真正挑战，任何网络效应的价值都是有限的。

诚然，大多数平台企业确实表现出了网络效应。但即使存在网络效应，其性质、程度和对企业吸引力的影响也大不相同。如果最终像脸书一样，强大的网络效应成为一个大型数字平台的关键特征时，这背后的故事就远不止如此。要想知道是否以及为何要投资一个平台企业，需要对多种因素进行考察，而不仅仅是关注网络效应。

网络效应不可避免地导致赢家通吃的市场

网络效应商业模式的感知能力和数字平台以空前的规模将其武器化的独特能力，是平台幻觉的核心所在。网络效应像平台一样，存在于模拟世界中。一个直接的例子是，尽管招收了资金充裕的国际生，世界顶尖研究型大学的排名几十年来一直岿然不动，这是学生、教师、资助者和校友根深蒂固的网络在发挥作用。

但互联网是一个网络组成的网络。互联网作为不可或缺的商业和通信工具的出现，可以说是现代经济的决定性特征。它的流动性和普遍性似乎加强了已有的网络效应，并且大大拓展了网络效应的应用范围。

想象中，数字增强的网络效应将在越来越多的领域中导致赢家通吃（或者往好了说，赢家多通吃）的局面，科技巨头将从中获益，进而主导经济。

这套叙事的问题在于缺少哪怕是粗略的现状调查作支撑。为了成为下一个脸书和微软，数以百计的网络效应企业聚集在拥挤的或不确定能否盈利的赛道。而我们反复听到的论述——网络效应"可能会强化市场赢家通吃的局面"，目前未得到任何证据证实。

赢家通吃并不必然或甚至通常不仅仅是网络效应导致的结果，为此，我们可以简单分析一种电子商务企业类别，能直观看到网络效应存在。有一种企业我们称为市集企业（marketplace businesses），它们像是买家和卖家的媒人，不生产自己的产品，通常也不持有库存，它们的成功是因为创造了一个吸引人的交易平台。这是典型的间接网络效应商业模式——更多的买家吸引更多的卖家，反之亦然。20多年前成立的eBay是第一批成功的数字市集企业之一，但之后出现了数百家企业采用不同的方法聚焦不同的市集。即便是在这个成熟的领域，行业结构和成果也出于各种原因而大不相同，取决于卖的是什么产品、聚焦哪里的市场等。例如，在美国，汽车市场支持像eBay、亚马逊和Craigslist这样成熟的综合市集企业；多个大型专业服务，如Autotrader、Cars.com、CarsDirect和Edmunds.com；各种经销商集团和协会的专用网站，以及几十个较小的参与者和不断涌现的入场者，如CarGurus、TrueCar和Carvana。然而，在这种多样化的行业结构中，很少会见到"赢家通吃"，哪怕是"赢家多吃"的稳定局面也不多。

广而言之,《平台业务》(The Business of Platforms)一书的作者们分析了从 1995 年到 2015 年 20 年来平台业务的表现,发现其中存活下来的企业相对较少,"2015 年,只有 17%(252 家中的 43 家)仍然是独立上市公司。"该书用大量篇幅总结了其中 209 个平台企业失败的经验教训,但对我们而言,书中最有趣的结论是最不可能致使平台企业失败的原因:"相对来说,很少有平台是因为竞争对手的赢家通吃或赢家多吃而导致失败。"

大量商业模式和各种最终财务结果表明,发现网络效应标志着分析的开始,而不是结束。很多看似前途光明的网络效应企业通过一个商业方案或网络效应的早期吸引力一次又一次吸引到风险和私募股权投资者的资金。有时,随着网络的不断发展,这些早期资本得到了回报,企业也被卖给了更大的公司或通过 IPO 上市。失望的往往是最后的买家,因为随着时间的推移,财务报表反映出并不是所有网络效应企业都"生而平等",网络效应的存在不能确保企业主导世界,甚至无法许诺一个光明的未来。

2018 年 8 月,苹果公司成为第一家 1 万亿美元市值的科技公司,亚马逊和微软也紧随其后,而谷歌的母公司 Alphabet 最近也达到了这个曾经高不可攀的估值门槛。仅仅在 2020 年的前 6 个月,FAANG 股票就实现了超过 1 万亿美元的增值。2020 年 8 月,苹果又成为第一家市值 2 万亿美元的科技公司。然而,从更长远的角度来看,更令人吃惊的是在万维网向消费者广泛开放以来的这 20 多年里,真正具有规模、实质内容和持久性的独立互联网企业少之又少。

1995 年网景公司(Netscape)上市,之后的 20 年里,有近 200 家互联网公司公开上市,但除了 FAANG 之外,只有少数几家公司成长为成熟的大型上市公司。更多的公司或已破产，或被其他公司以其远低于先前市值的价格收购，或作为边缘企业得过且过。

2015 年以来，大型互联网公司层出不穷，其中许多公司将自己描述为这样那样的"平台"，但迄今为止，普遍未能实现持续盈利。与此同时，越来越多的私营平台企业成为"独角兽"——以超过 10 亿美元的估值吸引了私人投资者——但却被迫以较低的估值重返私募市场，以获得更多生存资金。在这一类别的诸多企业中，WeWork 最受关注。有时候 IPO 本身就是衰退的开始，比如像 Square 和 Pinterest，最初的市值比之前最终轮的融资少了几十亿美元。

近年来，新的大型互联网公司数量激增，部分是出于结构性动机，即在开拓 IPO 市场之前要多等一等。考虑到数额空前的私人资本愿意入场提供流动性保障并稳步增加整体估值——有时使用的结构性和审计工具有点问题——且不受公众监督，前优步首席执行官特拉维斯·卡兰尼克（Travis Kalanick）说他的公司将"尽可能晚地"上市，代表了许多同行的意见。

在世纪之交的初代网络热潮中诞生的公司，在上市时平均成立时间为 3 年；而最近的这批公司公开招股之前，平均保持了 10 年或更长时间的私有化。这种在上市前继续吸纳更多私域资金的趋势，也反映在独角兽企业数量的加速增长中。但是，随着活跃的独角兽企业累计数量不断增加，能够全身而退的企业数量在总数中的比例也相应地迅速下降。

截至 2013 年底，只有 32 家活跃的独角兽企业，每年约四分之一的公司投资者能够通过 IPO 或其他方式成功出场。然而，从 2015 年独角兽公司的数量首次超过 100 家，到 2019 年左右的

222家,出场的比例仅能维持在10%左右。即使到了2020年也是如此,而且还遇到了前所未有的机会开拓公募市场,远远超过了1999年互联网热潮期间创下的纪录。

看着这些数据,令人不禁想起《伊索寓言》中的狐狸,它拒绝去探望洞穴中的"病狮",因为"它只能看到进去的脚印,却看不到出来的"。贺拉斯(Horace)用这个故事来攻击罗马银行家群体中特有的暴发户文化。这也说明,在数字环境中赚钱绝非易事。

创办一家成功的初创企业或超越整体市场表现向来都是极其困难的,输家远远多过赢家,这本身并不奇怪或值得忧虑。但令人吃惊的是,"平台幻觉"带来的这场狂欢太过疯狂,导致投资者忘记了到头来竞争优势才是所有企业——无论是数字企业还是模拟企业——产生持久卓越回报率的动力。

竞争优势的基本概念一直引起许多不必要的困惑。一方面是因为大量的学术研究都围绕它展开讨论;另一方面是源于在使用美国哈佛商学院迈克尔·波特教授(Prof. Michael Porter)40多年前提出的经典"五力"竞争评估框架来计算竞争优势时所遇到的实际困难。作者这里提到的竞争优势非常简单:它是让一个公司能够做到其竞争对手所不能做到的事情的结构性特征。这个定义虽然简单,但不影响其关键性。

认识竞争优势为何重要

了解竞争优势对于在模拟和数字世界追求长期成功业务或投

资战略是不可或缺的。一家公司可以通过两种方式取得亮眼的成绩，要么是有一个更优秀的经营者，要么是受益于能够阻断有效竞争攻击的结构属性。这种结构属性就是竞争优势。认识到这两种途径中哪一种是取得亮眼成绩的基础，对于希望再创辉煌的领导者和投资者来说至关重要。

由运营带来的价值创造和结构性因素带来的价值创造在持久性上有着根本的区别。市场兴奋期中，大笔融资唾手可得，人们似乎无须深入了解个别资产的真正价值，这时对持久性的理解就显得尤为重要。当音乐停止时，和往常一样，只有那些能够做出这些关键判断的人才能笑到最后。高效的运营可以被复制；伟大的领导者可以被挖走；流程和文化也不具备结构性优势的复原力。极端地说，自然垄断、获得专利的关键专有技术和政府许可的长期独家特许经营权才是支持长久成功的结构性优势。

想一想"竞争优势"和"进入壁垒（Barriers to Entry）"这两个词的互换性。如果一个企业表现出的特征使其具有防御任何竞争者的优势，这将阻碍其他企业的入场，并带来卓越的回报。如果不受阻碍就能取得超额回报，创业家和投机取巧的现有企业就会入场。他们持续入场，直到所谓的优势不再是优势，变得只是竞争性业务中的筹码。竞争优势正是那些阻断其他企业持续入场的在位企业的特征，因为潜在的新公司知道他们将遭受相对的结构性阻碍。

试想，最高效的经营者所领导的企业拥有卓越的企业文化和出色的内部流程，这可能会给未来的竞争者设定一个很高的标准，让他们在入场前做好准备。但假如竞争环境是公平的，你觉得很多人会不出手吗？很多案例表明，在竞争激烈的行业中同一家公司会在没有意义的结构性优势下一直保持高标准、严要求，但要做到这一点，公司自己必须不断提高游戏难度。管理层、所有权或竞争环境的改变必然会给这些令人称赞的运营管理画上句号。

管理者如果能意识到一个公司在多大程度上要依靠效率和竞争优势获得成功，那么就能从根本上推动资源的重新分配。制定战略就是为了让企业长期表现超过同行。因此，重点必须放在形成或加强竞争优势上，并且考虑如何在内部投资以及如何与更大的生态系统中的其他成员互动等。相比之下，效率则具有相对较短的期限，主要集中在优化内部运行方面。

只有了解竞争优势的确切来源，战略才会有效果，才能更好地保护和利用这一壁垒。有些优势体现在供应端，能以低于竞争对手的成本提供同类产品（或以相同成本提供更好的产品）。由幸运的在位企业持有的其他进入壁垒则是在需求端，能让客户在面对具有明显同等的吸引力、甚至更好或更便宜的替代产品时，仍不为所动。

每种特定的需求和供应优势都需要不同形式的强化。例如，习惯是一种需求优势，可以通过鼓励重复使用来加强，而专利技术是一种供应优势，可以通过持续的投资来保护。最强大的特许经营企业通常能够从供应和需求优势的组合中获益，而这两种优势往往是相辅相成的。

但如果没有进入壁垒，管理者则应该只关注经营效率。即便如此，追求效率的文化对于具有竞争优势的企业来说仍然很重要，原因有二。首先，相对效率对投资者的回报有很大的影响。科技领域和其他领域一样，最好的和最差的经营者之间的关键绩效指标有很大差距。其次，即使是"可持续的"竞争优势也不是永久的。技术、消费者需求、政府政策和其他任何因素的变化都会改变优势有无及其程度。缺乏强大的运营能力将大大削弱有效管理行业结构变化的能力。

不幸的是，强大的竞争优势在涉及运营效率时有可能使人的感觉钝化。如果轻轻松松就能取得佳绩，那还何必费时费力呢？此外，人们还很容易将实际成果归功于个人的战略才能或经营能力，而不是行业结构。比如传统的新闻报业一向是以管理薄弱而闻名，但却跑赢了市场，几十年来利润率高达40%以上。由于未能及时培养经营技能并且了解该行业超常业绩的真正来源，导致互联网对报纸经济的影响远超预期。这对股东、员工、读者和民主社会都是不利的，因为民主社会仰赖于一个充满活力的、独立的新闻部门。

对于投资者来说，并不是所有的利润都"生而平等"。对一个公司进行正确的估值，需要在计算整体业务价值时判断利润能翻几番。但要正确地做到这一点，需要了解是否存在竞争优势以及竞争优势的强度。有两个原因，一个显而易见，另一个比较隐蔽。

显而易见的原因是，如果盈利水平完全是有赖于明星管理团队的经营，而不是结构性的进入壁垒，投资者可能会对这些结果的持久性产生一些怀疑。估值倍数法指的是将企业预期现金流折算为当前现值。这是个现实问题，这涉及对企业未来几年业绩的预测——一年会比一年更难预测——以及对预测期最后一年永续增长率的假设。据估计，在没有进入壁垒的情况下，对最后一年业绩和每期永续增长率的预测都会更低，从而导致估值倍数也更低。

另一个比较隐蔽的原因是，竞争优势的存在是评判增长是否具备价值的一个关键因素。为了实现增长，企业必须进行投资，投资创造的价值只有在收益大于本金的情况下才会产生。换句话说，使用资本来创造增长是有机会成本的——经济学家称为"加权平均资本成本（Weighted Average Cost of Capital）"。如果企业没有进入壁垒，那些为了增长的投资将引来竞争对手的入场，直到投资回报降低到加权平均资本成本的水平。因此，在没有竞争优势的情况下，增长是没有价值的。

对于那些屈服于平台幻觉或仅仅是沉浸在互联网投资文化中的人来说，增长可能没有价值的概念很可能会让他们感到震惊。在数字投资圈里已经形成一种观念，即小幅突破和大幅增长必然会转化为一个绝佳的机会。

这种观念的深入反映在数字商业模式的盛行上，尽管在这种商业模式中毛利率实际上是负的。换句话说，即使不考虑间接的管理费用，企业每做成一笔销售就会损失更多的钱。一方面，以低于成本的价格销售产品肯定是具有破坏性的，但有可能激发消费者的大量兴趣，从而实现增长。另一方面，当单位经济效益无法盈利时，根本不可能以量取胜。

在某种程度上，这种批评可能显得不公平。整个"竞争优势"的概念在定义上只适用于在位企业，不适用于新企业。新企业如何能从进入壁垒中获益？事实上，这些毛利率为负的企业中有许多是初创公司，也许他们的计划是形成可持续的竞争优势：一旦规模足够大，购买力提升，单位成本可能会下降，这时就可以提高价格，让毛利率由负转正，最终建立的规模特许经营权的质量可以合理化这期间的损失。

第一章 平台幻觉的四大支柱

这听起来很合理,但在实践中却不是那么回事。联合广场风险投资公司(Union Square Ventures)的风险投资家弗雷德·威尔逊(Fred Wilson)在2015年发表的一篇广为流传的博文中为难地抱怨道,"今年有大量的高增长公司在筹集资金时毛利率为负"。威尔逊高度怀疑那些认为一旦扩大规模就能扭亏为盈的方案持高度怀疑态度。值得注意的是,"如果有其他创业公司参与竞争,提供类似的服务,你就不可能在不被竞争对手抢走客户的情况下提高价格,除非你的服务真的能做到'锁定'[1](Lock In)"。但威尔逊认为这不太可能,"因为现在有大量的创业资本,无数的企业家在创办类似的企业"。

关键在于长期以来一直困扰着人类的一个问题:规模何时会变得重要?规模是唯一的竞争优势,普遍存在于每一个强大的特许经营企业中。而且重要的是,这里的规模与单纯的规模不同,互联网的出现改变了它的可用性、有效性以及表现形式,这意味着想成功应对平台幻觉需要对数字规模有细致入微的理解。

本章要点

1. 平台业务的决定性特征是,其核心价值主张在于促成和加强个人和组织之间的连接。尽管经常被认为是互联网所特有的,但平台商业模式早已无处不在。更重要的是,在许多情况下,这些模式的数字版本已被证明不如它们所取代的模拟版本有复原力。

---

1. "锁定"意指先进入市场的企业相当于已经锁定了某类产品,积累了大量用户,让较晚进入市场的企业难以生存。

2. 尽管许多平台企业表现出明显的网络效应，但另一些企业并没有。即使存在网络效应，其性质、程度和对企业吸引力的影响也大不相同。

3. 互联网的出现使以前适用的网络效应得到了加强，并使潜在的新应用得到了显著扩展。但是，即使是数字化的网络效应，也不会不可避免地导致赢家通吃或赢家多吃的市场。事实上，数字技术往往降低了进入市场的壁垒，而不是抬高了壁垒。

4. 持久的数字商业特许权，就像它们的模拟部分一样，其成功归功于可持续的竞争优势的建立，而不是仅仅因为平台或网络效应的存在。如果没有这种结构性的进入壁垒，或者没有实现这些壁垒的可靠前景，投资者就不能期望获得可持续的卓越回报。优秀的管理和高效的运营产生巨大的效益，但对这些效益的评估必须反映出它们目前的过渡性质。缺乏竞争优势的增长一般不会为股东创造价值。

第二章
网络缺陷：数字时代的规模

第二章　网络缺陷：数字时代的规模

越大越好：规模入门

规模（scale）是一个非常直觉性的概念，但很不幸地这种直觉性会误导投资者，最常见的是把它与绝对的大小（size）联系在一起。但规模优势往往相对的。在能够容纳许多同样大小的巨型企业的庞大市场中，大型公司彼此之间没有规模优势，而在只能支持单一盈利经营者的较小市场中，相对更小的企业却能获得规模优势。

规模的直觉性也有价值，它提供了一个将成本分摊到更大用户群的机会，带来较低的平均成本和较高的每单位利润潜力，这是小型竞争对手无法实现的。这种直觉完全没错。

然而，微妙之处在于，这一观察只适用于某种成本——即固定成本。固定成本（fixed costs）是那些不随销售额变化的成本——无论公司大小，超级碗广告、研发和设施的成本费用都是一样的。相比之下，可变成本（variable costs）会随销售量浮动，例如佣金和原材料。照此定义，固定成本会被分摊，但可变成本则不会。规模也可以给可变成本带来好处，正如上一章所说，更大的购买力可能会提高毛利率，但在供给侧，规模给固定成本带来的改变最大。

在任何一个特定行业部门，规模的内在价值相应地与该行业的成本结构中多少是固定的、多少是可变的有关。固定成本的相对决定性地位能带来最重要的规模相关优势。在成本大部分是可变的情况下，哪怕是最大的企业也不存在过于明显的优势，而且随着沟通、管理和协调的复杂化，规模太大有时反而会成为一种障碍。当然，固定成本要求越低，新的竞争者就越容易进入。

规模能够分摊固定成本，这一好处推动了许多历史悠久的著名特许经营企业发展。受益于这种优势的著名行业是拥有大量固定营销和分销基础设施的消费品企业（如可口可乐和宝洁）和拥有大量固定研发成本的技术企业（如英特尔和甲骨文）。

互联网和规模优势：坏消息和好消息

互联网对企业财务的直接影响是大大降低了运营——特别是围绕营销和分销的固定成本。没有人不喜欢折扣，即使是许多长期依靠规模优势来推动股东回报的在位企业，也会对降低固定成本的机会喜闻乐见。媒体和信息行业尤其如此，因为这些行业可以实现产品的完全电子化分销。《纽约时报》的出版人阿瑟·苏兹伯格（Arthur Sulzberger）在看到未来将没有印刷机、报刊亭和

第二章 网络缺陷：数字时代的规模

送货卡车时欢呼"太棒了"，而为之雀跃的不止他一人。

麻烦在于，恰恰是这些固定成本筑起了关键的进入壁垒，使规模较小的企业无法负担。一旦在固定成本上得到便宜的兴奋褪去，这些在位企业环顾四周，就会发现新的竞争对手已经不请自来。竞争带来的收入压力总是盖过固定成本降低的好处。更糟糕的是，在某些固定成本下降的同时，许多其他固定成本和可变成本可能会上升，因为新企业会提高行业工资和关键用品的价格。平心而论，这些趋势可以被其他有利趋势所缓解。就第十四章介绍的 SaaS 软件行业而言，虽然它们的绝对固定成本比传统软件低，但它们现在占总成本的比例更大。

好消息是，互联网打造了另一种不需要依靠高额固定成本的规模优势。如前所说，平台幻觉的核心就是网络效应被反复定位成数字时代的结构性竞争优势。

尽管数字平台并不总是产生网络效应，但互联网显然扩大了网络效应的潜在商业环境。网络效应的优势不在供应端，而是在需求侧：网络效应越大，越容易吸引新客户和增量收入。

因此，如果互联网导致供应端的规模难以保障而需求侧的规模更容易扩大的话，会带来一个比较突出的问题，这会对规模优势本身产生什么净影响？另一种问法是，固定成本驱动的"传统"规模和新兴的数字网络效应相比，究竟哪一个更好？

最近关于平台企业的普遍认识是，平台企业的内在优势是建立在需求方而不是供应方规模的基础上。实际上，有一家名为 NFX 的风投公司就是基于这一理念成立的，它声称已经证明了"自互联网出现以来，科技公司所创造的价值有 70% 是由网络效应创造的"。

美国哈佛大学战略学教授巴拉特·阿南德（Bharat Anand）定义了数字企业相关的网络效应和与传统企业相关的固定成本驱动的规模经济之间的根本区别，他的看法很具代表性。在其名为《内容陷阱》（The Content Trap）的书中，阿南德教授认为，在网络效应市场中，"有机会赢得一切"，相比之下供应方规模更容易被复制。讽刺的是，在阿南德教授深入研究的市场——报业市场中，情况恰恰相反。当地报纸的特许经营之所以是一个赢家通吃的市场，正是因为从经济角度该行业所需的固定成本只允许一家报纸参与，而大多数在线分类市集，虽然受益于网络效应，但支持多个竞争对手存在。

来源	供应方	需求方
益处	成本	收入
主要驱动力	固定成本主导优势	网络效应强度

图 2.1 相对固定成本的战略意义

然而，关键不是抽象衡量供应方或需求方的规模哪个"更好"，更有趣的问题是这两种规模如何相互作用。在实践中，网络效应企业的复原力会因其运营模式中存在大量固定成本而得以加强。

诚然，数字商业模式能大大降低不同费用类别的绝对固定成本需求。但这并没有减少供应方经济效益在成功的需求方规模商

第二章 网络缺陷：数字时代的规模

业模式中的长期重要性。这一点运用简单的经济学就可以解释。在一个特定的行业中，企业的最低固定成本需求和毛利率状况决定了盈亏平衡量和实现盈利的相应最低市场份额要求。

了解实现商业可行性所需的市场份额带来的两个重要的见解对任何领域的实际和潜在竞争强度都能产生启示。

一是能确定盈利竞争者的最大数量。如果一个特定的行业机会允许竞争者维持5%的市场份额，那么市场中有20个参与者可以不受限制地发展。相反，如果高额的固定成本决定了35%保本市场份额，垄断或双头垄断会是唯一可持续的市场结构。

这种动态变化解释了为什么相较于曾经盛行的纯粹本地市场，真正的全球市场对经营者来说往往利润要低得多——随着总市场机会的急剧增加，能让企业得以生存的新的全球（而不是本地）相关市场份额就会减少。无论是汽车还是电子产品，两三家制造商主导本国市场时获得的股东回报率明显高于在仅需一位数的市场份额就能挤出利润的国际市场。

二是能预计新进入企业需要多长时间才能达到收支平衡。在一个特定的行业中，进入壁垒越高，市场份额在某一年的变化就越小。高壁垒的一个好迹象是，在两到三年的时间里，一个部门的正常份额变化低于5%。一个新进入市场的企业，如果需要15%的份额才能达到收支平衡，而且每年的份额变动不超过3%，就不可能在5年内实现盈利。

这种论述虽然具有理论价值，但可以说，对于爆发式的新型颠覆性市场和数字商业模式来说，这些数据根本无法获得。谁能提前预料到搜索和社交网络市场的规模和特点？即使是最微不足道的"创新"，风险资本的销售也总是包括对数十亿美元"总体目标市场"（Total Addressable Market，TAM）潜力的描述。这基本上说明了这种市场定义是多么随意，以及确保有效的收支平衡市场份额是多么具有挑战性。

不过，对稳定的行业中收支平衡市场份额的关注，突出了供应方规模和经济状况在建立持久的网络效应业务中具有战略重要意义。虽然 TAM 难以准确定义，但毛利率和固定成本计算起来相对容易。在没有有效固定成本要求的可行行业（viable industry），往往允许竞争者在极低的收支平衡市场份额下经营。而即使是那些成本相对固定、但总体目标市场机会非常低的行业，也能够支持许多竞争者。无论哪种情况都表明，能在相对较短的时间内达到可持续的营业额水平，并使市场进入相对具有吸引力。这也导致提前建立相对规模的可能性较小，并放大了那些设法确保规模的早期入场企业的脆弱性。

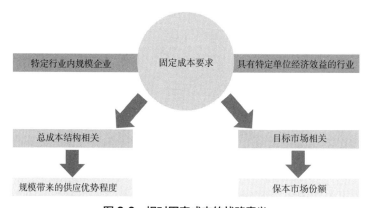

图 2.2　相对固定成本的战略意义

损益平衡经济学的概念定义了一个行业中潜在规模参与者的最大潜在数量，这关乎对某特定业务领域潜在需求或供应方优势的评估。然而，网络效应还有一些其他特点，会在特定情况下限

第二章 网络缺陷：数字时代的规模

制其潜在价值。

这里需要强调两点：一是与网络价值主张的性质有关；二是与参与者结构有关。

首先，需要多大的网络规模才能保障产品可行性——以及规模扩大能带来多大程度和持续多长时间的产品升级——主要取决于企业产品或服务的复杂性。在市场经营中，网络规模的价值往往有一个上限，到达该上限后，多样化选择的重要性可以忽略不计，相关的产品特征也很少。这也是为什么在共享汽车行业，能否在三到五分钟内匹配到车辆是所有用户主要考虑因素，在此之外把司机纳入网络则是没有价值的。即使在像餐厅点评这种需要顾及的因素数量更多的领域，最近浏览数一旦达到一定数量，其增量价值也会很快消失。相比之下，在交友软件中，个人特质分布极广、种类繁多，新进入该网络的参与者就具有更长久的持续价值（Continuing Value）。

其次，当单一或相对较小的用户群在网络上的活动不成比例时，网络经营者维持规模价值的能力就会减弱。在这种情况下，用户借助杠杆作用，通过定价、直接付款或建立自己的网络来获取价值。这样一来，独立经营者将面临挑战，必须建立一个有吸引力的平台来确保网络效应为自己带来收益。

事实上，有许多例子表明，大型用户已经联合起来自行建立了非常成功的平台。例如，最大的保险公司和银行都基于它们内部大量有价值的风险数据开展高收益的网络效应驱动业务。保险业在 50 年前创建了非营利性机构美国保险服务局（Insurance Services Office），将其财产 / 人身保险的用户数据集中起来，以改善其集体风险评估。该业务在 1996 年成为营利性机构，如今代理市值300亿美元的上市公司威瑞斯克分析（Verisk Analytics）的核心资产。同样，在20世纪90年代，大型银行意识到共享数据可以减少存款损失，因此成立了一家名为Early Warning的全资企业，这家公司如今为2500多家金融机构提供更全面的防欺诈保护。由于大型用户有这种获取价值或建立自己平台的能力，聪明的私人投资者在考察"市场"业务时通常将他们的搜索范围限制在所谓的多对多市场（Many-to-Many Market），这样的话客户去中介化的风险是有限的。

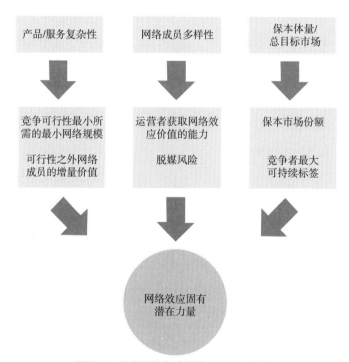

图2.3　行业网络效应潜在影响案例分析

相对行业规模可能带来的潜在需求和供应优势不应被视为竞争关系，两者之间是有可能相互促进的。以全球最大的族谱服务机构 Ancestry.com 为例，除了与开发和维护平台有关的固定成本外，该公司还建立了一个由 80 个国家的 270 亿条家庭历史记录组成的数据库，其中大部分是经购买或授权的。原始数据资产一开始会吸引用户，独特的用户生成内容会产生网络效应，使离散家庭成员重聚的可能性持续增加。其他企业哪怕拥有相同的家庭历史记录许可，或以更高的价格收取新的数据集，也很难再超越 Ancestry.com。而且，网络效应越是推动用户增长，Ancestry.com 就越能进一步投资于内容和技术的提升，使潜在的新企业前途更加渺茫。只有这项业务仅仅依靠固定成本的供应优势或来自用户的网络效应的情况下，才会更容易受到来自替代平台的竞争性攻击。

在抽象层面争论哪种规模优势更可取是没有意义的。不同的行业在规模中都表现出或强或弱的需求或供应优势。在没有相对规模的情况下，网络效应或固定成本为主的成本结构也没有战略价值。规模化的网络效应企业在没有供应方或其他补充优势的情况下，持续产生优异的回报不是不可能，但是相当困难，这一点我们会在稍后详细讨论。

本章要点

1. 规模优势是大多数强势特许经营企业的核心。互联网降低了固定成本要求，确保了在位企业可获得的供应方规模利益。反之，互联网利用网络效应增强了需求方规模利益的潜在可用性。
2. 所有的网络效应都是不平等的。在特定情况下，其固有的潜在规模价值是由所提供的产品或服务的复杂性、网络参与者的多样性以及在市场规模和行业成本结构下所需的保本市场份额所决定的。

3. 需求方和供应方的规模优势并不一致，但在许多最强大的数字特许经营企业中，两者是相互促进的。保本市场份额在确定一个行业潜在竞争压力强度上的重要性，凸显了即使在评估网络效应企业的吸引力时，对供应方的考虑仍然具有相关性。

第三章

部落的力量：
数字化竞争优势的来源

第三章 部落的力量：数字化竞争优势的来源

1是最孤独的数字

需求方和供应方的规模优势有一个基本的共同点：它们本身都不是非常持久。

相对来说，很少有市场真的只能养活一个竞争者——即所谓的自然垄断。一个单一规模的在位企业如果在可以维持多个参与者的行业中占据主导地位，肯定会在一段时间内收获更高的回报。但是，如果供应方规模是该企业的唯一优势，那么它就很容易被任何财力雄厚并有兴趣分一杯羹的企业所利用。如果没有其他阻碍客户轻松转移的因素，一个比较诱人的商业计划是投资建立一个规模相当的竞争对手——可以通过整合小规模竞争对手，或自行设立一个颇具规模的竞争对手。而根据市场特点，即使这两个具有规模的竞争者分割了市场，他们也可能会受到其他竞争者的攻击。

然而，无法避免的是，会有其他的竞争优势与供应方规模优势一同发挥作用，这些优势会阻碍有资本去复制和瓜分市场的企业参与。从历史上看，具有最大供应方规模的模拟特许权企业已经具备了各种需求方的优势。所有这些强化优势的共同点是，它们鼓励现有的客户在面对新企业相同甚至更好的报价时能够不为所动。固定成本支持的规模和忠实客户群能让在位企业通过积极匹配资金充足的搅局者的任何报价来避免其分割市场。如果事先明确了这种匹配策略，潜在竞争者可能得不到充足的资金，有威胁的搅局行为或许从一开始就不会出现。

网络效应——作为相对规模可能带来的关键需求方优势——本身也很脆弱。数字环境中，无需额外支出就能确保"客户占有"（Customer Captivity）优势的能力会受到影响。除了简单的消费习惯之外，最典型的客户占有方式是转换成本和搜索成本。互联网对消费者来说是一个革命性的媒介，因为它允许转换和搜索，而这对生产者来说往往不是好消息。

举一个简单的历史上的例子。在20世纪90年代，美国证券交易委员会（United States Securities and Exchange Commission）推出了允许替代交易系统出现的规定，使市场参与者能够在既定的交易所之外以低廉的价格交易股票。由此产生的电子通信网络（Electronic Communications Networks，ECN）是典型的网络效应业务：买家吸引卖家，市场流动性吸引更多的市场流动性。随着新技术平台的出现，该行业经历了巨大的增长，从曾经活跃的高成本现有平台上夺走了大量交易。

但参与网络的对冲基金和专业交易员对ECN的忠诚度并不比对他们迅速放弃的交易所更高。每个新的ECN都会提供较低的交易费用，即使收费标准降低几分钱，也会导致ECN之间的流动性池立即发生大规模的变化。交易者只关心"最佳操作"——即某一证券在扣除佣金后的净价格——这导致了新的低成本竞争者之间市场份额不断变化，相互比较着拉低佣金底价。就网络效应而言，一个良性循环可以很快变成一个恶性循环。

这时候体现朋友的作用

但是，对于需求方的规模来说，这并不完全是坏事。相对于模拟环境，在数字环境中经营的生产商有一些独特的好处。具体而言，以数字方式与客户互动的企业能够更加了解自己的客户，并建立直接的关系，这是他们在模拟领域的同行所不能做到的。这种更紧密的数字客户联系可以转化为一些其他的竞争优势。持续互动促进产品不断改进，突出学习曲线的斜度。现有的数字客户更容易介绍来新客户，降低客户获取成本。

更普遍的是，根据使用情况，长期以来从这些数字客户那里收集来的可供使用的"大数据"能产生很多有益的应用，包括预测分析，甚至人工智能应用。尽管真正重要的专利技术能够单独创造可持续的竞争优势——比如高通公司的无线技术专利，但这种情况极为罕见，尖端技术与独特数据集的结合能够产生独到的见解，提供真正的运营优势。谷歌搜索相较于必应的最大优势不在于它有更先进的搜索算法，而是同一个用户在谷歌上的历史搜索次数。

因此，如果强大的模拟企业需要由固定成本规模与客户黏度共同催生，那么数字网络效应企业更应该加强供应端的优势，无论是来自学习、数据和人工智能、固定成本规模本身还是成本优势的组合。但这并不是说这种网络效应只能以此获得支持。例如，产品体验个性化的能力可以减缓互联网应用破坏客户占有率的趋势。问题是，具有这些优势的每一类基本行业的组织结构共性支持了竞争优势潜在来源的方向性扭转。

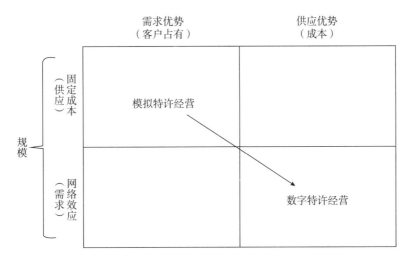

图 3.1　大型数字和模拟特许权企业竞争优势潜在来源

更根本的问题是，支持平台幻觉的核心叙述是被误导的。即使平台确实产生了网络效应，这本身应该不足以说服投资者，投资者也不应理所应当地指望去占领一个赢家通吃或赢家多吃的市场。网络效应的存在应该是分析的开始而不是结束。

有韧性的特许权企业必须建立在多种竞争优势的基础之上，这些优势通常是互促互进的。例如，尽管我将大数据描述为主要的供应优势，但数据可以是由网络效应的飞轮产生的，主要通过增强需求方的客户占有率来体现其裨益。正如第二章中 Ancestry.com 的案

第三章 部落的力量：数字化竞争优势的来源

例所示，数据也可以加强企业在供应端的规模优势。但是，数字环境的结构使网络效应企业更难而不是更容易获得许多潜在的互补优势，如客户占有率或高固定成本带来的规模优势，这在一定程度上解释了失败的互联网企业与那些不仅生存下来而且可持续发展的企业之间的差异。

高保本市场份额，建立牢固的客户关系的能力，大量可用交易数据的使用案例，再加上网络效应，这些因素结合起来可以产生非常强大的商业特许经营。不过最值得注意的不是这种企业有多么非同寻常，而是大多数互联网巨头根本就不是主要依靠网络效应崛起的。

平台幻觉的信徒中流行的说法是，数字革命需要一种全新的商业战略。没有什么比这更离谱的了。在过去，战略一直都是为了建立和加强进入壁垒的，在将来也会是如此。甚至竞争优势的几大核心也没有改变：规模、需求和供应。此外还有几种优势——最常提及的是先发优势和品牌优势，这些会在其他章节谈到。由此足以看出，尽管这些优势在某些时候可以帮助建立或加强一些可见的竞争优势，但最终还是行业结构决定了竞争优势的有无——而大部分时候其实并没有。

数字化环境改变了进入壁垒的确切形式，改变了组合模式，也改变了成立卓越企业的难度——对投资者而言，通常不是什么好消息。投资者在互联网时代寻找机会时，不应寻找全新的战略范式，也不应成为平台幻觉的牺牲品，而应记住基本商业原则，需要对在数字环境中经营的劣势和优势保持清晰的认识。

表 3.1　所有适合数字化的消息

项目	数字竞争优势来源						
	规模		客户占有/需求			成本/供应	
	固定成本/供应	网络效应/需求	搜索	转换	习惯	学习曲线	大数据	专有技术
坏消息	固定成本要求系统性降低	极低市场份额下可以实现的盈利的规模	搜索更容易	转换更便宜	不因技术变化而养成的习惯	能迅速跟上的技术	能发挥作用的应用较少	替代发明出现速度增快
好消息	有了网络效应后,低固定成本也会成为有效壁垒	数字平台促进网络效应	个性化可能使寻找同类替代品更加困难	个性化降低了转换的意愿	数字化应用可能增加使用频率	学习曲线的斜率变大	数字化使数据量成倍增加	真正的专有技术在模拟世界中同样罕见,而数据在数字世界中可能会得到强化

前面我取笑《纽约时报》出版人阿瑟·苏兹伯格为数字化未来前景欢欣鼓舞。在评估数字发行和技术可用性的净影响方面,《纽约时报》的经验很耐人寻味,它被公认为是新闻业中罕见的互联网成功案例。但成功,就像规模一样,是一个相对的概念。

可以肯定的是,对那些内容在其主要经营范围之外几乎没有价值的地方报纸来说,互联网为他们的财务状况带来了一场无情的灾难。与这些报纸不同,《纽约时报》大幅扩大了之前不超过 100 万的纸质报纸最高日发行量。虽然现在纸质报纸的订阅数不足过去的一半，但总订阅数超过 700 万。截至 2020 年，近 500 万用户使用其核心数字新闻产品，另有 100 多万用户订阅填字游戏或烹饪内容。播客业务也蓬勃发展，吸引了 200 万日常听众，目前可完全依靠广告收入，但播客的年轻听众也可能成为未来的数字新闻订阅者。目前超过 50 万的数字新闻订阅者来自美国以外。《纽约时报》的目标是到 2025 年达到 1 000 万付费读者，包括 200 万国际读者。

但是，在苏兹伯格欣喜若狂地预测 20 多年后数字化的前景时，《纽约时报》的股价仍然没有回升到历史高点。而且，虽然订阅者数量成倍增加，但平均订阅价格却急剧下降；曾经贡献了大部分收入的广告业务已经完全崩盘了。尽管播客和其他新举措（如产品点评网站 The Wirecutter）取得了成功，但"将其广告产品多样化的努力仍处于初步的货币化阶段"。《时报》年度数字板块总收入为 8.008 亿美元，其中稍大部分来自用户，远远低于前付费墙[1]时代（Paywall Era）仅靠印刷广告产生的收入。公司 2019 年的总收入为 18 亿美元，其中大部分的广告和订阅仍然来自传统的印刷业务，远远低于 2000 年印刷品专营权的收入。

让我们按类别来考虑数字的出现对《纽约时报》核心竞争优势的影响，首先是规模。《纽约时报》长期在地方、国家和国际市场运营，每个市场都有自己的结构和活力。

在当地市场，《纽约时报》历来是几个颇具规模的竞争性地方报纸之一。尽管发行量不是最大的，但纽约的巨大市场规模和《纽约时报》在高端人群中的领先地位是其主要的盈利点。虽然

---

1. 付费墙（Paywall）是指传统印刷媒体为其网上数字内容建立的支付模式。

纽约本地市场面临着急剧下降的订阅和广告，但印刷和数字板块的竞争者数量却都在增加。主要的传统竞争者，《纽约邮报》（*New York Post*）和《每日新闻》（*Daily News*），与多个靠广告支持的免费报纸先后进军这个领域，结果是没有一个传统的报业龙头能盈利。尽管相对于这两个主要的传统竞争者来说，《纽约时报》的规模略有提高，但它在这个快速萎缩的市场中的总体份额实际上已经下降了。目前最大的免费报纸发行量是任意一家付费报纸的两倍。

在国际英文报纸市场，《纽约时报》多年来借助《国际先驱论坛报》（*International Herald Tribune*）运营，与《华尔街日报》（*Wall Street Journal*）、《金融时报》（*Financial Times*）和《今日美国》（*USA Today*）的国际版竞争。《国际先驱论坛报》最早能追溯到1887年成立的一家巴黎地方性报纸，自1960年代以来一直通过与《华盛顿邮报》（*The Washington Post*）各拥有50%股权的合资形式经营。

报业市场从来都不大——《先驱论坛报》（*Herald Tribune*）曾经在大多数国家都是最大的市场参与者，但它吸引到的广告商很少，鼎盛期在全球的发行量也不过25万份，用于支持发行的相关固定成本使这项业务对所有人来说都无利可图。尽管经济形势如此严峻，2003年，纽约时报公司仍以向市场推出新产品，威胁到了与其合作了35年的伙伴。而《华盛顿邮报》欣然同意以7 000万美元卖出这个常年亏损企业的一半股份。自此10年后，作为新的数字战略的一部分，《纽约时报》将该报改名为《纽约时报国际版》。在2020年，国际订阅者仅占数字订阅者的10%，但预计到2025年将达到20%。一开始收购其合作伙伴的股权，可能是虚荣心和自负感作祟，没带来什么经济效益，但这说不定是个意外之喜。互联网能够在2025年最终促成超过1亿美元的增量订阅收入，其中成本增量较少，这体现了在这个狭小的市场中全资拥有一个独立品牌的价值。

《纽约时报》的主场是美国全国市场。主要竞争者有《华尔街日报》，其次是在全国发行但没有实际的个人付费用户群的《今日美国》，以及《金融时报》的美国版。在数字环境中，由于消除了过高的固定发行成本，行业竞争者成倍增加。顶尖的线上新闻渠道不仅包括这些传统的纸媒竞争对手，还包括像《华盛顿邮报》这样曾因经济原因基本退出了全国市场的地方性报纸，该报目前在杰夫·贝佐斯的领导下，又怀着新的热情重新进入市场。此外，其他媒体上（无线电广播、有线电视、杂志、甚至电台）的新闻生产者能够以相对低廉的价格增加数字表现形式，以及使用原创内容和聚合内容的各类纯数字参与者，都加入了头部网站名单。甚至一些总部设在英国，本没有机会参与美国市场的媒体公司（特别是BBC、Mail Online和Guardian）现在也跻身于美国头部新闻网站之列。

在实际的新闻用户中，《纽约时报》的相对规模其实有所提高。虽然苹果新闻服务的1亿月度活跃用户让《纽约时报》相形见绌，但证据表明，除去在2019年3月推出后48小时内吸引的20万用户，其News+服务的订阅量已经停止增长。但这也不是说《纽约时报》的总体相对规模没有下降，因为它已经从特点鲜明的全国性报纸市场（少数几个突出领军者之一）转移到一个更加拥挤、媒体多样且地理界限模糊的全球英语新闻市场。

表 3.2 美国媒体 2000—2020 年变化趋势

2000 年国内报纸发行量（单位：百万）		2020 年最受欢迎新闻网站（月度每月独立访客；单位：百万）	
《华尔街日报》	1.8	雅虎新闻	175
《今日美国》	1.7	谷歌新闻	150
《纽约时报》	1.1	赫芬顿邮报	110
其他	<0.2	CNN 新闻	95
		纽约时报	70
		福克斯新闻	65
		NBC 新闻	63
		每日邮报在线	53
		华盛顿邮报	47
		卫报	42
		华尔街日报	40
		ABC 新闻	36
		BBC 新闻	35
		今日美国	34
		洛杉矶时报	33

资料来源：美国报业协会，eBizMBA 排名来源于 Quantcast、Alexa 和 SimilarWeb。

表 3.3　2020 年美国国内外数字新闻订阅数

媒体名称	订阅人数
纽约时报	4 896 000
华尔街日报	2 000 000
华盛顿邮报	1 700 000
金融时报	1 000 000
巴伦周刊（*Barron's*）	615 000
苹果	200 000
商业内幕（*Business Insider*）	200 000
卫报	190 000
洛杉矶时报	170 000
芝加哥论坛	100 000

资料来源：公开文件和报表、新闻报道。

但在一个日益数字化的环境中，这些虽有缩小但仍颇为可观的规模还有哪些看得见的好处呢？有趣的是，在需求方面完全没有。正如我们在第七章对奈飞的深入探讨那样，无论是对数字还是模拟的内容创作业务来说，网络效应通常都不适用。其实，纸质版《纽约时报》曾经有一个规模不大但利润很高的分类广告部门，该部门确实曾经获益于网络效应。相比之下，数字版《纽约时报》没有突出的分类广告业务，因此它体现的网络效应较为有限。

在供应方面，因其成本结构中固定成本比例增加，《纽约时报》的规模效益在其数字形式中得到加强。由于消除了原材料和其他纸质报纸生产成本的可变因素，数字新闻产品的成本绝大部分都是固定的。另一方面，从表 3.1 中可以看出，总成本的大幅减少极大地增加了竞争者数量，反过来解释了为什么可观的利益会导致相对规模缩减。不过，要评估净影响，还必须考虑数字模式对其他竞争优势来源的影响。

用户占有率对广告商和读者的影响本身不同，但方向是相似的。广告商有比以往更多的机会接触到目标人群，《纽约时报》曾经把读者送到广告商手中的独门本领已经行不通了。更令人不安的是，正如第十三章所论述的那样，程序化广告允许营销人员在其他网站上接触到《纽约时报》的读者，导致纸质报纸和数字新闻的绝对广告收入急剧减少，以及千人成本（每千次广告曝光成本，英文简称 CPMs）持续下降。

对于订阅者来说，独特的价值主张可能更有说服力，但由于有如此多的免费替代品，导致平均订阅价格与纸质版相比有所下降，尽管不像 CPMs 的下降那样急剧。更重要的是，数字板块用户流失的可能性大大增加，因为注册和注销前所未有得容易。客户现在要求他们能够在线上取消订阅，不想在电话的一端无休止地等待音乐和与不友好的客服人员沟通。《纽约时报》在2020年才开始启用线上取消服务。

多年来,《纽约时报》的用户流失主要是因为用户搬家(希望是暂时的)或死亡(通常是永久的)。《华尔街日报》也是类似的情况,最频繁的取消原因一度是在死者的遗产中发现信用卡仍在支付订阅费。就在2015年,《纽约时报》只有不到10名员工专门负责客户保留(Customer Retention)。这个数字现在已经大大增加,整个企业氛围已经转向吸引和保留读者。这说明《纽约时报》管理层重视潜在竞争优势来源的转变,毕竟订阅占到其收入的绝大部分。值得注意的是,公司报告称已经能够做到数字端流失率与模拟端流失率相差无几。

但是,即使是像《纽约时报》这样顶尖的消费者订阅服务,也还是会经历严重的线上用户流失,而且随着客户群不止于最忠诚的早期用户,管理这种流失变得越来越有挑战性。即便是客户参与度和保留率处于领先位置的奈飞,每月仍有大约3%的流失率,每年36%。《纽约时报》可以做得很好,甚至更好,但有一个结构性的限制。尽管该公司在这方面做得很好,但订阅用户已经不像以前只能通过纸质报纸接触到有限读者群的广告商那样容易俘获。

在平台业务的背景下,这种在多个平台之间轻松转换或同时使用的功能通常被赋予一个花哨的数字名称:多宿主(Multi-Homing)。这个词没有什么不妥,但它有时被当作一种全新的现象类别,而不仅仅是需求方进入壁垒较弱的表现。数字化环境往往对有效保持客户占有造成了更大的挑战——其中既包括广告商也包括读者,但在评估一个企业的整体实力时,必须组合分析所有进入壁垒。

这种需求方优势的结构性流失必须与新的供应方优势一起考虑。现在,《纽约时报》不仅可以了解到其读者花时间阅读的内容,而且还可以了解到他们何时表现出流失风险增加的迹象。这既保障了及时干预,也更广泛地提供了让个别读者更满意的产品展示和推荐手段。虽然记者们常常不认为读者会对"编辑推荐"感兴趣,但在用既定成本设计最引人注目的产品时,如果不考虑到这一点,那就是战略失误了。然而,虽然这些数字属性给了《纽约时报》更多的弹药来对抗那些订阅者基础较为薄弱的对手,但绝对数字表明,这仅仅减轻而不是消除了在数字环境中占有客户的挑战。

相较于读者,用户数据在留住广告商方面可能显得更具直观价值。追踪读者在网站上的行为,可以使《纽约时报》更精准地让广告商给目标人群提供信息。这还有助于不断提高特定销售链条的响应率,在更有吸引力的按业绩付费(Pay for Performance)广告类别中,出版商提供可量化的参与,而不仅仅是消费者印象。但是,与管理订阅时因其付费墙而享有规模优势的情况不同,《纽约时报》拥有的相关个人数据比其他一些免费新闻网站要少得多,更不用说与广告巨头谷歌、脸书和亚马逊相比了。

数据带来的最后一个潜在好处是,通过观察参与度,终于有可能填补理论层面的需求曲线——有些用户会为访问权支付大量费用,有些会支付少量费用,而更好的数据意味着更有可能确定每个用户的结算价格。出版商在这种数据驱动的收入最大化战略方面一直进展缓慢,尽管不清楚这是因为缺乏精细程序还是因为担心刺激那些意识到自己比朋友付得多的用户。在价格如此透明的数字环境中,这种优化策略能增加多少价值还不明显。

越来越能肯定的是,鉴于新冠疫情和特朗普总统任期内用户数量的增长,《纽约时报》将在2025年实现或超过拥有1 000万用户的远大目标。这样一来,它终于有可能超过2000年纸质报纸时期的收入,但其股东可能仍会看到一个更平缓的利润底线。虽然《纽约时报》无疑仍将是世界上规模最大的英语新闻供应商之一,也可能拥有最高的付费订阅群体,但在数字世界中,新闻内容生产商可获得的竞争优势程度存在结构性限制,这对其潜在规模和回报都造成了制约。

（以百万美元计）	2000A	2020E	2025E
收入			
数字	$-	$589	$1 223
印刷	477	597	524
总订阅量	$477	$1 186	$1 747
数字	$-	$216	$292
打印	1 306	165	117
总广告量	$1 306	$381	$409
其他	$145	$193	$206
总收入	$1 928	$1 760	$2 362
收入与盈利			
原材料		($73)	($63)
其他生产成本		(675)	(848)
总生产成本		($748)	($911)
履行与分销		($145)	($127)
销售总务管理支出（SG&A）		(671)	(832)
总SG&A		($816)	($959)
折旧与摊销（D&A）		($62)	($72)
总运营支出		($1 626)	($1 942)
加回（D&A,养老金等）		$75	$75
调整后EBITDA	$514	$210	$495

图3.2 《纽约时报》报表（2000—2025E）

资料来源：公司文件,Evercore ISI作者估计。

注：2000A的财务数据不包括《纽约时报》数字公司,该公司在2000年有约6 700万美元的收入和约3 700万美元的EBITDA（未计利息、税项、折旧及摊销前的利润）。

第三章 部落的力量：数字化竞争优势的来源

有些人认为，迫于传统印刷业务的压力，这些结果被人为地歪曲了。根据这种观点，一个纯粹的数字版《纽约时报》，将其从油墨和纸张的桎梏中解放出来，会飞得更高更快。但是，对《纽约时报》2025年完全转为线上运营做一个模拟，就会发现可能没有这么理想化。2025年，即便不考虑取消印刷和发行业务的成本，数字版《纽约时报》仍将是一个规模较小、利润较低的企业。大胆地假设80%的纸质报纸订户只要能上网都采用数字订阅，价格还是低得多，广告损失也会很大，尽管取消了数亿美元的印刷费用，但总体利润率仍会保持不变。新的数字订户确实有更高的毛利率，整体利润率将随时间和企业发展而增加，但它的起点要低得多。

（以百万美元计）	2025（预期）	调整	评论	2025数字（预计）
收入				
数字	$1 223	$67	80%的印刷报纸订阅者采用数字版本	$1 290
印刷	524	(524)		–
总订阅量	$1 747			$1 290
数字	$292	$23	20%的印刷与数字收入转移	$316
打印	117	(117)		–
总广告量	$409			$316
其他	$206	($20)	扣除商业印刷	$186
总收入	$2 362			$1 792
收入与盈利				
原材料	($63)	$63	扣除材料成本和印刷运营	$-
其他生产成本	(848)	100		(748)
总生产成本	($911)			($748)
履行与分销	($127)	$127	扣除分销成本和20%的成本	$-
销售总务管理支出（SG&A）	(832)	166		665
总SG&A	($959)			($665)
折旧与摊销（D&A）	($72)			($72)
总运营支出	($1 942)			($1 485)
加回（D&A，养老金等）	$75			$75
调整后EBITDA	$495			$381
利润百分比	21.0%			21.2%

图3.3 《纽约时报》数字经济

《纽约时报》的例子凸显了特定数字市场的实践形式和平台幻觉基本概念之间的不协调。往大了说，这种不协调应当使得人们不敢对在数字生态系统中何为合理的结构性趋势妄下定论。网络效应在数字企业中更为普遍，而且这些效应往往是模拟企业所不具备的供应方优势。但是有时候，规模庞大的数字企业并没有显示出网络效应，想要了解它们优势的程度和性质以及其优势共同发挥作用的方式，需要对市场和行业结构有所研判。

老大哥在看着你，有时也在帮助你：政府也是竞争优势的来源

另一种重要的竞争优势形式并没有因互联网而发生任何变化，那就是政府支持。企业很少强调政府给予或加强的结构性利益，反而为了服务股东，倾向于把政府描绘成企业在资本市场中自由经营的枷锁。他们更愿意把长期见好的业绩归结于管理层或企业的固有优势，也许还可以为克服政府的误导性干预而获得额外的表扬。然而，互联网巨头在政治游说方面逐步提升的投入，隐约反映了政府的宽容对他们各自特许权的重要性。

政府提供的结构性优势范围很广，既有显著的优势，也有比较微妙的。在互联网上尤其如此，毕竟互联网本身就是纳税人的钱和政府机构的成果，而不是私人部门竞争性创新的结果。

显著的优势包括政府特许的寡头垄断权，它可以有多种形式。作为双边政府谈判的成果，个别美国航空公司获得了飞往特

第三章 部落的力量:数字化竞争优势的来源

定国际目的地的权利——有时是除单一他国承运人外的唯一获得该权利的企业,对运力有严格限制——且完全无须另外付费。电视和广播公司获得了有限频谱的永久免费租约,只需每隔几年敷衍了事地进行续约。同样,在地方层面,政府给出了从有线电视系统到公共标志等一系列排他性特许经营。

在不太显著的类别中,政府的监管——讽刺的是,它们本是为了鼓励"公平"竞争和新进入者而制定的——带来了有利于最大的在位企业的巨额固定成本。美国国会曾处罚那些因其误判导致 2008 年市场崩溃的信用等级评定机构,但处罚的结果却是对这些公司有利的。国会对所有评定机构出台了极为复杂的新规定,这些规定只有最大的现有参与者才有能力去遵守。在利润受到短暂的负面影响后,这些机构聘用了一批新的高级合规雇员,盈利水平很快就又突破了历史高点。这些机构的管理层清楚地知道,无论他们把价格提到多高,都没有新机构能负担得起强化监管制度下所需的巨大合规成本,因此他们晚上睡得很香。

沃伦·巴菲特(Warren Buffett)曾做过一个罕见的投资误判,在面对监管动荡时大幅减持了穆迪公司(Moody's)的股票。在金融危机的高峰期,伯克希尔·哈撒韦公司(Berkshire Hathaway)持有穆迪公司多达 20% 的股份,2009 年和 2010 年多次出售之后,将持股比例降至 15% 以下,2013 年再次出售后减至不足 10%。自 2009 年以来,穆迪公司的股票表现远远跑赢市场和伯克希尔公司。

在数字领域也有非常类似的现象,证据表明,在欧盟严格实施 2018 年开始生效的《通用数据保护条例》(或称 *General Data Protection Regulation*)的情况下,谷歌和脸书能够快速有效地遵守新的监管规定，使它们在对广告商的争夺中占据额外的优势。全球最大的广告公司世界新闻摄影（World Press Photo）的首席执行官说，《条例》"巩固了在位企业的利益，将权力交给了有能力收集和处理数据的大平台"。

政府赋予的优势可以是在供应/成本方面，如监管制度导致了大量的固定成本，也可以是在需求/收入方面，如某个公共机构与企业建立长期独家合约或将其指定为"认证"供应商。在前面ECN市场诞生的例子中，被颠覆的已有交易模式在过去能获益于需求和供应两方面的优势，是因为那时候交易者需要按规定使用市场设施（需求），而新的开放市场模式降低了固定运营成本和收支平衡的要求（供应）。

正如取消一次性保护措施促使ECN数量激增那样，几乎所有这些好处都有一个共同点，即它们可能是短暂的。完全依赖这类深受政治风向变化影响的结构性保护是一个危险的游戏。最好在这些脆弱壁垒的有限存续时间内制定多份备选防御方案。

不这样做的风险是有目共睹的。规模庞大的营利性高等教育行业几乎完全诞生于宽松的监管环境，这种环境下无论其课程是否合理、提供给学生的教育能否带来偿还贷款所需的就业机会，申请机构都能获得政府贷款。结果导致，尽管该行业在很长一段时间内维持着出色的市场表现，但只有少数参与者真正在这段时间内在目标学科、受众和地理区域方面建立规模和占有率，其余的只是投机取巧尽可能多地攫取政府资金，对不合要求的学生采取愈发激进的直接营销策略。当奥巴马政府打击这些做法时，许多参与者遭受了高达90%的价值损失或破产。特朗普政府恢复了自由放任的做法，但目前还不清楚有多少投资者或经营者能从上

第三章 部落的力量：数字化竞争优势的来源

次的损失中吸取长期教训，或者拜登政府将如何再次改变规则。

企业层面则有亚马逊的案例。尽管做好了最终会亏损的准备，但亚马逊还是努力保护其监管优势。在崛起的前20多年里，它得益于没有像其模拟竞争对手那样向顾客收取销售税的举措。当时亚马逊钻了一个空子，因为有规定要求必须对州内经营活动产生的销售征收州税，于是它将经营范围限制在少数几个销售量较小的州，以最大限度地获益于这一优势。在关键部门中获得了规模的同时，亚马逊仍在努力留住当年这个利润点，公司准备从根本上扩大其直销和分销系统，通过优化物流网络来节省成本，减少对销售税的征收。

政府对科技行业的整体态度发生了巨大的转变。在此之前，美国技术的全球霸主地位——至少在中国之外的地区——一直是美国人骄傲的资本，也是其创新精神的象征。但最近，除了少数个例外，美国政府对整个科技行业的态度是人人惊讶的放任自流。1996年版《电信法》（the 1996 Telecommunications Act）明确规定互联网不受大多数监管，并加入了目前有争议的第230条款，保护互联网免受法律诉讼。这在反垄断执法领域表现得尤为突出。

即使美国司法部严格审查甚至阻止了因受现实挑战的模拟行业为求生存而进行的交易，但数字巨头进行的数百次收购却基本没有受到干扰。根据美国哥伦比亚大学法学教授吴修铭（Tim Wu）的说法，脸书、亚马逊和谷歌"成功地串联起了"一个惊人的收购记录，在没有监管部门介入的情况下不受争议地分别完成了67项、91项和214项交易。

这种不仅仅是文化性的，有一部分是结构性的。由于许多重要的技术企业资产少、收入少，一些有竞争性问题的交易躲过了《哈特－斯科特－罗迪诺反托拉斯改进法》(Hart-Scott-Rodino Antitrust Improvement Act)下政府公布的反垄断门槛金额。谷歌甚至找到了一个漏洞，不用提前向监管机构通报其以10亿美元对Waze的收购。虽然没有对于事后审查交易的限制，但实际上政府很少这样做，再加上要撤销已完成的收购案流程复杂，就更不会这样做了。美国联邦贸易委员会在2019年宣布对大型科技公司进行全面的政府调查时，迟迟没有要求她们提供10年内完整的交易数据以弥补这些缺漏。

监管机构现在意识到了科技巨头的潜在危险，这是一个可喜的消息。但是，发现问题、找到病灶与采取最有效的补救措施之间还有一定的距离。反垄断机构阻止AT&T与时代华纳合并——这笔交易完全说不通，以至于AT&T在不到3年的时间里就改变了主意——并为此案提起大量（且失败）的反垄断诉讼来保护公众利益，最后的结果说明政府对科技巨头进行纠偏的概率很低。

从一开始的原则上对大型科技公司放宽监管到现在加强审查，观念的转变反映了一致的现实：即错误地认为这些企业有如此多的共同点，因此应该采取同类的执法手段。这种想当然的想法是"平台幻觉"在监管层面的体现。转变前后，都是在假设这些企业的规模和实力不仅具有可比性，而且具有同源性。深入研究每个最大的数字巨头企业所享有的优势要素，是让投资者和监管者破除这种谬误的最佳途径。

互联网的出现并没有从根本上改变竞争优势的主要类别，也没有改变建立有韧性的特许经营企业所需的多种强化优势。在最强大的商业模式中，总是能看到由某种供需优势组合支撑起来的规模。确实有一些结构性趋势改变数字优势而不是模拟优势的

第三章 部落的力量：数字化竞争优势的来源

最佳组合，但在各类成功的数字企业中，仍然存在各种各样的组合形式，在许多组合中，网络效应根本没有发挥任何实效。此外，尽管数字环境为以前不可能存在的新优势创造了机会，但较低的保本市场份额和客户占有率的总体影响表明，数字特许经营企业通常不如它们所取代的模拟特许经营企业那样强大。

然而，互联网的出现似乎对应一个全新的公司类别，比以往的任何一类公司都更大、更不容易受到攻击性竞争。这种说法似乎与"平台幻觉"更为一致，不承认每个特许经营企业的优势都来自不同的竞争优势组合。这些数字巨头的庞大规模也使得数字特许经营企业通常不如它们所取代的模拟特许经营权强大的说法有点站不住脚。

评估哪种观点更符合事实的唯一方法，是研判这些巨头企业的优势来源。无论我们得出什么结论，这些巨头的存在本身就影响了其他所有企业所在的市场结构，我们必须对其影响方式进行研究。

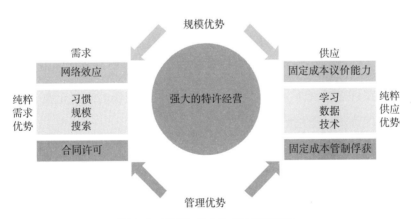

图 3.4 需求和供应端竞争优势概览

本书的其余部分关注的是这一双重企业体系。在第二部分中，我们首先研究了大型科技公司惊人成功的基础和性质，然后在第三部分中，探讨了那些试图在科技巨头的阴影下获取成功的企业命运。在对成功和失败、优势和劣势进行分类时，我们的重点还是在同样的潜在竞争优势网络，这些优势是每一个模拟或数字特许经营企业持续经营的基础。

本章要点

1. 规模优势无论是通过需求方还是供应方的利益表现出来，在没有加强进入壁垒的情况下都是脆弱的。在数字环境中最强大的商业特许经营企业，就像在模拟环境中一样，通常会从需求和供应优势的组合中受益。

2. 尽管竞争优势的关键类别没有改变，但数字经营环境的结构已经改变了竞争优势最有可能体现的位置和方式。数字模式削弱了维持某些进入壁垒的能力，但有可能促进其他壁垒的建立。

3. 在数字环境中，强大的网络效应企业往往表现出来自数据、技术和学习的某种供应优势组合，但也经常体现为高昂的固定成本。有韧性的数字企业所享有的特定优势组合都不同。在许多情况下，特别是像《纽约时报》这样的内容企业，其优势不可能是网络效应驱动的。

4. 政府监管本身往往可以成为需求方或供应方或两者组合的竞争优势来源。鉴于地方和国家政治制度的内在波动性，完全依赖这种优势是一种危险的战略。更明智的策略是假设它们是暂时的，并利用这段时间来建立一系列结构上更持久的进入壁垒。

02

PART II 在巨人之地

PART II 在巨人之地

将5家巨头——脸书、亚马逊、苹果、奈飞和谷歌——合并为"FAANG"这个人人皆知的缩写的人，是电视人詹姆斯·克拉默（James Cramer）。早在2013年2月，克拉默在他的CNBC电视节目《疯狂的金钱》（Mad Money）中提出了这个想法，当时他的同事鲍勃·兰（Bob Lang）为少数"代表未来"的数字公司想出了这个绰号，并说它们有"真正从熊市中吃到蛋糕的潜力"。

最初只是"FANG"，但不久就加上了苹果这个"A"。这个字母组合非常灵活，所指的几个核心平台都准备切走一大块经济蛋糕。自推出以来的几年里，随着新平台的出现和市场的波动，这个字母组合已经催生了不同投资人和分析师想出的几种类似组合，我个人最喜欢的是BAGEL，加入了阿里巴巴（Alibaba）、艾派迪（Expedia）和领英（LinkedIn），去掉了苹果、脸书和奈飞。

高盛（Goldman Sachs）试图用微软（在第十四章单独讨论）取代奈飞来调整这个集团的组合，理由是后者的市值在当时只有700亿美元左右，"不足以"对标普指数产生重大影响。高盛自2017年将FAAMG确立为其首选替代方案，但高盛这颇具影响力的努力似乎只是增加了人们对原版的相对兴趣。

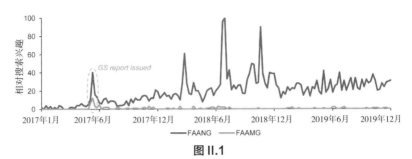

图 II.1

资料来源：谷歌趋势。

甚至连克拉默本人也在 2016 年试图将该缩写改为 FAAA，反映了他对奈飞表现不稳定以及 Alphabet 在 2015 年成为谷歌多个实体的上市名称的失望。

尽管也曾遭人诟病，但在正式命名后的 5 年里，FAANG 投资组合的持有者获得了丰厚的回报。在此期间，即使是其中表现最差、在 2017 年才被加入的苹果股票，也跑赢整体市场 70%。

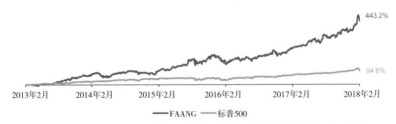

图 II.2　FAANG 与标普 500 指数企业走势对比（2013—2018）

经过 2018 年的短暂整顿，这些公司很快就恢复了活力，甚至在 2020 年的疫情中发展速度也在加快。更广泛地说，"成长型"股票的突出表现已经延续了 10 年以上，主要是由 FAANG 公司及其技术伙伴推动的，与之相对应的是，价值型股票在同一时期的表现平平。伴随着价值投资的定期"死亡"声明，人们提出了各种理论来解释这一现象，包括低利率的长期存在以及市场效率的提高。

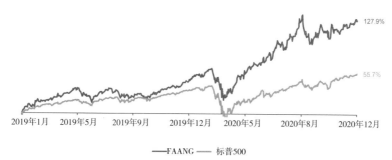

图 II.3　FAANG 与标普 500 指数走势对比（2019—2020）

价值投资的精神和本书的整体布局存在着密切的联系——价值投资的代表人物沃伦·巴菲特所倡导的"经济护城河"只是竞争优势和进入壁垒的另一种说法。如果价值投资真的因最近的市场表现而受到致命打击，人们可能会合理地质疑在数字环境中应用竞争优势原则来驱动投资决策的智慧。然而，即使人们还在怀疑账面价值——价值投资者所依赖的不可或缺的财务指标——与高送转股票或轻资产商业模式估值的相关性，比较谨慎的做法依旧是根据它们各自对竞争性攻击的脆弱性来区分成长型数字企业。

纠结于 FAANG 的精确构成或跌宕起伏，会分散对更基本问题的注意力。这些企业到底有什么共同点是投资者应该关心的？

在投资者关心的一系列经营和财务指标方面，FAANG 五巨头偏离正常的轨道，但偏离的方式各有不同。最基础的，以盈利能力这样的基准为例。一家公司的利润率揭示了顶线（收入）有多少可以转化为底线（利润）。同一行业的企业通常显示出相似的利润率，经营和竞争结构类似的行业应该具有相匹配的利润率。一个企业或整个行业持续表现出色利润率的能力是结构性竞争优势的指标。克拉默最初追捧的四只FANG股票都与标普500指数其他股票的平均盈利能力不同，但有两只股票的盈利能力较高，另外两只较低。苹果作为较晚加入FAANG的公司，其业绩特点更接近于前面一类。

盈利能力衡量标准的种类很多，在图II.4中，我们使用的是EBITDAS，因为这些公司很爱用这个看上去过于宽松的标准，它将一些非现金条目如代表了股东实际经济成本的股权激励加回到营业利润中，以进行相关的利润率比较。然而，即使使用实际运营利润或运营现金流这种更为严格的财务标准，FAANG的运营业绩相对于市场其他公司而言也显示出同样的两面差异。

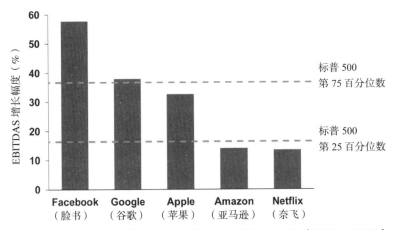

图II.4 FAANG盈利能力基准与标普500指数企业比较（2017—2019）

资料来源：标准普尔资本IQ，公司文件。

FAANG公司在另一个方面有很大的不同，那就是它们在核心业务之外进行多元化努力的程度和获得的成功。两个极端是奈飞和亚马逊，前者几乎仍然是流媒体订阅服务，后者则广泛布局，最具代表性的是亚马逊云科技（Amazon Web Services），该部门现在对利润底线的贡献超过了规模更大的电商业务。就脸书而言，尽管它最大的收购项目3个中的2个——Instagram 和 WhatsApp——与原来的平台大致同属"社交"领域，但这些项目在很大程度上继续独立运作。随着 Alphabet 作为控股公司的成立，允许（谷歌）将与搜索相关的活动从其他工作和投资中分离出来，分离出来的公司中大多数现在都是以分类加总（Sum of The Parts）的方式进行估值，也就是先分别计算每个不同业务线的价值然后把它们加在一起。尽管我们对这些公司进行了全面的研究，观察了它们的多元化努力，但主要的焦点仍然是它们各自取得历史性成就的核心动力。更关键的是，这些企业中的每一个成功的基本来源都全然不同。5个平台中只有脸书表现出与"平台幻觉"大致一致的特征。而且，即便脸书对网络效应的主要依赖和它所拥有的全球市场份额也不能说明全部问题，既不能解释对加强公司地位至关重要的互补性竞争优势，也不能说明它持续的脆弱性。接下来的5章对 FAANG 所享有的优势来源和程度进行了更深入的探讨。

　　探讨这5个公司取得突出成就的基础有两个目的。首先，这些企业所依赖的结构优势和运营方式的多样性和复杂性表明，平台幻觉的假设与数字时代实际创造价值的方式之间存在脱节。其次，强调这些数字巨头的真正优势和劣势来源，将有助于对每个数字巨头以及在其阴影下竞争的公司的前景有一个清晰的认识。下一页的图表总结了从第四章至第八章的分析中得出的结论。

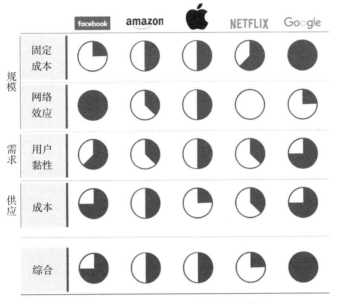

图 II.5　FAANG 公司竞争优势多样性

如果平台幻觉的核心原则在 FAANG 公司的案例中不成立，那么在其他地方也不可能普遍适用。其实，平台幻觉表达了对 FAANG 的一种羡慕，反映出人们对捷径的渴望，想要成为下一个可能被加入这个字母组合的公司。那么既然要做梦，最好就要有远大的梦想。在有大量反例的情况下，人们仍然普遍坚持相信平台幻觉，体现了这种渴望的强度。弗洛伊德在他的经典著作中讨论基于愿望实现的信念，他说道："它们力量的秘密就在于这些愿望。"

人们很容易认为自己对 FAANG 的羡慕在很大程度上是对 FAANG 公司领导层的羡慕。其实，每一个 FAANG 的领导都知道平台幻觉每一个基本假设的谬误之处，但他们仍然在塑造着顽韧的总体印象，因为这样做能带来价值。他们要在追求高估值的投资者和可能威胁到核心业务的潜在搅局者脑中植入一个有用的观念：自己的公司将毋庸置疑地维持全球霸主地位。就像过去的媒体大亨们孜孜不倦地让外界相信他们在创造点击率和管理人才方面有法宝一样，科技精英们——从高管到支持他们的私人和公共投资者——都希望我们相信他们天赋异禀，能创造难以撼动的特许经营。

当然，如果直接公开提出这些主张，那就太蠢了，而且也会让反垄断监管机构亮起红灯。他们通过一些更微妙的方法来表达这些观点，通过与好骗的研究分析员、记者和"意见领袖"进行非正式沟通，或者只要不反驳他人强调这种幻觉的说法。公司高管公开发表的声明与他们在私人通信中透露出的对于脆弱性的不安和担忧大相径庭。美国国会最近获得了FAANG高管的私人电子邮件，读起来更像是受惊的孩子们为了生存而发出的恳求，而不是宇宙主宰者的勇敢宣言。

"这些业务刚刚起步，但……它们可能会对我们造成很大的破坏。

"他们显然比我们有更低的执行成本。

"他们是我们最大和增长最快的竞争对手。

"我们该如何处理'垂直领域迅速扩张'的问题？

"我们本应占据这一块，但现在输得相当惨"等等。

一位FAANG公司的首席财务官提出了解决这些问题的办法："我们需要一个更简单的'平台'故事。"

在我们深入分析每个FAANG公司之前，要先对这个群体进行一些一般性的观察。根据其各自竞争优势的强度和广度，最强的 2 个特许经营是脸书和谷歌，他们与其他 3 家公司不同，基本上都是在互联网带来的新的商业领域运营。这 2 家公司也都不是"先行者"，但在它们成立之前，社交网络和搜索在很多年里都不属于消费者赛道。现在它们都取代了在位企业的领导地位，但主要是因为新诞生的行业中早期参与者只享有适度的规模和有限的客户占有率。

相比之下，由亚马逊、苹果和奈飞主导的零售、智能手机和付费电视行业，从过去到现在都是规模庞大、价值数十亿美元的成熟产业。同样值得注意的是，在这 3 个 FAANG 成员的整体成本结构中，研发成本所占的比例小得令人吃惊。巨大的研发投资被视为 IBM、英特尔再到微软等历史性技术特许经营企业取得卓越成功的核心，并且仍然是在技术行业普遍的唯一固定支出类别。然而，这 3 家公司在研发方面的支出比例惊人地相似且都不到 10%。在所有单独披露研发支出的标普 500 指数公司中，哪怕不是技术公司，研发支出也都占到了总成本的 10%。

尽管在表 II.1 中，亚马逊的支出似乎略高于 10%，但有很大的比例是源于新成立的（成立于 2006 年）且完全独立的亚马逊云科技，该公司为企业用户提供技术解决方案。对这一因素进行调整并仅计算其核心消费者业务的话，亚马逊与其他两家公司的结果则几乎一致。新闻界大肆宣传亚马逊在研发方面的支出比世界上任何其他公司都要多。但以研发支出占总成本的百分比来看，仍然是惊人地低。而且还没有考虑到亚马逊的报告中披露的是"技术和内容"成本，而不是像其同行披露的"研究与开发"，在进行比较时，绝对和相对的支出水平无疑都被夸大了。

脸书在研发方面的绝对支出远远低于除奈飞以外的任何一家FAANG公司。但脸书和谷歌在相对研发支出方面表现突出，一直占其总成本的20%以上，尤其脸书的相对研发支出在某些年份甚至占到30%以上。如果你相信脸书和谷歌是最强大的FAANG特许经营企业，那么这个区别显然表明，无论是否存在另外的网络效应，供应端规模在数字环境中仍然具有核心战略意义。

表 II.1 FAANG 公司研发支出

公司 支出	Facebook （脸书）	Amazon （亚马逊）	Apple （苹果）	Netflix （奈飞）	Google （谷歌）
研发占成本 百分比	29.1%	13.5%	8.3%	9.5%	20.4%
绝对研发支出 （十亿美元）	$13.6	$35.9	$16.2	$1.7	$26.0

资料来源：公司文件。

注：反映了5家公司2019财政年度的财务状况。

值得注意的是，这五家企业都是全球性的，但没有一家企业有机会实现真正的赢家通吃。例如，即使是谷歌，不仅在中国远远落后于百度（谷歌在中国排名第四或第五），在俄罗斯也落后于Yandex，在韩国（Naver）和日本（雅虎）也有旗鼓相当的竞争对手。由于市场结构的重要差异，无论是在需求方还是在供应方，也无论是在有机经济还是政府的管控下，想实现广泛的全球统治是不太可能的。

专业化的力量在于，在一个较为狭窄的专业区域内更容易实现和保持相对规模。规模较小的目标市场与较高的服务相关固定成本导致了较高的保本市场份额和较少的竞争。专业化可以具有地域性，但即使地域差异不那么显著，产品市场也能实现同等或更高水平的专业化。谷歌确实在美国和其他大多数国家的搜索领域占据主导地位。但亚马逊现在拥有大部分的产品搜索份额，尽管产品搜索在整个搜索领域中只占一小部分，但鉴于这类搜索与消费者的心理接近，使它成为最有价值的搜索之一。

脸书的情况也是如此。在许多国家，脸书不是主要的社交网络，而且往往都不在前列。例如在俄罗斯和日本这样的国家，脸书都远远落后于本土和其他国际竞争对手。在不同的领域也有许多专门的社交应用，脸书无法与之有效竞争。比如领英（LinkedIn）在职场社交中占主导地位，脸书新出的工作申请功能不太可能改变这一状况。即使在消费者方面，一些新兴的社交网络已经迅速吸引了基于特定受众、主题和互动方式的使用——比如缤趣（Pinterest）、推特（Twitter）和最近的抖音。你也可以把YouTube算作一个社交网络，因为它有许多受欢迎的用例，其规模实际上也与脸书相当。事实上，那些试图拆分脸书的人的核心指控是，它利用对此类竞争对手的连续收购——特别是Instagram和WhatsApp——来非法维持其垄断地位。但尽管如此，这些新兴社交网络的净影响也一直在逐步削减脸书目前仍具影响力的整体市场份额。

FAANG的诞生是偶然的，这些企业除了规模和成功之外，几乎没有任何共同之处，因此这个字母缩写组合在将近10年后仍被认为具有相关性着实令人惊讶。研究他们各自取得卓越成就的不同路径，能够凸显平台幻觉与现实的距离，也可以提供更系统和合理的工具，帮助我们在数字颠覆时代寻找价值。

第四章
脸书：终极网络

第四章 脸书：终极网络

作为世界上最大的社交网络，脸书所积蓄的力量是导致平台幻觉的一号证据：脸书是终极的网络效应驱动平台并且迅速占领了全球市场。脸书是一个纯粹的数字产物，模拟世界不存在实际对应物。当然，正如尼尔·弗格森教授（Niall Ferguson）在他的历史性著作《广场与塔楼：从共济会到脸书的网络与权力》中所言，社交网络已经存在了相当长的一段时间。但直到现在，还没有任何工具能够作为一个无处不在的全方位平台，让人们在上面进行分享、交流和交易，更不用说脸书那个直截了当地提出要使世界更加紧密的企业使命。在某些时候，程度上的差异会变成种类上的差异。

没有人可以严肃地说这个平台不产生网络效应。每一个新用户都是现有用户的潜在新连接，不需要公司的增量努力就可以立即优化产品。脸书在全球拥有 20 多亿用户，美国每 10 个成年人中就有 7 个使用脸书，这正是脸书似乎不费吹灰之力就能吸引这些新用户的原因，也是在那里建立网络的魅力所在。

这一切都导致了平台幻觉所预测的必然结果，即脸书是一个真正赢家通吃市场的受益者,是终极的飞轮,而数据也普遍证实了这一观点。根据对"线上社交网络"市场的定义以及在计算份额时采用的标准,脸书显然占据了大部分的份额,甚至可能接近90%。脸书在面对世界上最大的公司咄咄逼人的攻击——直接竞争对手Google+在2011年大张旗鼓地出台,最终在2019年正式停用——并在最近来自政府监管部门的挑战下,依然取得了这样的成绩。

不是第一个,但会是最后一个吗

仔细研究后会发现,平台幻觉其实没有对脸书最开始的成功或其惊人的复原力产生任何影响。首先,脸书取代了一系列一度被认为注定要成为世界主宰的早期社交网络。我的空间(MySpace)在2006年短暂地超过了谷歌,成为美国访问量最大的网站,它的兴衰已载入史册,但在它之前的几年,还有SixDegrees.com以及谷歌的Orkut,早于MySpace和脸书出现,曾占据巴西的社交市场,现在已经不复存在。所有这些企业都与脸书有相同的网络效应,而平台幻觉的空洞之处正在于它无法区分沉入海底的、接管世界的以及那些居于其间的企业。

那么,是什么使脸书能够获得成功和巨大的规模,而其他公司只能倒闭或被归入较窄的使用范围呢?一个看似简单但实际上具有深远意义的因素,不仅适用于脸书也适用于所有成功的技术产品,那就是时机。

表 4.1 部分社交媒体发行日期及使用量峰值

名称	发行年份	使用量峰值/月活跃用户数（单位：百万）	峰值年份
SixDegrees	1996	3.5	1999
Friendster	2002	24.9	2008
MySpace	2003	74	2006
LinkedIn	2003	260	2020
hi5	2004	50	2006
Orkut	2004	~100	2011
Facebook	2004	2 700	2020
Bebo	2005	15	2008
Qzone	2005	650	2014
Twitter	2006	336	2018

资料来源：Nick Routley，"社交媒体的兴衰"，Visual Capitalist，2019 年 10 月 9 日；https://www.visualcapitalist.com/riseandfallofsocialmediaplatforms/。Matthew Jones。

尽管经常被揭穿，寻求资金的企业家和吹嘘自己坚韧不屈的高管还是常常引用他们想象出来的先发优势。问题是，在消费者使用用例或基本技术仍在变化的情况下，根本不可能保障先行者所寻求的真正优势：规模。一般来说，在这两个因素变化到足以让大量投资得到回报之前，需要有一系列的先行者探路。在一个仍由根本上不断变化的消费者偏好所决定的市场中，不太可能获得有效规模。在技术仍在不断变化的地方，消费者不会对任何产品或平台有太多的依赖，特别是需要大量经济或情感投资的产品。

一个不错的观点是，脸书是有利时机的受益者。在确定一个可扩展的社交网络用例方面，脸书从之前的成功和失败中学

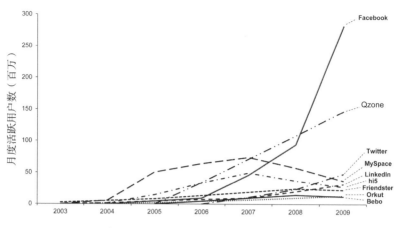

图4.1 部分社交媒体月度活跃用户数（2003—2009）

资料来源：Nick Routley，"社交媒体的兴衰"，Visual Capitalist，2019年10月9日；https://www.visualcapitalist.com/riseandfallofsocialmediaplatforms/。

习，也从自己的反复试验中学习。首先是在哈佛大学，然后是在更广泛的.edu域名社区。通过逐步加入授权社区——部分大学、所有专科院校、高中、企业——要求验证的电子邮件地址，脸书网络的系统性增长避免了沾染上狂野的西部风[1]（Wild West Atmosphere），不会暴露早期竞争对手的脆弱基础。事实上，这种早期的信任是建立特许经营权的重要差别化因素，考虑到脸书最近面临的挑战，这不无讽刺意味。

脸书的网络建立在现有关系的纵横交织网上，而不是建立在寻找有共同兴趣的新朋友上，这一事实也为应对一些必然挑战创造了一个更具韧性的平台。当脸书在2008年推出聊天功能时，它吸取了之前"聊天工具之战"的教训并更进一步，意识到聊天功能在社交网络的背景下会产生特殊的共鸣。于是脸书整合这一

---

1. 西部风，通常指无秩序、粗犷的状态。

第四章 脸书：终极网络

功能，允许用户只与他们网络中的人聊天，解决了以前对其他聊天工具的安全顾虑，同时也通过这一新增功能在原本水平上提高了用户保留。

尽管社交网络平台的技术含量不是非常高，但脸书早期的尝试，改进优化了平台的功能和可扩展性，互联网连接性和平台可扩展性的改善为脸书带来了巨大的好处，但这两点却曾是早期网络的致命弱点。2007年，脸书推出了应用开发者平台，为开心农场（FarmVille）的热潮奠定了基础，推动了公司发展，并获得了20%以上的用户。脸书没有像MySpace那样赶走平台上的第三方开发者，而是找到了一种方法，不仅与这些应用程序共同存在，而且还利用它们来吸引新用户。重要的是，这一举措加强了脸书的直接网络效应与间接效应，并将原本简单的社交网络变成了分享和体验第三方软件和内容的更广泛渠道。

时机是实现规模的关键，但单用时机不能解释脸书的持续成功。例如，我们在金融交易所的案例中看到，如果不加上一些客户黏性，网络规模本身是非常脆弱的。没有什么能阻止新进入的企业利用与脸书完全相同的实际优势来达到自己的目的。在金融交易所的案例中，新进入者只是降低了佣金，不然就只能看着买家和卖家在一夜之间转战新的网络。只关注最佳交易的匿名买家和卖家肯定在结构上比存在的确定的个人真实关系更容易迁移。但是如果有人提供了一个恶魔般的更好的交易——免费搬运或是iTunes，有人一起吗？——这样的话，说服你最重要的用户群加入你新的平台会有多难呢？

从第一天起，创始人马克·扎克伯格（Mark Zuckerberg）就被想方设法加强用户黏性的投资需求驱使着——转换、习惯和搜索。"我认为脸书的战略,"扎克伯格说,综合公司的主要重点,"是尽快了解我们的社区希望我们做什么"。这包括显性的要求,如建立带有细节和照片的详尽用户档案,要让用户在其他地方重新创建此类内容感到阻力;也包括隐形的,比如让人一看就停不下来的好友动态,这让与平台互动成为日常生活的习惯。人们可以把脸书产品路线图的推出看作是在规模化的堡垒周围无情地开凿用户黏性的护城河。

说到用户黏性,脸书可谓是终极版《加州旅馆》[1]。扎克伯格和他的下属除了使脸书成为一个可爱的地方外,还使它真的很难被戒掉。几年前,我有一位婚姻幸福的投行同事,在被好几个前任加为好友之后,决定退出这个平台,这是个谨慎的举动。虽然他最终确实退出了,但他对这个过程的痛苦描述表明,不那么坚定的人很可能无法做出这一决定。

自我的同事有了这样的经历后,脸书已经让删除账户变得更加便捷。但是,从脸书删除自己的所有痕迹——不要与停用账户相混淆,停用账户允许之后反悔,并允许在停用期间继续记录你的每一个网络行动——仍然涉及一些步骤,而且可能比预期要痛苦得多。首先,你会想让所有你通常通过脸书或脸书 Messenger 交流的人知道你新的首选联系方式。然后,你需要在全部设备上

---

[1]《加州旅馆》是美国摇滚乐队老鹰乐队于 1977 年发行的歌曲。歌曲用魔幻的歌词描写了迷醉、狂乱的加州旅馆内的景象,被认为是当时嬉皮士所追求的精神自由的象征,歌词最后一句"你可以随时结束但你永远无法挣脱"体现了这种状态看似自由,实际成瘾性极强,也是本文作者借用的意象。

表 4.2 脸书新功能

功能	上线时间	关联收购	备注
Facebook Photos	2005	DivvyShot (2010)	
Facebook Groups	2005	ShareGrove (2010)	
Facebook NewsFeed	2006	FriendFeed (2009)	
Facebook Platform	2007		第三方开发者 API
Facebook Games	2007		
Facebook Chat	2008		
Like Button	2009		
Facebook Community Pages	2010		集成维基百科
Facebook Messenger	2011	Zenbe (2010), Beluga (2011)	替代 Facebook Chat
Facebook Emoticons	2013		
Facebook Instant Articles	2015		滚动式显示已发表的文章
Facebook Marketplace	2016		
Facebook Live	2016	Fayteq AG (2017)	
Facebook Workplace	2016	Redkix (2018)	Slack Competitor
Facebook Pay	2019		通过Messenger进行付款
Calibra (rebranded Novi)	2019官宣	ServiceFriend (2019)	比特币钱包服务
Facebook Gaming	2020		游戏直播

删除这个应用程序，还得下载一份所有脸书数据的副本。最大的问题将出在你目前用脸书账户登录的第三方应用程序，你要登录到每一个应用停用这一功能，但其中一些应用，如 Spotify，可能需要你建立一个全新的账户。还有些应用程序实际上坚持要求你使用活跃的脸书账户。当然，你也需要分别删除 Instagram 和

WhatsApp。脸书为你提供了 30 天的时间，以便你改变主意，如果你在这段时间内登录，甚至意外地通过一个你忘记断连的应用程序登录了，将不得不重新开始这个 30 天的等待过程。

除了这些支持其网络效应的深度需求优势外，脸书还拥有巨大的供应优势，用户与平台互动方面的超强持续学习能力，这增加了积极推出有价值的新产品功能的能力。是的，最成功的新功能可以被复制，但脸书总是能领先一步。

更重要的是，脸书不仅拥有大量的数据，这些数据在预测购买行为方面也非常有用。因此，脸书可以更聪明地定位特定广告受众，以产生更高的点击率和更相关的广告曝光。脸书努力利用其在会员和广告商方面的数据优势，将庞大的用户群作为一个理想的培养皿，来检验新功能的吸引力和广告的有效性。

因此，脸书在需求和服务两方面都享有巨大的优势，这也是特许经营所依赖的核心网络效应。更重要的是，它庞大的规模带来了由大量固定成本产生的供应方规模，以及网络效应的需求方规模。虽然脸书的研发支出只相当于亚马逊、谷歌和苹果这些公司研发支出的一小部分，每年 100 多亿美元，但对新进入的企业来说仍是一个巨大的壁垒。而且，近年来脸书的投资增速和研发在其整体成本基础中的比例均领先于其他 FAANG 成员。

除了这些令人印象深刻的结构性优势外，脸书还表现出相互关联但又截然不同的两个有价值的特征：专注和效率文化。其他 FAANG 公司已经成为某种意义上的集团企业，进入各种与最初起点完全不同的新的业务领域。除了少数例外——原谅扎克伯格对 Oculus VR 的收购，脸书每一项主要的有机和无机投资都是为了加强或保护核心的社交网络专营权。正如我们不久前所说，这种对特许经营的保护有时表现为简单地淘汰一个以完全不同的用户互动为基础的新兴竞争网络。

专注有助于但不能保障有效的运营。吸引专注核心业务的顶尖人才比较容易,有时甚至可以把这些公司作为收购目标以较低的价格进行收购,因为他们完全无须担心核心业务的问题。而企业的关键资产——高管的时间和精力——可以被用于优化一个单一的任务,而不是管理那些必然争夺注意力和资源的内部派别。然而,脸书对效率和专注的强调,已经被证明是保护和充分利用需求和供应优势的额外手段,而这正是支持规模化所需要的。

客户黏性(需求优势)的一大禁忌就是让一个原本忠诚的客户失望,或是只需要让这个客户感到意外。失去客户很容易,大多数情况下工作规范可以防止客户流失。产品的缺陷或不一致可以改变用户习惯或为他们提供更换产品的理由;未能兑现的好处或改进也会产生类似的结果。最后,产品的持续改进——脸书长期以来一直以不断改进的积极企业文化而著称,在提升满意度、养成根深蒂固的用户习惯的同时,增加了找到类似替代品的难度。

另一方面,专有技术或数据(供应优势)的价值必须依靠有效的经营管理才能体现。如今,当一个公司将自己出售时,通常宣扬其长期积累的数据具有"尚未开发的潜力",而事实上,这些数据往往没有什么价值。有时候信息本身是有用的,而未能利用信息主要反映的是管理不力(却成了他们宣扬的资本)。一个公司按照学习曲线前进的速度表现了一个管理团队通过利用其信息和技术资源从经验中学习的能力。而这也是脸书一贯擅长的一个领域。

因此，脸书似乎享有几乎所有可以想到的结构性竞争优势，每个优势都会强化其他的优势，并一同被其惊人的专注力和工作纪律进一步加强。那么哪里能出错呢？

网络脆弱性

每种竞争优势都有自己的阿喀琉斯之踵。对于成功的网络效应企业，有两个主要威胁。

首先，众所周知的是，规模带来的收益是递减的。虽然这一观点通常是针对固定成本规模企业，但也适用于网络效应企业。总会有一天，一个网络跟其目标相比发展到足够大的规模，网络中不断增加的参与者无法带来较多增量价值。回顾一下Friendster[1]公司消亡的过程会发现，在社交网络发展到某个阶段后，参与者的增加——尤其如果是"杠精"[2]、恋童癖、网络交友诈骗、职业骗子或敌对政府——实际上会带来减损价值。

因为规模是相对的，大企业在某种意义上总是成为它们自己成功的受害者。即使收益没有递减，大数定律（the Law of Large Numbers）也会使得行动迅速的搅局企业总是能够在一开始基础较薄弱的时候获得相对规模。而像脸书那样，当其年收入不是

---

1. Friendster是总部位于马来西亚的交友网站。
2. 杠精，原文为trolls，英文互联网用语，指故意在网上发布错误或有煽动性的信息来骚扰别人、并等待别人回复反驳的人，与中文互联网用语"杠精"意思相近。

第四章 脸书：终极网络

5 000万或5亿美元，而是超过500亿美元时，想要每年翻一番就相当困难了。更关键的是，主导性的大规模通常在地域、人口特征或利益攸关者方面有潜在的相对规模漏洞。

这种缝隙市场是新进入企业的沃土，通过创新的专业产品功能和创意营销，这种有效的定制可以迅速在目标市场建立相对规模。通常情况下，缝隙市场的规模比单纯的绝对规模对地方性广告商和目标用户意义更大。而且，正如许多曾经占主导地位的线下和线上媒体巨头从痛苦的教训中了解到的那样，在其细分市场上有足够规模的小众企业存在，确实可以使大众企业受到影响，甚至覆灭。计算机经销商博览会（Comdex），曾经是利润丰厚的大型技术贸易展，但由于参与日益狭窄的细分行业的专业竞争，最终在夹缝中消亡。雅虎和美国在线（AOL）曾一度是互联网不可或缺的通路，但随着用户越来越多地转向专门针对特定需求和兴趣的服务，它们现在已经不复当年了。

脸书一直很清楚这种固有风险，并积极地试图用持续的产品开发和快速复制受追捧的新企业的功能来保持领先地位。尽管有上述巨大的结构性优势，但由于一些不同的社交网络已经收获了人气，仅靠开发和复制无法保证成功。因此，脸书最近想出了一个关键手段来回击对其相对地位的持续威胁：兼并和收购。

一家公司的收购行为是重要的"线索"，反映出其领导层对公司潜在脆弱性的看法。惨败的交易远比大获成功的要多。一笔交易可以从很多方面被定义为失败，从糟糕的战略到糟糕的执行，再到超额的支付，通常情况下是这些因素的组合。即便并购活动风险极高，对于大规模、高知名度的并购案尤甚，但按兵不动的危险性甚至可能更大。因此，针对其独立的有机业务计划的风险和内部发展能力的局限性，公司的自我评估具有潜在的洞察意义。

脸书在2012年以10亿美元收购了Instagram，在2014年以190亿美元收购了WhatsApp——截至2020年12月，这两个案子都受到了美国多个州和联邦反垄断机构愈发咄咄逼人的追溯调查——这还仅仅是脸书对在其巨大优势下仍建立起相当规模的竞争性社交媒体和通信工具的最受关注的两个收购案。Instagram在脸书表现最弱的青少年群体和移动领域成绩突出，而WhatsApp的用户获取速度比历史上任何公司都快。扎克伯格的电子邮件内容强调了他的信念，即"新发明的社群数量是有限的"，但这些替代性的"社交产品"将衍生出自己的网络效应。尽可能多地收购这些完全不同赛道里的潜在威胁是关键一招，因为脸书无法简单明了地与另一个框架里的社交体系直接竞争。但有限的数字总归也可以是一个大数字，你也只能收购这么多了——因为到后面监管机构会盯上你。正如扎克伯格在给公司首席财务官的邮件中承认的那样，"我们其实是在购买时间"。

我在哥伦比亚大学的同事吴修铭教授（Tim Wu）曾感慨道，"脸书想把67次未受质疑的收购一次性完成"。但能利用收购来保持其相对规模的时间不多了。据《纽约时报》报道，甚至在美国司法部宣布2019年对脸书和其他科技巨头进行广泛审查之前，脸书已经决定放弃对以视频为重点的社交网络Houseparty的潜在收购，"因为担心会引发反垄断问题"。扎克伯格在2020年明显积极利用政治影响力阻碍抖音发展，有可能只是出于公民责任感，但也可能是意识到政府会阻止任何收购最新"社群"竞品的

第四章 脸书：终极网络

企图。

政府提交了等待已久的诉讼试图拆解脸书，但这不太可能对脸书产生实际影响。主要是这个案子需要数年时间来解决，而且很难证实，更难实施。但作为该案的核心焦点，据称是扎克伯格确凿的通话记录，实际上揭示了一个更根本的问题。基于不同社群的竞争性社交网络相互争夺用户的时间和注意力，但几乎没有证据表明，主导一个社群能为称霸另一个社群提供路径。好比是独立的 WhatsApp 会倾向于或有能力推出一个成功的传统社交网络与脸书直接竞争，这几乎是异想天开。事实上，自扎克伯格拿出 190 亿美元收购 WhatsApp 以来的 7 年里，即使脸书慷慨投资让它建立信息服务功能和用户基础，WhatsApp 也几乎没有任何收入——另一种比较有说服力的叙事是脸书的加持优化了用户体验。邮件披露出一位疯狂又恐惧的脸书首席执行官非常渴望拥有和优化尽可能多的替代性社群，以确保他的公司在不断变化的环境中继续发挥作用，而不是努力将一个新兴的竞争对手扼杀在摇篮里。

建立了脸书帝国的首席执行官在网上向下属咆哮，这可能看着不太体面，但应该也不至于需要政府的干预。即使有一天脸书被迫剥离这两家被收购的公司，对扎克伯格在硅谷的社会地位来说可能是一个"存亡威胁"，但股东们不会受太大影响。这一点在 WhatsApp 的案例中表现得最为明显。当时这个费用更加高昂的收购被监管机构针对，但现在它对脸书的利润底线都产生了实际减损，仍然不卖广告，在一个独立的加密平台上运行。如果它被剥离，脸书的利润不降反升，而股东名下将有一个独立的 WhatsApp，其公共市场价值将取决于一些与盈利无关的指标或其他财大气粗的收购者的预测。

对网络效应企业的第二个主要威胁来自在数字领域确保客户占有率的固有挑战。互联网的确提供了新的机会，让企业可以通过整合历史使用数据来增加转换成本、升级个性化产品来增加搜索成本，并激励定期使用以培养习惯。但用户总归只须点击一下就能找到不错的替代品。对企业来说，互联网的所有显著属性存在一个问题，就是它们全部可以为其他企业所用。竞争对手能够以惊人的速度复制最好用的新功能，或收集足够的数据来吸引你的客户。

千万不要在不经意间给用户一个理由去尝试其他产品。留住老用户需要在产品、技术和客户服务方面保持不懈的警惕。而当你的业务是社交网络时，信任是必需品。脸书的一系列丑闻已经动摇了用户信任——不仅仅是已经知道了如何突破阻碍弃用服务的数百万用户，还包括广告商。

剑桥分析公司（Cambridge Analytica）；俄罗斯（以及伊朗等国家）的影响力运动；隐私侵犯；平台上对仇恨、假新闻甚至煽动种族灭绝的内容传播；保密数据共享协议；安全漏洞；不光彩的对手研究行动；虚报用户指标……仅仅2018年一年就曝出这些丑闻。可怕的是，这一系列不幸的事件发生之前，扎克伯格在其新年愿景中承诺将专注于"解决"此前已经出现的平台滥用问题并将此作为他的"个人挑战"。自那以后，至少根据一群脸书员工匿名发布的博客文章，在一些新老问题上"情况变得更糟了"，从越来越多种族主义制度化指控，到员工的"线上罢工"以抗议公司在（无论多么具有煽动性的）政治言论监管方面的持续不作为，以及时不时的广告商抵制。

第四章 脸书：终极网络

当专家们讨论脸书出了什么问题时，他们绝大部分都指出问题的关键在其企业文化，说它的"邪教"文化"导致了人尽皆知的丑闻风波"，它不鼓励异议和使用杰克·韦尔奇（Jack Welch）20世纪90年代在通用电气公司开创的员工强制分级排名[1]制度，并用同伴互评来人为地鼓励合作。

前面我们强调了卓越的企业文化在保护客户占有率方面的重要性，并提到脸书长期以来一直有这样一种文化。讽刺的是，前不久，这种强大的文化还经常被引用——甚至被那些现在认为这是脸书麻烦根源的人引用——称它是使脸书成为"技术领域中运行最好的公司"的关键因素。更重要的是，极度以任务为导向的绩效文化通常被认为是脸书在2018年连续第三年被评为美国唯一的最佳工作场所的关键要素。在2018年的丑闻之后，该公司跌至榜单第七位（此前连续9年上榜），但仍比其他FAANG公司的排名高。之后第二年，它又下降了16个名次，到了第二十三位，落后于谷歌，甚至微软。

脸书显然存在问题。但它对持续改进的狂热承诺是否为问题所在，这一点并不明确。相反，问题似乎是改进目标的狭隘性以及目标的相对优先性。即使是最大的社交网络，其结构脆弱性也要求，维持客户信任需要一套比优化客户参与和短期货币化更广泛、更细致的企业目标。

威胁到脸书的一系列问题实际上凸显了对工作纪律更多而非更少的需求。一个用户或广告商会欢迎这样一个在敌对政府、诈

---

1. 原文为 Stack ranking，又译"堆栈排名""堆叠排名"，指每年会按一定比例将员工划分为优秀员工、一般员工和表现不佳的员工。

骗广告和虚假资料之中致力于保护网络公正性的"邪教组织"。问题并不在于脸书是不是一个邪教,而在于该邪教致力于何种目的。

信任一旦被破坏就难以重建。脸书目前的领导层是否能胜任这一任务仍不可知。前面我们提到一个讽刺的事实,正是信任让脸书永久地超越了之前的许多社交网络。另一个没有得到广泛重视的讽刺是,有确凿的证据表明,脸书的巨大规模使其能够比其他规模更小的同行更有效地打击"假新闻"和互联网上的其他颠覆性力量。2016年总统大选后,脸书雇用了数千名工程师和内容审核员,取得了绝佳的成效。最近的一项研究表明,这一举措使脸书的问题减少了一半以上,而这些问题在推特等其他社交网络上依旧严峻。上个选举周期中,社交媒体上的谬误信息总体增加,说明想要有效打击假新闻仍是个挑战。但是,既然公众和监管机构有理由认为脸书是主要问题所在,那它也有可能成为解决问题的主力军。

这并不是说大家都应该为脸书感到遗憾,也不是说他们没有错。借用一部超级英雄电影的说法,巨大的权力伴随着巨大的责任,而对脸书的要求明显应该更高。但在设计最佳监管方案时,必须考虑规模的优势和危险。同时,无论脸书在相关方面投入了多大努力,用户和广告商似乎并不愿意认可它对互联网的恶意使用做出的重要但必然不完美的贡献。对于公司本身来说,这将是一个持续的、可能难以解决的公关问题,但这并不削弱扎克伯格让公司倾尽一切可能去解决问题的重要性。

对脸书或任何接替他们的其他"社群"来说,好消息是与"平台幻觉"简单的想当然相反,他们这些企业并不单纯依靠网络效应的飞轮。如果他们完全依靠网络效应的飞轮，那么近期的事件或将使得用户迅速流向各个竞争性社交平台。相反，支撑网络效应中相互加强的竞争优势的复杂网络，为脸书在无情的数字丛林竞争中赢得了无价之宝：即纠偏的时间。

本章要点

1. 社交平台龙头脸书是一个网络效应驱动的特许经营权企业，代表了即使不是赢家通吃（取决于市场定义）也差不多是赢家多吃的市场，与平台幻觉的假设大体一致。

2. 然而，那些暂时取得明显市场支配地位的先行社交平台的最终失败表明，除了网络效应之外，还有其他因素支撑着脸书的复原力。

3. 脸书建立了广为流行的社交媒体使用案例，有用支持令人满意的用户体验的技术和连接的可用性，其增长时机是有利的。开发者平台的成功也加强了其直接的网络效应与间接效应。此外，脸书最初专注于为已经建立的网络提供服务，并不断投资于展示平台价值的工具，这确保了一旦达到规模，就能大大加强对客户的占有率。

4. 在供应方面，这些研发投资在总体成本中所占比例高于任何一家FAANG同行公司，构成了另一个重要的进入壁垒。这种规模优势得到了学习优势的加持，使脸书能够实现有效的广告机会。正是这种强大的供需优势的结合，使脸书的核心网络效应形成稳固的壁垒。

5. 网络效应并不是坚不可摧的，在其核心市场上还会不断出现新的重要参与者，在其他市场上脸书也未能取代现有企业。

脸书之前通过既定网络的稳定增长已经建立了重要的初期客户黏度,但如果脸书不能将自己重建为个人社交深入互动的安全场所,其特许经营就会面临真正的长期风险。

第五章
亚马逊：贪多会不会嚼不烂

第五章　亚马逊：贪多会不会嚼不烂

在公众想象中，有一家公司最能代表与平台幻觉相关的恐惧、希望和臆想，它就是亚马逊。一部分是因为亚马逊是唯一一家将广泛的全球统治明确作为其企业目标的公司。从理论上讲，没有什么东西是"万能商店"所不能覆盖的，而且几乎每个月亚马逊都要宣布计划征服新领域的计划。从其优异的股价表现来看，这些声明的狂妄似乎是完全合理的。从 2015 年底到 2020 年底，亚马逊的股票升值速度惊人，在 5 年内其价值几乎涨了 5 倍。

源起：亚马逊的历史梳理

鉴于亚马逊目前的标志性地位，人们很容易忘记它卑微的开始。如果说脸书是发展道路最接近"平台幻觉"的 FAANG 公司——网络效应助力增长带来赢家通吃的结果——那么亚马逊就是一个极度相反的案例。亚马逊最初是一家线上图书商店，其价值主张是提供卓越的选择、服务和价格。创始人兼长期首席执行官杰夫·贝索斯（Jeff Bezos）当时制定的战略和座右铭是在这一领域"快速做大"，以改善与它所依赖的主要图书批发分销商的关系。第一个增长助推器是提供其他媒体产品、音乐和视频，与图书具有逻辑关联性（线下书店也销售这些产品），并且可以简单地与书籍一起运输。

即使在1997年上市后继续拓展了更多、更全的产品类别，亚马逊仍然是传统零售商的数字化版本。当时零售业已经是一个出了名的利润微薄、竞争激烈的行业，在网上似乎更加如此。看不到任何网络效应。

自1994年成立后近10年，亚马逊才推出了确实受益于网络效应的"市集"（marketplace）业务。亚马逊市集起到平台作用，在市场交易中连接独立供应商和买家，而自己不作为实际的零售商。从那时起，该业务的稳定增长速度远远超过了他们自己产品的直接销售。今天，亚马逊平台上所谓第三方销售的交易量比直接销售的交易量多出一倍左右。但是有一个计算的问题，与直接销售不同，第三方销售的收入只是15%的佣金，而直接销售的全部购买价格都算作收入，因此第三方销售仍然只占公司整体业务的一小部分。

除了网络效应和快速增长之外，市集还提供了其他的优势，最显著的优势是它与亚马逊的原始商业模式相比具有很强的盈利能力。更重要的是，亚马逊已经能够搭建更广泛的第三方服务，满足并支持其与市场供应商的关系。这使得亚马逊能够继续经营需要昂贵的基础设施、即使在今天也无疑亏损的直销业务。但是，将市集上的产品整合到亚马逊的数字商店也有一个缺点：失

第五章 亚马逊：贪多会不会嚼不烂

去了对客户体验的控制。对于一个成功取决于能否给客户提供持续且无缝的服务体验的企业来说，将这种体验交给独立的卖家——有些还来源不明——曾带来严重的、无法避免的风险。不过到头来，考虑到市场业务对整个电子商务经济实效的重要性，对这些风险只需要加以管理即可。

亚马逊市集推出后不久，一位财务部副总裁建议为愿意多等几天的客户提供免费送货服务，就像航空公司对周六晚上留宿的旅客所做的那样，对不同客户群提供不同的价格。由此产生的"超省免邮（Super Saver Shipping）"为2005年一项更具革命性的创新奠定了基础：名为亚马逊金牌会员（Amazon Prime）的订阅会员计划。

就像航空公司在20世纪70年代推出的飞行常客会员计划一样，亚马逊Prime的目的是在高度价格竞争的零售业中提升客户占有率。据当时负责订购系统的高管说，"这其实是为了改变人们的心态，使他们不会在其他地方购物"。然而，与飞行常客计划不同的是，亚马逊对会员资格收费，最初是每年79美元。作为回报，亚马逊提供了一个更即时、更划算的好处：订单无论大小都可以免费加急送货。

由于Prime计划对公司的后续发展大有裨益，亚马逊围绕着Prime的诞生孕育了某种神话。亚马逊前高管科林·布莱尔（Colin Bryar）和比尔·卡尔（Bill Carr）共同撰写的《亚马逊逆向工作法》被认为是关于成为"亚马逊人"的准官方秘密书籍，按照他们的说法，建立Prime是一个完全原创的想法，自然地源自"亚马逊最根本的动力：对顾客至上的执迷"。这种叙事弘扬了亚马逊领导力原则第一条的（目前有14条，最初只有10条）

的精神——领导者关注竞争对手，但他们痴迷于客户。

但是，零售业会员制的创意其实早在很久以前就由仓库运营商好市多（Costco）在线下开创了。而且，与当时亚马逊更直接相关的是，规模较小的线上竞争者Overstock.com在7个月前就推出了带有送货优惠的会员计划。亚马逊首席执行官杰夫·贝索斯在2004年10月突然给他的团队发了一封电子邮件，指示他们在几周内新建一个会员送货计划。2004年，亚马逊的股票表现平平，而零售商Overstock的股票却在暴涨，被媒体誉为"新亚马逊"。

在Prime推出后的15年里，亚马逊陆续布局了一些新的业务，其中大部分都是已经有一个或多个在位企业主导的业务，包括消费电子产品，如Kindle、Kindle Fire、Fire TV、Fire Phone、Ring Video Doorbell和Echo；实体店，如Amazon Books、Amazon 4Star、Presented by Amazon、Amazon Go，以及对全食超市（Whole Foods）的收购；泛娱乐内容业务，包括Prime Instant Video的流媒体视频，数十亿美元收购Twitch和Amazon Game Studios的视频游戏，以及通过Prime和独立的Amazon Music Unlimited音乐服务。这些产品或业务都没有对亚马逊2020年近4 000亿美元的收入带来有意义的影响。（可能的例外是Echo，是智能音箱领域的先行者，但随后被谷歌和苹果抢走了份额；还有Kindle，虽然不是第一款产品，但却成为了一个较小产品类别的最大参与者。）然而，所有这些都可以说与亚马逊的核心商业业务有关，例如促进销售或增强Prime服务。

自2005年推出Prime以来，有一项新的业务确切地推动了亚马逊的发展，但与它的核心业务基本上没有关系，那就是亚马逊云科技（AWS）。它是 2006 年推出的 B2B 云计算基础设施业务，自 2014 年以来已经占据并预计在未来将持续占据亚马逊整体利润的半壁江山。

围绕着 AWS 的历史，已经形成了另一个神话，大意是该业务的发展是为了将亚马逊未使用的云计算能力货币化。类似于亚马逊积极推出的针对市场卖家的各种第三方服务，该业务将可以摊销其直接销售物流基础设施的成本。但事实并非如此。后来的头脑风暴主要把 AWS 的功能围绕在开发者可以使用的潜在服务上。公司 IT 基础设施负责人克里斯·平卡姆（Chris Pinkham）宣布他要离开并搬回南非的家后，被分配到这个项目，以保持他与公司的联系。平卡姆独自在南非开发出了 AWS 的性能并成了核心产品引擎。

AWS 与亚马逊的其他部门没有什么关系，但这并不减少贝索斯在资助和支持该项目方面的远见卓识。微软、谷歌、IBM、甲骨文、阿里巴巴和其他公司在 AWS 推出多年后才进入市场。近期的激烈竞争导致了巨大的价格压力。但是，固定成本规模和客户黏性——而非网络效应——是这个行业的特点，它们二者的结合使亚马逊保持正确的定位和良好的领先地位。更重要的是，大型企业和政府越来越多地采用基本的云基础设施外包服务和更高附加值的"堆栈"服务，这表明在未来一段时间内，有机会创造巨大的股东价值增量。

但是，亚马逊，这个旨在将所有东西卖给所有地方的人的颠覆性机器，其他方面还有些什么呢？它的竞争优势源自何处？这个来源有多么深不可测？

亚马逊的优势

我们已经提到亚马逊市集业务的网络效应规模,这部分业务贡献了亚马逊大部分的交易额,但只占公司认可收入的一小部分。然而,只需要看看该公司的现金流报表,就知道该把赌注押在哪个竞争优势上:老式的固定成本规模。如表 II.1 所示,亚马逊在研发方面的绝对支出往往比美国任何其他公司都要多,而且它的大手笔还拓展到了更广泛的资本支出,虽然大部分支出都用于与主营业务无关的 AWS 建设,但亚马逊一直致力于提高履行公司承诺和分销方面的筹码。

这种无处不在且神秘的网络能够创建了一个未来主义形态的高科技仓库,该仓库由飞机、卡车甚至无人机组成的混编舰队连接,使亚马逊成为零售业的布格[1](Borg),因此反抗是徒劳的。在某些方面,亚马逊是最积极进取的 FAANG 公司,公开宣传自己特殊的平台幻觉——不管销售什么,它都可以比别人做得更好。

但这种规模优势到底有多么难以逾越?如果把所有东西都卖到所有地方最便宜的方法是用一个巨大的死星[2]技术分销中心,在整个银河系运输,固定成本规模将是一个可怕的障碍。但是,最高效的仓储实际上是按区域分布,并限制从地区仓库运送的不同

---

1. 布格,指居住在世袭古堡里的贵族。
2. 《星球大战》中的大型武器,一次就能炸爆一颗行星。

第五章 亚马逊：贪多会不会嚼不烂

产品库存单位（Stock Keeping Unit，简称SKU）的数量。尽管规模对这些本地设施的效率绝对重要，但规模的价值有天花板——有多个竞争对手都可以触及。

是的，中央技术投资被分散到各区域中心，但即使对亚马逊来说，这些仍然明显是低技术业务。像许多人一样把亚马逊作为一个典型案例，说它"把几乎所有涉及人的互动都从服务交付的实际关键路径中撤除"，但从该公司一百多万名员工的角度来看，这种说法有点夸大。更有甚者认为，"唯一的例外可能是需要一个工人在一个基本自动化的仓库中帮助挑选物品"，但实际上有数十万名工人在亚马逊的仓库工作，而且亚马逊自己也已经承认距离实现完全自动化至少还有十年。压倒性地推动经济发展的是局部密度，而不是总体经营规模。

提供两天免费送货服务需要大量的投资。亚马逊在2019年花费了近400亿美元用于运输。快速、免费的运送提高了用户使用率和市场份额，因为竞争对手要过段时间才会认识到威胁的严重性。但如今，经过10多年的时间追赶，有多家在线零售商都可以提供免费的两日内送货服务，包括沃尔玛、塔吉特（Target）和好市多等基础广泛的线下商场甚至于苹果、百思买（Best Buy）和家得宝（Home Depot）等专业产品零售商和制造商。

亚马逊在2019年宣布将为Prime会员提供当日送达，这一决定仅在第一个季度就烧掉8亿美元。沃尔玛和塔吉特都在几周内宣布了自己的次日达项目。亚马逊不断提高在线零售业的固定成本是保护其规模优势的明智策略。但它必须不断地做下去，而且借此争取到的竞争差别化时间似乎越来越短，这表明亚马逊的潜在规模优势一开始就不是那么强大。

规模的概念在一个特定的市场中是相对的。无论是对需求方还是从供应方来说,"所有的东西,所有的地方"都不是一个有相关性的市场。尽管在少数产品类别和地理区域——特别是英语国家的图书市场——亚马逊无疑是主宰,但在大多数类别和区域,它只是几个规模零售商之一,甚至在不少产品类别只是次规模或根本没有参与。2020年,即使新冠疫情使得亚马逊销售额提高了近40%,但亚马逊在其核心北美市场的利润率仍然是下降的(2019年也是如此),这一事实已经表明亚马逊在零售业的规模效益并不高。

我们已经说过为什么规模本身是一种脆弱的优势。弱小的规模显然更加脆弱。规模要求将客户占有率作为巩固手段。零售业尝试了各种各样的方法吸引顾客,取得了不同程度的成功:忠诚度项目、购物顾问、辅助服务、推荐计划、竞赛和挑战,以及社区归属感的培养。在电子商务领域,亚马逊不仅通过低价,还通过不断创新来改善体验,从简单的退货政策到一键订购,提高了消费者对网上购物的接受程度。这些改进当然有助于亚马逊的发展,但仅凭这些改进似乎只能有限地提高用户忠诚度,因为它们很快就会成为所有参与竞争的电子商务企业的进入标杆。

在这种情况下,Prime的诞生在战略上是明智的,尽管正如一位亚马逊高管所承认的那样,"每一次的财务分析都说免费次日达送货上门简直是疯了"。非要说的话,亚马逊低估了免费送货带来的心理力量。有证据表明,Prime会员的消费额比非会员高一倍。但这些激增的订单有可能利润微薄,因为亚马逊可能会支付额外的费用来运送大量新增的小额订单。因此,Prime的净经济效益是无法从外部评估的,只会变得更加复杂。

第五章 亚马逊：贪多会不会嚼不烂

但是，在价格竞争激烈的商品零售业中，客户占有的战略会产生两个问题：价格高昂，并且无论是线上还是线下的竞争对手很快就会复制它们。也就是说这些策略最后会变得只是一场花哨的促销活动。这会成为消费者的福音，但对企业来说却不是那么回事。就像为你可爱的孩子买一只小猫，开始时大家都满意，但到后来不方便的时候就无路可退了，想摆脱掉它是很难的。更有可能的是，你会被说服去买第二只猫来陪伴第一只。因此，即便在增加次日达服务之前，亚马逊在过去的10年中不断用新的和越来越贵的小饰品放满Prime会员的礼品篮，这些小饰品是在面对日益激烈的竞争时发展Prime所必需的，但似乎没有对Prime会员的相对购买倾向产生相应的增量影响。尽管Prime已经成功地实现了会员费的增长，但这些增长仅仅反映了通货膨胀，没有体现出该服务提供的全部增量价值。

首席执行官杰夫·贝索斯在2015财年的股东信中说，他希望"Prime能提供好的价值，让人们觉得不成为会员是不应当的"。但如果消费者不应当不加入，人们不禁要问，这个主张对股东来说有多少价值？

Prime福利中最令人困惑且日渐昂贵的一项就是Prime Video，这是一个低配版的奈飞，对Prime会员免费，但亚马逊要支付不断增加的高昂费用。亚马逊披露，它在2020年用于Prime会员的娱乐内容的支出增加了41%，达到110亿美元。而之后又在2021年心甘情愿以85亿美元的价格收购米高梅，收购溢价高达40%。好市多可能为了让会员满意，在4.99美元的烤鸡上亏损，但也没有达到这种规模。《亚马逊逆向工作法》一书的一位作者领导了亚马逊Prime视频和工作室的对外发布，并以亚马逊现在"作为当前版图中高质量、有特色的内容制作者"来佐证其成功。在第七章中，我们将分析单独收费的流媒体内容业务的挑战性。亚马逊觉得有必要放弃这项成本高且众所周知导致客户大量流失的服务，反映出即便做了这么多努力，亚马逊的客户黏性还是如此单薄。

尽管亚马逊有着对于客户满意度不计成本的狂热关注，但美国新推进的一项针对科技巨头的联邦反垄断调查还是将其商业运作纳入调查，这显得有些反常。几十年来，《反垄断法》的执行是为了保护消费者免受价格上涨的影响。而亚马逊的利润率很低，只有其他被调查公司利润率的一小部分，并且亚马逊一直坚持不懈地赚更低的利润为客户提供更多的服务，它会成为诉讼目标着实令人费解。亚马逊对客户数据的使用和对待商业伙伴的方式确实是监管部门应该关注的，但很难将其视为反垄断问题，至少在目前的反垄断概念中是这样。美国反垄断法领域有一项鲜为人知的法案最初是为了保护小零售商，避免大型连锁店利用其影响力限制供应商和制造商或施加限制获得优惠条件，现在似乎对亚马逊具有最大的潜在适用性。但这一法案，即 1936 年的《罗宾逊·帕特曼法案》(Robinson Patman Act)，已经被法院废除，并被监管机构废弃。

最后一个潜在的优势来源于供应方，即亚马逊对专有技术的投资、从大规模运营电子商务分销中获得的无可比拟的学习能力以及从深厚的购买历史中获得的宝贵消费者数据。这些都确实存在，但随着追随者学习的速度越来越快，增量利益似乎越来越短暂。亚马逊大数据价值的最新体现是其广告业务的爆发性增长，使亚马逊成为了第三大广告平台，广告收入已成为其最大的利润来源，尽管它的规模仍只是脸书和谷歌的一小部分。但即便如

第五章 亚马逊：贪多会不会嚼不烂

此，相对于其在线零售业的竞争对手而言，目前亚马逊的相对优势可持续性如何还无从知晓，这些竞争对手现在已经转而捕捉自己的广告机会。

在一个非常规场合，贝索斯自己也坦言，无论是线上还是线下零售业，（亚马逊的）竞争优势都是有限的。"我们没有以一顶百的巨大优势"，他承认，"所以我们必须将许多小的优势编织成一股绳。"同样，分析历史收购就能发现亚马逊恐惧和弱点的线索。如果亚马逊的广泛平台真有那么深厚的优势的话，为什么还要收购尿布网（Diapers.com）——6年后又将其关闭呢？而且，尿布网的创始人怎么可能在短短1年内就建立起另一个"平台"吸引到沃尔玛以30亿美元将其作为自己电子商务业务的引擎？

一个企业，如果只能要么选择收购每一个设法建立领导地位的尿布网和美捷步（Zappos），要么就得内部进行投资使得客户选择其他替代方案变得"不应当"，这就变成了一个无休止的"打鼹鼠游戏"（Whac-a-Mole）。对亚马逊股东来说，好消息是，没有人比杰夫·贝索斯更适合做这样一个企业的高管了。他最初为公司起的名字是 Relentless.com[1]，这完美地反映了他的性格和他创立的企业的追求。人们不禁要问，现在阻止他收购家具和宠物产品的线上零售龙头 Wayfair 或 Chewy 的唯一原因，是否与阻止马克·扎克伯格收购 Houseparty 或抖音的原因相同：害怕政府干预。

熟知亚马逊前20年历史的权威作者布拉德·斯通（Brad Stone）认为，"冷酷和无情"是该公司文化的关键性特征。"准确

---

[1] Relentless 意为不达目的不罢休、毫不留情的。

地掌握了这致命的两点"，斯通在他2013年畅销书的2018年版序言中总结道，"贝索斯的惊人才能，也许是亚马逊最大的财富"。斯通表达了这样的观点：这些都是"大多数成功公司熟悉的价值观"。

对于贝索斯所灌输的文化，还有一个更慷慨也是更不寻常的解释，就是一方面要培养创造力和创新，另一方面要弘扬节俭和效率。有多少科技公司将节俭作为其五个核心价值观之一？考虑到亚马逊试图主宰的零售业的内在竞争力，如果不对两者都付以同样的努力，它几乎不可能走到今天。

无论人们认为亚马逊的文化是不可取的还是美妙的，它都明显是公司走向成功的一个关键点，与其不寻常的领导人的个性密不可分。这一点很重要，因为一个人或一种文化都不代表结构性的竞争优势——而且贝索斯在2021年2月已宣布他打算在当年夏天卸任CEO。事实上，虽然《亚马逊逆向工作法》声称亚马逊的文化构成了"巨大的竞争优势"，但通过将其定义为"可传授的营商实践"之和，作者无意中说明了事实并非如此。在反复声明"你不需要杰夫"来有效地应用亚马逊的原则的同时，《亚马逊逆向工作法》给人留下的强烈印象是，它所支持的做法的有效性恰恰完美地反映了亚马逊领导者的精神。作者有时还将"杰夫式"和"亚马逊式"这两个词换用。

在贝索斯宣布将转为执行主席的角色之前，就在竞争威胁愈发激烈的时候，出现了很多让他分心的事——报纸的扭亏、太空探索、新的亲密关系。继任者安迪·贾西（Andy Jassy）作为大获成功的AWS业务长期领导者已经证明了自己的能力。然而，如前所述，这部分的业务与规模更大、竞争更激烈的商品业务完全不是一回事。亚马逊在其核心业务上具有多种但并不明显的竞争优势，而且严重依赖超凡执行力和领导力，它有多大可能成为世界上少数几个最有价值的公司之一？

答案是可能性并不大，尽管这显然是少数人的观点。近年来，亚马逊已经在很大程度上至少在投资怀疑论者方面消灭了反对派。而2020年新冠疫情所推动的销售和市场价值的快速增长，使这一少数群体被进一步边缘化。正如他们所说，成功是最好的报复。在过去10年中，有7年，该公司的表现明显优于市场，2020年的股票升值了76%。它已经建立了有利可图的AWS和广告业务，全球在线商务的份额也在扩大。

就在2005年，亚马逊股票一直低于50美元每股，对亚马逊股票持买入态度的卖方分析师连10%都不到。到了2010年，随着股价突破100美元每股，超过一半的分析师转而认为亚马逊将成为牛股，但还有相当一部分还维持持有甚至卖出的评级。当股价在2018年突破2 000美元时，近50名亚马逊分析师中，几乎100%都对该股持买入态度，而这还是在新冠疫情迫使每个人依靠在家用电脑开展几乎所有形式的商业活动之前。怎么可能会出错呢？

分析员们集体热情的来源是持续增长的潜力。在强调线上销售份额以证明亚马逊所向披靡的同时，他们也关注在公司所有销售中在美国占不到5%、在全球不到1%的份额较小的部分。这部分将成为让亚马逊颠覆性魔法得以施展的重要"空白空间"。他们认为，尽管有大数定律，亚马逊也不可能像过去那样继续增长——只是现在充分利用了它已有的大量固定成本催化的基础设施和技术投资。

尽管有多种方法将亚马逊股票目标价定位超过当前水平 50% 或以上，但也有些人提出亚马逊过去交易的平均收入倍数，并认为这才是其未来股价的合理基准。从数学上讲，这意味着股价应该与收入大致同步增长。由于分析师预计亚马逊未来 3 年的收入增长将接近 20%——远远高于股票市场升值的预期增长——他们无疑会得出亚马逊有望继续表现亮眼的结论。

所有的平台都不平等，所有的增长也不平等。正如我们在第一章中解释的那样，并非所有的增长都能创造价值。关键不在于是否有增长，而是增长是如何产生的。在《被诅咒的巨头》中，我们证明了，20 多年来，最大的媒体集团的收入增长和价值创造之间确实存在着明显的相关性，但不幸的是，是负相关。这些企业集团主要通过高价收购和愚蠢的内部项目来实现增长。

要评估分析员的乐观情绪具有多少有效性，就需要了解他们所认为的增长来源。也就是说，我们需要考虑亚马逊计划填补哪一部分的"空白"，并分析这是否证明了对超额回报的期望是否合理。在线上业务中，分析师指出了两个主要的增长点——新的产品类别和新的国际地理区域。

在依次研究这两点之前，我们先做一个显而易见但高度相关的分析。在其增长历史中，亚马逊跟其他公司一样，首先增加了机会最大的产品和地理区域，然后再下沉到不显著的机会。因此，产品方面，在书籍之后，电影和音乐被添加为下一个合乎逻辑的附带品。消费者在线下习惯一起购买书籍、DVD 和 CD，而且在物流方面，它们最容易被合并包装和运输。在全球市场，它首先收购了语言、结构或经济与美国最接近的两个欧洲市场上最大的线上书店。

第五章 亚马逊：贪多会不会嚼不烂

经过 25 年的不懈扩张，从绝对数量上看亚马逊对"空白空间"的选择无疑带来了可观的收益，但从相对数量上看，这些选择对用户的吸引力大大降低。亚马逊最近的布局和分析师指出的具体的潜在新类别都证明了这一点。

近年来，最受关注的产品类别是食品杂货。对于那些寻求增长的人来说，好消息是，食品杂货是亚马逊之前没有占领有效份额中的最大类别，而且是机动车和零部件之外的最大零售类别。对于那些寻求价值的人来说，坏消息是这个行业的利润最薄，相当多的知名线上企业已经"战死沙场"。Webvan 募集了近 10 亿美元后倒闭；其他失败者还有 Kozmo、HomeGrocer 和 ShopLink。

吸引了最多资本和注意力的线上杂货店是英国的 Ocado，它既是当地领先的线上商店（2019 年占 14% 的份额），也是全球食品杂货合作伙伴的软硬件解决方案供应商。在美国，Ocado 已经与克罗格公司（Kroger）合作。美国其他许多连锁杂货店已与 Instacart 合作提供线上交付服务；顺便说一下，Instacart 已经利用与疫情相关的业务迅速扩张来加速 IPO 计划。由于疫情使投资者相信"去杂货店购物的方式将被永远改变"，因此就算 Ocado 的混合商业模式很有吸引力且估值很高，但估计在多年内都无法实现收支平衡。

20 世纪 90 年代幸存下来的线上食品杂货商已经为数不多，其中有 30 年历史的 Peapod。大多数线上食品杂货商消亡的原因不是它们真的能赚钱，而是被占领线下业务的大型母公司收购。2020 年，Peapod 在其许多市场上停止了送货，逐渐沦为其母公司线下商店的技术供应商，其中包括 Stop & Shop 和 Food Lion。即使是已经筹集了数亿美元资金、在国际上被吹捧为"送货上门的成功案例"的 FreshDirect，在纽约市场以外的地区也很难发展，面临越来越多的经营挑战和竞争。

更重要的是，在美国，食品杂货业务已经被沃尔玛颠覆。今天，沃尔玛是迄今为止最大的杂货商，销售量几乎是它后面四家竞争对手的总和。沃尔玛的实体店无处不在，以"点击—提货"为代表线上杂货购物在其总销售中占的比例越来越大——今天几乎占到一半，这为沃尔玛提供了比纯数字杂货商更多的优势。大约 90% 的美国人住所 10 英里以内就有一家沃尔玛。

亚马逊从 2007 年就开始测试亚马逊生鲜，但直到 10 年后宣布收购全食超市时，它在这一类别中几乎没有取得任何进展。全食在美国的市场份额不到 3%，与许多其他线下连锁店相比规模很小，而且主要集中在"高档郊区或都市区"。在收购全食超市后，亚马逊宣布它将在全国停止为距离线上商店配送地点较远的郊区提供亚马逊生鲜食品杂货配送服务。此举加上最近布局的亚马逊生鲜店，表明亚马逊认识到线上食品杂货业务的发展需要有线下门店的辅助。然而，鉴于亚马逊的整体营收涨了三到四倍，而线下杂货店业务（即使有在线产品）的交易量还不到营收的十分之一，因此认为这一成长路径会带来价值增长的想法听起来很虚幻。即便亚马逊对全食超市的创纪录收购案对其营收的贡献也不足一倍。

亚马逊在过去 20 多年里选择忽视的许多其他大型产品类别有一个共同点，就是它们真的不值得投入。这可能是因为这些类别不适合数字商务（如医疗等服务），或它们已经经历了其他公司的数字颠覆，以至于增量价值创造的机会有限（如会展活动或电影票销售），或产品的性质不适合亚马逊的分销基础设施或商业模式（如汽车或住宅），或是上述因素均有。这种固有的局限性并没有减少分析师将这些产品作为有希望的未来增长点进行宣传的热忱。

以一个家庭两个最大的购买行为为例：房子和汽车。在互联网出现之前，这两种商品的营销都是由当地报纸的分类广告主导的，除了一些直接的二手车销售之外，都是由真正的房地产商和汽车经销商来完成实际交易。

几年前，当亚马逊增加了一个网页暗示自己将向房地产中介领域扩张时，线上房屋交易龙头 Zillow 的股价立刻受到了打击。但该网页很快就消失了，Zillow 股价也旋即回升，而亚马逊则主要限于在线上销售小型预制房屋——免费送货。Zillow 也利用其专有数据用自己的账户实际购买和销售房屋，并提供融资，在这些领域，亚马逊并没有很好的竞争优势。

在汽车领域，尽管 2016 年推出了亚马逊汽车，为汽车买家提供评论和参数信息，但仍远远落后于该领域的十几家基于广告的引导性销售企业，包括 Autotrader 和 Cars.com 这样的老牌领导者，以及 TrueCar 和 CarGurus 这样的新进入者，其中许多企业的专有数据和功能远远超过亚马逊的产品。虽然严格的州级交易法限制了新车的在线购买，但除了广告之外，其中许多企业还拥有繁荣的二手车点对点交易市场。但是，这些市场参与者的数量，以及新企业继续进入的能力，表明了这个领域即便取得增长但经济效益却不会乐观。几年前，Cars.com 脱离母公司成为一家独立的公司，但之后的表现令人非常失望，体现出结构性的行业缺陷——就像 Cars.com 把自己放在市场中却也无法找到一个愿意的买家一样。

最近，随着 Carvana（2017）和 Vroom（2020）的成功上市，纯粹的数字二手车零售商已经出现。其他企业似乎也准备跟进。然而，亚马逊的仓储基础设施实际上无法满足汽车零售的需要，它也没有进入这部分市场的明确计划。

谈到潜在的国际增长的来源，值得注意的是，对于最成功的真正的全球性公司来说，在"国际"这个通用标签下的东西，实际上是一系列针对迥异的市场因地制宜的举措。实施多元本地化战略而非国际战略的必要性是由市场结构、消费者需求和不同地域的监管之间的明显差异所决定的。这一点在零售业等行业尤为明显，因为在这些行业中，提供产品或服务的成本主要是在本地使用。这些市场与市场之间的巨大差异体现在：即使在真正国际化的企业中，典型的情况是，大部分的利润是在极少数的国家或地区获得，甚至可能需要采用独特的当地品牌才能成功。

从 1998 年第一次收购英国和德国的在线书店开始，亚马逊显然已经取得了长足的进步。今天，该公司在大约 58 个国家开展业务，拥有超过 10 亿用户。许多公司接受其国际业务的低利润率，以换取国内市场开始饱和后的高增长率。然而，近年来亚马逊国际业务即便有大量的资金投入，增长速度却明显慢于美国国内业务。在 2010 年至 2020 年这 10 年中，国际零售业的增长速度比其在美国的同行企业要慢，而且从 2003 年到 2020 年新冠疫情发生之前，没有一年能实现盈利。当国际部门在疫情推动下迎来线上销售高峰期并公布其多年来的第一个季度利润时，贝索斯也警告说，这是一个"非正常的季度"，而不是一个可靠的趋势。该部门在这一年度的总体利润率远低于 1%。

这大致反映了沃尔玛 10 年前发展国际业务的经验，从 1991

年在墨西哥城开设美国以外的第一家商店开始,尽管这家商店至少是盈利的,但美国以外的沃尔玛远远落后于其美国业务的成绩。造成这种区别的原因与亚马逊海外盈利堪忧的原因并无不同。撇开文化和结构上的差异不谈,沃尔玛通常是在当地的竞争对手建立了与沃尔玛在美国所拥有的类似品牌和有效门店集群网络之后才进入的。与沃尔玛完全从德国撤退的原因类似,阿尔迪[1](Aldi)2017年起投入50亿美元、为期5年的美国增长计划也不太可能获得收益。

如果一个市场的每一个头号玩家都能轻易地称霸其他市场,那么所有的市场都会有很多头号玩家。英国当之无愧的龙头乐购(Tesco),在为主导美国市场投入了10亿英镑之后,才痛定思痛,完全撤退。沃尔玛在英国有一段时间比乐购在美国做得好,但这只是因为它收购了英国市场份额第三名的企业,并且是按照往常的出海战略用当地品牌经营。在试图将陷入困境的英国业务与英国第二大企业合并受阻后,尽管沃尔玛在英国的试验已经超过10年,最后还是于2020年将大部分股份出售给一家私募股权公司。今天沃尔玛在27个国家开展业务,但其国际收入和利润现在绝大部分来自墨西哥和加拿大。

对亚马逊来说,情况也大致如此。在美国,它已经从线下零售商那里夺取了相当大的份额。在国际上,它面对的不仅仅是这些相应的线下零售商,还有规模庞大的线上玩家。例如,阿里巴巴不仅在中国,而且在亚洲大部分地区都占主导地位,特别是——与亚马逊的做法不同——它有一系列的本地品牌,而

---

[1]. 阿尔迪是德国最大的连锁超市。

MercadoLibre在墨西哥甚至南美洲大部分地区都遥遥领先。

近年来，亚马逊在国际上最积极的动作是在印度。到目前为止，它在那里的经历应该会抑制对国际机会带来的股价上涨幅度的兴奋。

亚马逊2004年在中国市场上失败后，转而关注印度市场，个中原因不言自明。亚马逊通过收购当地的一家在线书店进入中国，并在仓库和教育项目上投资数10亿美元，向当地人传授亚马逊的方法，但即使在2016年推出Prime后，其电子商务市场份额仍不到1%。公司于2019年停止了在中国的市场业务。亚马逊很少放弃——要知道它是不达目的不罢休的，而且它经常表现出迅速从错误中学习的能力。随着印度眼看着要成为仅次于美国和中国的第三大消费市场，亚马逊在印度的豪赌似乎是合乎逻辑的，采取更细致的本地化手段来实现国际业务增长，以吸取在中国的经验教训。

2013年，亚马逊推出并遵循一个全新的商业模式，不仅受当地市场结构的驱动，而且受当地法规的驱动。亚马逊支持当地制造商、分销商和零售商，帮助他们建立线上能力，使他们能够与自己合作。但在2016年底，印度出台了一系列规则，有效地禁止外资卖家经营电商业务，除非通过纯市集模式。那时，亚马逊已经在印度投入了50亿美元。当亚马逊通过收购一些大型市场参与者来设计一个变通方案时，又有新的法规出台实施，把这个方案也扼杀了。

在印度，激烈的竞争局面以及对商业机会的限制令人望而却步。亚马逊要面对自己在美国的克星沃尔玛，沃尔玛曾花费160亿美元购买了当地领先的电子商务公司Flipkart的控股权，以及曾在邻国中国击败自己的巨型线上零售商（阿里巴巴和京东）都曾在印度长期活跃。然而，最令人生畏的是印度本土庞大的信实集

第五章 亚马逊：贪多会不会嚼不烂

团（Reliance Group），它已经为印度的大量商业和消费部门提供了广泛的金融和基础设施服务，阻碍了亚马逊的服务业务。

杰夫·贝索斯并不气馁，在2020年初疫情让国际旅行停摆之前，他来到印度宣布再追加10亿美元的投资。此后不久，有人透露亚马逊计划推出食品配送业务。不祥的是，在这次引发大量抗议的印度行之前，印度政府决定对亚马逊进行反垄断调查。在他离开时，印度的贸易部长对新的10亿美元投资计划不客气地发表意见："他们好像并没有给印度带来多大的好处"。

几个月后，信实集团宣布为其数字部门Jio Platforms融资200亿美元，投资方包括谷歌和脸书以及主权基金和私募基金。信实集团主席穆克什·安巴尼（Mukesh Ambani）宣布，这笔钱将部分用于扩大该平台，当时平台已经允许小型零售商向消费者售卖杂货、其他当地商品，以及电子产品和时装。印度是亚马逊最有前景的国际市场机会，但代价肯定也是最高昂的，因此也难怪投资者不把太多赌注下在亚马逊会在印度获得比在中国更高的投资回报上。

数字投资者往往更关心潜在目标市场的总规模，以对应相应的潜在增长率，而不在乎其中有多少待开发的空间。在第九章中，我们会研究一些电子商务企业，它们通过瞄准更窄的市场，成功地挖出了比亚马逊更深的护城河。尽管它们的特许经营可能代表了亚马逊未来增长的方向，也就是未开发的"空白空间"，但不太可能代表亚马逊股东的股票增值空间。

首席执行官们有一种奇怪的倾向，即在不存在竞争优势的地方宣称自己有竞争优势。奇怪的点在于，在没有竞争优势的情况下取得持续的优异成绩，似乎要比在竞争优势的结构性帮助下取得的成绩更令人叹服。

亚马逊在其核心市场上依靠"许多小优势连成的一股绳"取得的佳绩，证明了其领导层的能力。是的，亚马逊是冷酷无情的。但它也获得了与它的 FAANG 同行企业相比值得钦佩的成绩，找到了全新的机会（最出彩的是 AWS），然后对这些市场的细微差别应用激进的运营规则。即使亚马逊在其最初的核心商业市场缺乏强大的进入壁垒，它仍然是一家伟大的公司。不过它是否配得上目前的估值，就是另一个问题了。

本章要点

1. 在其成长早期，亚马逊采用纯粹的零售模式，没有网络效应，也没有客户占有率。将近 10 年后，作为典型的间接网络效应模式的亚马逊市集才被广泛使用。

2. 今天，虽然通过市集销售的商品比直接由亚马逊销售的商品多，但它仍然只占总收入的很小一部分，因为公司不收取所售商品的全价，只收取佣金。现在，亚马逊的绝大部分利润来自不相关的亚马逊网络服务（AWS）部门，这是一个 B2B 软件业务，受益于传统的规模和客户占有率，而不是网络效应。

3. 亚马逊通过 Amazon Prime 确保了一定程度的客户占有率，其会员表现出明显的高购买倾向性。然而，在不知道这些增量订单的规模或性质的情况下，Prime 的经济效益是无法评估的。从表面上看，随后提供给 Prime 会员的许多额外好处，特别是 Prime 视频，其经济智慧是非常值得怀疑的。同样，当日达的投资回报率也很低，很快就被多个竞争对手模仿。

4. 除了 AWS 的持续成功之外，亚马逊的巨大估值还得到了其电子商务业务预期持续强劲增长的支持。据预测，这种扩张大部分来自新的产品类别和地域。仔细观察就会发现，这些市场没有吸引力的结构属性是这些领域没有在早期成为目标的一个重要原因。这就提出了一个问题：如果有的话，投资者应该对亚马逊的这部分预计增长赋予多大的价值？

5. 亚马逊强大的特许经营权来自两方面的集合，一是"冷酷无情"，二是"许多小优势凝结成一股绳"。然而，它的无敌光环没有充分得到证明，这种混合属性的效力在不同的市场上有很大差异，公司未来电子商务增长轨迹的总体投资回报可能仍然表现平平。

第六章
苹果：核心是什么

第六章 苹果：核心是什么

乍一看，苹果似乎与其他 FAANG 公司有很大不同。首先，其他公司都是互联网的产物。他们的基本商业模式诞生于互联网的终极网络所创造的分配和通信条件。著名的"苹果"于 1976 年由两位史蒂夫（Steves）——乔布斯（Jobs）和沃兹尼亚克（Wozniak）创立，主要生产和销售实体消费产品，比第一个网络浏览器早出现几十年。

当然，这个企业自那时起发生了很多变化，只有其中一部分业务应和了互联网的出现。2007 年，苹果从公司名中删去"计算机"一词，显然表明公司将探索消费电子领域。但苹果的大部分收入仍然来自销售实体消费产品。自从 10 年前乔布斯去世后，公司每一年大部分的销售额实际上都源于一个产品：iPhone。

在思考苹果竞争优势的来源之前，先想想苹果与 FAANG 其他公司以及其他科技行业之间一个非常显著的区别。甲骨文公司（Oracle）的创始人之一劳伦斯·埃里森（Lawrence Ellison）是乔布斯的老朋友，在乔布斯被赶出公司后，他曾试图支持乔布斯对苹果的恶意收购。在乔布斯于 1997 年胜利回归后，这位老将选出的第一位新董事会成员就是埃里森。埃里森坚信苹果的独特之处:"史蒂夫创造了科技行业中唯一的生活方式品牌。"

当苹果在 2017 年成为第一家市值超过 3 万亿美元的美国公司时,大量的文章试图解释苹果从破产边缘到一览众山小的涅槃经历。虽然这些评论家对苹果特许经营的核心力量来源提出了不同理论,但唯一的相同点是都相信苹果品牌不可或缺的作用。正如我们之前所说,"品牌"并不包括在竞争优势关键来源之中。然而,品牌是苹果成功故事的核心叙事,这一点是公认的。

品牌与竞争优势

品牌本身就是一种可持续的竞争优势,这一观点来自如下观察:许多看似最有韧性的特许经营企业的品牌——不仅仅是苹果,还有可口可乐、麦当劳和耐克——都与这些企业的成功密不可分。但这并不意味着品牌是唯一甚至是主要的优势来源,也不意味着拥有一个强大的品牌就能保证卓越的商业表现。应当仔细研究的是,品牌与竞争优势之间的复杂关系,以及品牌在支持苹果商业成功方面的具体作用。

强势企业拥有强势品牌的例子当然值得注意。但是,只要有一个反例,就可以驳斥这个具有误导性的通用理论。在埃里森对苹果品牌发表评论后,他的一个观察中就体现了这样的反例。"有一些汽车,人们以拥有它为荣——保时捷、法拉利、普锐斯——因为我驾驶的东西一定程度上说明了我是谁。"埃里森说,"人们对苹果产品也有同样的感觉。"

第六章 苹果：核心是什么

埃里森关于品牌在汽车领域的重要性的评论是很到位的。不仅仅是他提到的那些，宝马、奔驰和其他汽车品牌在最具"价值"品牌排行榜上一直名列前茅。但是，一个品牌的价值是否意味着它象征着一种固有的竞争优势？

每隔几年就会有新的豪车品牌问世，这一事实表明，强大的现有品牌并不代表进入市场的重要壁垒。仔细研究一些报表上的数字不难发现，可持续优势的两个指标——持续的投资回报率和市场份额的稳定性——在这个行业明显不足。如果这个拥有最多有价值品牌的行业没有一家公司能够表现出与强大的竞争优势相关的特征，怎么能得出品牌是一种竞争优势的结论呢？

事实上，看看苹果本身，即使经营状况很糟糕的时候，它的品牌依旧很强大。全球品牌价值排名是一个很现代的现象，在2000年左右首次出现。但有很多证据表明，至少从1984年著名的超级碗广告介绍Macintosh[1]（以下简称"Mac"）开始——经常被认为效果最好的广告之一——苹果就一直是全球领先的品牌。对于一家成立以来直到最近才开始表现出持续亮眼的财务业绩的公司，其品牌的韧性表明，品牌本身并不是决定性的优势。

是产业结构啊，笨蛋

如果这些品牌不构成竞争优势，人们可能会问，怎么会有各

---

1. Macintosh，简称Mac，又译为麦金托什电脑，是苹果个人电脑的一个系列。

种品牌调查都显示它们之中这么多品牌都价值数十亿美元？一项资产是否有价值与建立该资产所需的投资是否有可能产生超额回报是完全不同的问题。正如我们将在下一章讲内容行业时即将探讨的那样，一部热门电影是有价值的资产并不意味着试图去制作一部热门电影是一个明智的投资决定。

将制作一部热门电影和建立一个品牌做类比的现象出现之后很快就消失了。制作一部电影通常是一次性的事情，成功与否通常不会影响后续电影（除续集外）赚钱的可能性，对整个业务没有结构性影响。相比之下，即使在建立之后，一个品牌也需要持续地维护投资。更重要的是，品牌建设至少在两个方面对企业产生结构性影响，而这些影响不适用于整体电影行业。

首先，最明显的是，强大的品牌可以在一定程度上吸引顾客，无论是通过优化购买习惯、增加特殊的转换成本、建立信任还是创造寻找替代品过程中会产生搜索成本的产品特性。相比之下，如果环球影业拍一部热门电影，这对我去看它的下一部电影的倾向性没有特别的影响。虽然品牌可以采用这样那样的客户占有形式，但就汽车而言，只有不到20%的汽车购买者坚持使用他们曾经购买过的牌子。尽管品牌、制造商和车型之间存在着很大的差异，但忠诚度通常最高为30%左右。汽车购买频率越来越低——现在（一辆车）的持有期限接近7年——再加上涉及的时间和研究量，削弱了品牌客户黏性的潜在强度。

其次，为建立和维护品牌产生的营销成本构成了一种固定成本，突出了相对规模的财务意义。制作一部电影，即使是一部非常昂贵的电影，也很少涉及固定成本，因为电影制片厂是可以随时租用的。然而，尽管固定的营销和研发成本在汽车行业很重要,但整体成本结构仍然由可变因素——原材料和劳动力主导。此外,由于该行业从一系列以国内市场为中心的寡头垄断转向了竞争激烈的全球市场,目前有几十家汽车制造商能够实现规模运营,满足包括品牌建设在内的固定成本要求。

这里的观点不是说品牌不重要,而是行业结构才能决定品牌是否能成为可持续的竞争优势。客户占有和规模是进入市场的相关结构壁垒。在供应和需求关键属性能够发挥支持作用的行业,品牌可以有力地加固这些壁垒。举例来说,在使用频率高、营销和分销在成本结构中占主导地位的包装消费品类别中,品牌确实很重要。

苹果一直被列为世界上最有价值的品牌,没有之一。有人估计,如果将苹果的品牌本身作为一个独立公司进行交易,仅品牌的价值就超过2 000亿美元,将位列美国公司前20。要评估苹果的竞争优势的强度和来源,必须了解苹果品牌的性质,以及该品牌如何与公司正在经营和计划进入的业务中其他的结构层面相互作用。

苹果经济学入门

在苹果(Apple)还叫苹果电脑(Apple Computer)的30年间,公司的营业利润率很少超过10%,在IBM推出个人电脑之前的那几年是例外情况。

苹果的故事常常被说成是一个坚持技术创新带来出色经济效益的故事。事实上,乔布斯自己也表示他向往的是一个浪漫版本的惠普公司，他高中曾经在那里做过暑期工。根据传记作者沃尔特·艾萨克森（Walter Isaacson）的说法，乔布斯的目标是"建立一个充满创新创造力的、比创始人寿命更长久的公司司。"

苹果的各种创新屡见不鲜，但其中最经典的创新——如 Mac 的图形用户界面——很快就被复制，导致苹果创立以来大部分时间的财务表现不佳。苹果坚持将其软件和硬件紧密地整合在一个基本封闭的系统中，使得模仿者能够比苹果自己更快地扩展苹果的最佳创意。当乔布斯在 1985 年被赶出苹果时，苹果在个人电脑的市场份额不仅被 IBM 的克隆产品压制，而且被 Commodore（记得他们吗？）超越。当乔布斯在 10 多年后的 1997 年回归时，Commodore 早已不复存在，但苹果自己的市场份额却还在进一步下滑。乔布斯通过大幅裁员和彻底简化产品线，迅速止血。然而，该公司在 5 年后收入才开始出现持续增长，整整 10 年后利润率才达到两位数。

改变苹果财务业绩的另一重大创新是 iPod。2001 年，在推出 iTunes（iTunes 商店在 2003 年推出）后仅 9 个月，苹果就给出了一个令市场满意的产品，足以颠覆音乐行业免费服务的杰出替代品。毫无疑问，苹果的创意彻底改变了音乐产业，并重新加速了其自身业务的增长。但是，彻底改变苹果利润的秘密并不在于公司内部生态从电脑到音乐的扩展，而在于苹果对待外部生态系统的方式发生根本改变。

iPod 本身是一种利润率明显低于苹果电脑的产品，而 iTunes 商店从一开始就不是为了推动 iPod 的销售额而推出的保本业务。苹果盈利能力增长的真正引擎在于它如何处理自己跟其他科技巨头的关系。具体而言，2006 年，苹果决定在其设备上支持微软的 Windows 系统，这是因为它在前一年决定放弃 PowerPC 芯片而采用更强大的英特尔技术。虽然 iPod 的销售额在这一年超过了 Mac 的销量（第一次也是唯一一次），但大部分的利润还是来自电脑。

为了应对 iPod 销售额的爆炸性增长和 Mac 产品的复兴（包括台式机和便携机）所产生的所谓"光环效应"（Halo Effect），公司做出了很多努力。但到 2006 年，iPod 的销售额已经趋于平稳。从 2006 年到 2011 年，电脑的销售额增加了两倍，而 iPod 的销售额则在减少。当然，也可以说光环效应转移到了 2007 年推出的 iPhone 和 2010 年推出的 iPad 上面。毫无疑问，打通后的软件生态系统（Software Ecosystems）和 2001 年苹果零售店的推出带来了联合营销的好处，但数据表明这种关联性相当弱。自 2012 年以来，苹果电脑销售一直保持稳定，iPad 的销售急剧下降，而 iPhone 的销售增加了一倍多。

iPhone 和 iPad 的推出之所以能改善苹果的经济状况，不仅仅是因为它们都是非常成功的产品，还因为这两种产品的迅速普及前所未有地让苹果从深层次的网络效应中获益。

操作系统是典型的网络效应业务。用户越多，就有越多的开发者开发软件应用程序，这反过来又会吸引更多的用户。苹果二代电脑（Apple II）的早期成功部分归功于石灰粉[1]（VisiCalc）的独家供应（Lotus[2] 和 Excel 的前身）——正如微软开发的 Excel、Word 和与操作系统兼容的 BASIC 程序对 Mac 的推出至关重要一样。

苹果长期以来拒绝将其操作系统授权给第三方制造商，而无处不在的微软系统则为 IBM 及其克隆企业大军提供动力，这使得

---

1. 石灰粉（VisiCalc）是在 1977 年推出的第一款电子表格办公软件，是由 Dan Bricklin 和 Bob Frankston 在攻读哈佛大学工商管理硕士时共同开发的。
2. Lotus，试算表软件，曾是 IBM 个人电脑系统中的杀手级应用软件。

苹果在吸引开发者方面有明显的竞争劣势。进一步加剧其规模劣势的是，苹果电脑最早的产品线 Apple、Lisa 和 Mac 采用互不兼容的操作系统。

iPod 是苹果的第一个非计算式产品，使用范围很窄，所以没有真正从网络效应中受益。iPod 上真正重要的应用是 iTunes 软件和内存。在其基本功能被智能手机取代之前，iPod 取得并保持了整整十年的高市场份额。但是，由于苹果在条款上与那些走投无路的大音乐公司硬碰硬，迫使这些音乐公司坚持非排他性，积极地将他们的内容提供给许多其他公司，并通常以较少的限制性条款来鼓励竞争。

iPhone 终于让苹果从网络效应中获益了。2007 年 1 月发布，并在当年 6 月以惊人的 600 美元价格面世，iPhone 是一个了不起的产品，是"一个 iPod，一个电话，一个互联网移动通信器"的集合产品，所有功能都可以通过触摸屏来操作。

真正的革命始于次年 7 月，苹果以 200 美元的价格推出了速度更快的 iPhone 3G，并推出了应用商店（App Store）。在推出时，应用商店有大约 500 个应用程序，其中许多来自获准的外部开发商，他们欣然同意 70% 的收入分成。尽管"因其外观和功能而广受赞誉"，第一年的销量还是只有 600 万部。该设备只包括一些预装的自制应用程序，而且苹果积极阻止"黑客"开发自己的应用程序。新机型在 2008 年最后 5 个月的销量就比前一年翻了一番，而且每年的销量几乎都成倍增长，直到 2012 年，年销量达到 1.25 亿部。从 2015 年开始，iPhone 的年销量趋于平稳，略高于 2 亿部。

应用商店推出 1 年后，上面已有了 50 000 个应用，总下载量

第六章 苹果：核心是什么

超过了10亿次。10年后，拥有超过200万个应用程序和2 000万名注册的开发者。在第一个10年内，应用商店就产生了超过1 000亿美元的高利润收入。

2010年，当乔布斯站在台上介绍iPad——那个看上去不那么具有革命性的平板电脑时，应用商店在苹果价值主张中的核心作用已经很明显了。除了十几个预装的应用程序以及App Store中已有的超过14万个应用程序外，苹果还强调了它向独立开发者提供的软件开发工具包。事实上，发布会的大部分时间是由美国职业棒球大联盟网（MLB.com）、纽约时报、艺电公司（Electronic Arts）和智乐公司（Gameloft）演示它们已经开发的定制化iPad应用程序，他们都在发布会前几周在苹果总部部署了开发团队。

除了连接开发者和用户的双向iOS市集的核心间接网络效应外，苹果还通过只有苹果产品才有的通信工具在用户中建立了一层直接网络效应。2010年推出的视频聊天软件FaceTime和2011年推出的短信服务iMessage，都已成为苹果用户无处不在的工具，而且只有苹果产品用户才能使用。

iPod、iPhone和iPad让苹果首次建立并保持了其产品的强大相对市场份额。2008年第一款商用安卓手机的推出是在iPhone 3G推出的几个月后。随后，谷歌推出了安卓市场（Android Market），为封闭的苹果生态系统创造了一个开源的替代品。尽管苹果已经开始接受托管第三方应用程序——但需要经过有争议的苹果审批程序——但仍然拒绝将其操作系统授权给任何第三方制造商。

这使许多人预料到曾经的封闭和开放之争会重演，上一次的"战争"导致苹果在20世纪80年代被微软和IBM的克隆产品彻底打败。果然，到2010年，由安卓系统驱动的智能手机在美国超过了苹果手机。几年后，更名后的谷歌商店上的应用数量超过了苹果应用商店上的应用数量。但这次的战争与早期个人电脑大战的共同之处更多只是浮于表面，没有真实的基础。这种不完美的类比反映出关于个人电脑和智能手机行业早期的传统观念是有缺陷的。

沃尔特·艾萨克森（Walter Isaacson）将 1977 年的 Apple II 描述为"第一台不只是为业余爱好者服务的个人电脑"。事实上，它是当年推出的三款同类产品之一（不是第一台）。当 IBM 在 1981 年推出个人电脑时，苹果已经排在第三位，销售量比雅达利（Atari）和睿侠（RadioShack）的都少。更重要的是，即使不考虑 1982 年首次推出的克隆机，IBM 自己的销量也在 1983 年超过了苹果。

尽管最终的结果可能是一样的，但从 Apple II 的推出到 1984 年 Mac 面世之间的 7 年和苹果坚持封闭的硬件/软件系统的决定一样致命。由于对苹果产品固有的优越性充满信心，而且公司没有人全权负责推动战略，交战的各派在这个战略关键期追求各种独立且不一致的产品战略——每个产品都拥有自己孤立的操作系统。如果花费在失败的 Apple III 和 Lisa 上的时间、金钱和精力能让 Apple II 成为 IBM 更强劲的竞争对手，并将该产品战略（和操作系统）与 Mac 相协调，相信它一定影响竞争格局。相比之下，苹果在智能手机市场上的非凡成功往往归功于它在建立应用商店生态系统方面比安卓系统更有先发优势。《商业周刊》(*Business Week*)报道说："由于安卓系统晚了近 6 个月，许多开发者可能会对安卓系统采取'观望'态度"。这个说法有两个问题。如前所述，苹果不是第一个，谷歌商店多年来一直拥有比苹果应用商店更多的应用程序。在苹果开放在线应用商店并在上面提供 500 个左右的软件应用的当时，市场上已经有了更多更成熟的开发者和应用池。微软的 Windows Mobile 操作系统当时在全球有 160 家运营商使用，有超过 18 000 个应用程序可供选择。2006 年起，当时的全球智能手机巨头诺基亚推出了一系列名为 Catalogs、Download！和 Content Discoverer 的产品，提供各种应用程序、铃声和视频的下载通路。

认为苹果有先发优势的观点错在没有真正意识到，真正的优势——规模，只有在（市场上的）消费者需求和核心技术稳定到足以让积极的进入者迅速获得大量市场份额时才能实现。在初代 iPhone 上市的那一年，苹果对这两方面都有了足够的了解，从而在集成的 iPhone 3G 和应用商店上下了很大的赌注。该公司升级了其操作系统和速度，提高了与微软 Outlook 的兼容性，开发了一个强大的核心应用程序目录，突出了 iPhone 的独特效用，最重要的是，大幅降低了价格。结果是 iPhone 使用率、第三方应用开发和用户下载数持续攀升。

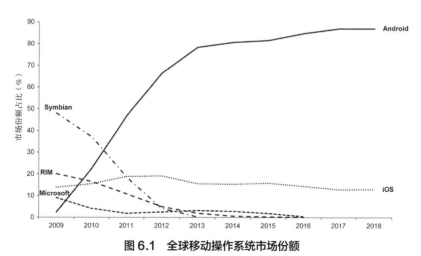

图6.1　全球移动操作系统市场份额

资料来源："2009 年一季度至 2018 年全球智能手机对终端用户的销售（按操作系统划分）"，Gartner，2018 年 8 月。

到2010年，很明显，塞班（Symbian）、RIM和微软的移动操作系统份额急剧下降，被安卓所取代，形成了双头垄断，其中iOS驱动iPhone，安卓则逐渐成为其他所有移动终端的引擎。然而，安卓系统取得胜利的速度和规模伴随着一些实际成本。人们不需要认同史蒂夫·乔布斯关于硬件和软件必须紧密结合的狂热信念，就能体会到安卓系统在各种硬件环境中运行时的困难。安卓系统在建立自己作为苹果移动操作系统的独立替代方案方面的成功，只是故事的一面。

尽管安卓市场确实紧跟在苹果应用商店之后，但即使安卓超过了iOS的全球市场份额，安卓市场也面临着各种结构性挑战。"由于谷歌将其软件免费提供给一系列手机制造商，市场上有几十种不同的安卓兼容设备，每一种都有不同的屏幕尺寸、内存容量、处理器速度和图形能力，"《纽约时报》在2010年指出，"一个在摩托罗拉手机上运行良好的应用程序，在HTC上可能会出现故障"。

《纽约时报》所描述的安卓系统的一些"笨重的功能"最终被解决了。不过，要到2012年之后，谷歌才将安卓市场及其各种内容商店合并到谷歌商店中，又过了两年后，才赶上并超过苹果应用商店的应用数量。但是，所有的市场份额和所有的应用程序都是不平等的，苹果和谷歌生态系统之间的许多结构性区别导致了持续的收益差异。例如，在安卓市场的早期，由于未能建立流畅的支付机制，推动了应用程序免费的趋势。但即使在技术问题得到解决后，绝大多数谷歌商店上的应用程序仍然是免费的。

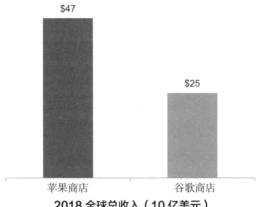
2018 全球总收入（10 亿美元）

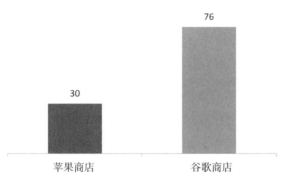
2018 应用软件下载量（10 亿次）

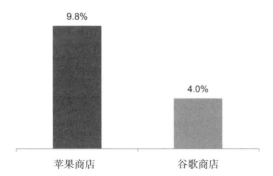
图 6.2　付费应用比例（截至 2019 年 8 月）

资料来源：Sensor Tower 和 42matters。

尽管两者在全球市场份额差异越来越大，但谷歌商店的付费应用收入还是低于苹果应用商店的应用，主要反映了更昂贵的 iPhone 手机用户与其他手机用户之间的人口特征差异。从开发者的角度来看，全球移动操作系统的双头垄断使得为两个平台创建应用的决定变得相对容易：现在只有大约 3% 的头部应用是安卓或 iOS 独有的。更复杂的问题是首先为哪个平台开发。开发者在回答这个问题时，绝大多数都是基于他们所针对的人口和地理市场，这也不足为奇。

尽管苹果系统在全球范围内被安卓系统压得喘不过气，而且智能手机销量比三星或华为都少，但苹果在高端智能手机市场的份额始终是其下一个竞争对手的两倍以上，而后者又是再下一位竞争对手的两倍以上。然而，各地域市场之间仍然存在巨大差异，即使在拉丁美洲和亚洲的高端市场，苹果也处于第二位。相比之下，在美国，鉴于其历史实力和高端市场的相对重要性，苹果在整体市场份额上继续略微领先。

苹果在高端智能手机市场坚挺的份额解释了该公司在行业利润中的超高份额。苹果用户的高度忠诚是公认的。而且，苹果已经构建了一个复杂的网络，包括令人上瘾的功能和服务，更不用说 2013 年启动的诱人的换购计划，增强了客户占有。不过近年来，安卓操作系统的用户忠诚度已经达到或超过了这个程度。当用户购买新手机时，这两个操作系统都在各自的生态系统中保留了约 90% 的用户。

第六章 苹果：核心是什么

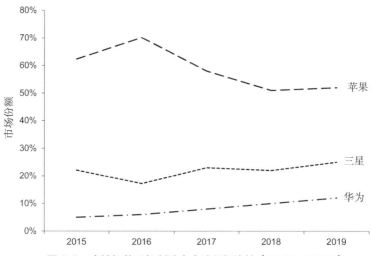

图 6.3　高端智能手机制造商全球份额比较（2015—2019）

资料来源：Counterpoint Research。

苹果和面包机的诅咒

布鲁斯·格林沃尔德（Bruce Greenwald）教授清晰地阐明了一个让灰头土脸的技术主管和目光炯炯的技术企业家夜不能寐的基本常识："从长远来看，所有东西都是面包机。"无论一个新产品有多大的原创性甚至革命性，随着时间的推移它都会变得商品化，因为廉价的模仿者做得越来越好，核心功能也被整合到完全不同的产品类别中。目前没有证据表明 iPhone 正在受到巨大的价格压力，但它的历史增长来源已经消散，因为高端智能手机市场已经饱和，安卓系统已经产生了相当的用户忠诚度。

创新者必须不断创新。在苹果，Apple II 曾让位于 Mac 和

PowerBook，公司拓展计算机之外的产品后，iPod 又让位于 iPhone 和 iPad。在这之间，又增加许多新的版本和功能。品牌的力量，以及最近网络效应的力量，可以延长特许经营产品的寿命，使其在面对更灵活的竞争者时更富有活力，直到下一次创新为经济收益再次注入肾上腺素。但这些优势只是暂时性的缓解，还没有已知的方法可以真正打破"面包机的诅咒"。

有一些组织结构和文化比其他组织更鼓励创新。史蒂夫·乔布斯的愿望是建立一个充满创意创新的公司，从而可以创造超越他本人的结构性竞争优势，但这个目标难以实现。在生命的最后时刻，乔布斯含蓄地承认了这一点。当乔布斯与最终夺走他生命的疾病做斗争时，惠普公司，这个他明确渴望与之匹配的公司，陷入了一个无止境的丑闻和衰退的循环。乔布斯在去世前几个月才卸任 CEO，最后一次与苹果董事会成员共进午餐时他忧郁地说，"惠普正在被肢解和摧毁，这很悲惨。"

乔布斯表示希望自己已经"留下足够强大的遗产，避免这种情况发生在苹果"，尽管他承认惠普的创始人也"认为他们已经把它交给了好的人"。乔布斯任命前康柏（Compaq）采购和供应链经理蒂姆·库克（Tim Cook）担任继任者时，这是一位能有效实践乔布斯崇高愿景的出色的管理人员。然而，乔布斯知道这一切终究还是与产品有关。因此，当他向沃尔特·艾萨克森（Walter Isaacson）坦言"蒂姆本身不是一个产品人"时，人们不禁好奇，乔布斯对公司的前景到底是怎么想的。

乔布斯在产品设计方面的合作伙伴乔尼·艾维（Jony Ive）在 2019 年正式离开工作了 30 年的公司。据广泛报道，由于对"一个更注重运营的公司"感到不满，他已经基本放手了一段时间，

第六章 苹果：核心是什么

从"苹果精英设计团队的常规管理"中抽身而退。这种运营重点确保了苹果继续改善其核心产品的功能和性能，最明显的是最近新推出了强大的美国产 M1 芯片，以取代英特尔处理器。而自从乔布斯去世后，苹果推出了与 iOS 生态系统整合的新产品类别。但这些产品要么是已经发展成熟但表现不佳的品类（如 Apple Watch、Home Pod），要么是相对狭窄的缝隙市场，即使取得巨大成功也不会有什么贡献（如 AirPods）。简而言之，没有哪个新产品是被预测能够带来变革的。

除非指望着苹果于传闻中的 2024 年开始生产汽车的计划，否则管理层或分析师对于革命性的新产品发布都没有预期。在一系列公开的战略调整和裁员之后，苹果之前的 2019 年电动汽车的目标出货日期已经被划掉了。蒂姆·库克在 2019 年保证，公司最大的贡献最终将是"有关健康"，听起来不如造车计划振奋人心。

然而，苹果的公开估值及其在 2020 年疫情之前和期间的惊人市场表现，显然意味着除了其现有核心产品持续的财务佳绩之外，还有一些东西，公司正在指望着，同时投资者也在押注苹果将在一个全新的业务领域实现飞跃。考虑到自 2015 年 iPhone（和 iPad）销售趋于平稳以来，苹果的股价甚至超过了其他 FAANG 公司——2021 年之前 5 年里股票升值超过 400%——人们似乎一致认为，这些新业务将受益于相同的竞争优势，或者就算不同，也是同样引人注目的新优势。

重新审视苹果品牌：随时为您服务

2018 年，苹果开始明确表示希望投资者关注什么、不关注什么。令长期跟踪该公司的分析师感到愤怒的是，苹果在 2018 年 11 月宣布，它将不再报告 iPhone 的销量。接下来的一个季度，苹果首次开始报告产品和服务业务的相对盈利能力，凸显了服务业务的内在盈利能力有多强，以及它的增长速度有多快。服务一直是苹果收入组合的一部分，但直到 2013 年，它才有了自己的财务报告门类。多年来，各种服务的集合——包括 iCloud、iBooks（现在的 Apple Books）、iTunes、AppleCare 保护计划，以及轮流选择的互联网服务，通常被捆绑在当时被称为"其他（Other）"的综合门类中。这种情况在 2004 年发生了变化，当时 iTunes 被分离出来，先被归入"其他音乐产品（Other Music Products）"，后来被归入"其他与音乐有关的产品和服务（Other MusicRelated Products and Services）"。所有的服务在 2013 年被重新整合为一个独立的报告门类"iTunes，软件和服务"下，不再牵涉任何无关的"其他"收入，然后在 2015 年改为更符合经济概念的"服务"门类。按照苹果的广泛定义，"服务"不仅包括传统服务，还包括其数字内容商店的销售和许可收入。

服务的相对增长和盈利能力如果按目前的趋势持续下去，到 2030 年，可能会占到苹果收入的大部分。从理论上讲，这种转变应该强化苹果的整体经营。但是，当苹果将其未来押在服务上时，投资者在全盘投入之前需要等一等，原因有三个。

首先是苹果在服务领域的历史表现。苹果对如何报告服务业务的态度明显矛盾，部分原因是直到最近服务在其整体业务中还只占一小部分。但它也反映了苹果在这方面的各种举措的极不平衡，表明设计出色的配件所必需的技能和流程与开发有吸引力的服务之间有着不同的要求。就在 2015 年，一篇关于苹果如何成为世界上最有价值的公司的文章中，有一节题为"为什么苹果在提供线上服务方面做得如此糟糕"。

备受瞩目又令人尴尬的服务有不少。尽管大多数人都记得 2001 年 iTunes 的巨大成功，但苹果在 2000 年和 2002 年分别推出了在线服务 iTools 和 Mac 均收效甚微。前者是基于互联网的免费服务集合，后者是订阅产品，被吹捧为"互联网服务和软件的套件，为 Mac 用户的互联网生活提供了强大的工具"。这两个产品都受到不少抨击。2008 年，这些产品以 MobileMe 的名义重新推出，引发了史蒂夫·乔布斯的一个经典轶事。"谁能告诉我 MobileMe 到底是做什么的？"乔布斯在该服务几乎灾难性的首次亮相后对团队发问。亚当·拉辛斯基（Adam Lashinsky）在《财富》杂志上说，每当工程师想出了一个解释后，乔布斯就反问道："那为什么他妈的不这样做呢？"然后当着所有人的面直接解雇了这个团队的负责人。

4 年后，MobileMe 被撤下，关键功能被转移到了 iCloud 平台上。尽管 2011 年推出的 iCloud 服务今天被认为是成功的，但多年来它被可靠性和性能问题所困扰。其中一些可靠性问题到今天依旧存在，而且该服务也严重依赖 AWS。其他备受关注且表现不佳的服务要么花了多年时间才能稳定下来，要么干脆已被停用，包括 2012 年的苹果地图，首席执行官蒂姆·库克为此公开道歉，并在 2018 年重建后推出，还有 2010 年的音乐社交网络 Ping，所幸它的寿命很短。

第二，尽管苹果的服务总体上与实体产品相比保持着较高的利润率，但苹果希望一系列完全不同、财务状况各异的服务业务能在 2020 年成为 500 亿美元业务类别。举例来说，谷歌作为苹果平台上的默认搜索引擎，每年要向苹果支付数十亿美元的许可费，这导致了接近 100% 的利润率，利润具估计高达 100 亿美元。不幸的是，这一惊人的、具有独特价值公司整体利润的 20% 的收入来源，成为了美国司法部对谷歌反垄断申诉的标靶。相比之下，许多预计将推动苹果服务增长的服务类别是利润率低得多的业务。

自 2015 年推出以来，苹果音乐订阅一直是增长最快的服务之一。尽管苹果没有透露各细分市场的盈利能力，但直接竞品 Spotify 现在已经公开，其毛利率仅为 25%——Spotify 直接成本的 75% 中绝大部分是艺术家的版税，据说音乐公司从苹果提取的版税甚至更高。Spotify 的全球用户数约为苹果音乐的两倍，2019 年才首次实现收支平衡。所以这项业务不太可能为苹果带来利润。

最近，对预计服务增长最重要的部分来自 2019 年推出的苹果电视+（Apple TV+）视频订阅业务。与音乐服务的不同点是，苹果现在既做原创内容，也从既定版权持有人那里购买授权。相同点是苹果目前进入的这个市场中已经存在一个规模大得多的上市公司，这为风险投资的经济收益提供了预见性思路。我们在下一章会讨论奈飞和流媒体娱乐的经济效果，上一章也强调了

Prime Video 给亚马逊带来的成本，在这里我们只需说，苹果在这项服务中实现盈利的可能性比音乐还要小。

第三也是最后一点，我们回归到苹果品牌的性质和价值。苹果不是普通的品牌。正如拉里·埃里森（Larry Ellison）指出的，它是一个代表生活方式的品牌。但它也是一个全球性的奢侈品牌，而且是科技行业中唯一具备这种规模的品牌。这加强了我们所强调的其他结构性优势，并帮助我们理解该公司如何能够持续获得行业利润的超比例份额。虽然高端市场只占所有智能手机销量的一小部分，但通过主导这一市场，苹果能够维持高于安卓手机 3 倍以上的平均售价。

但是，奢侈品牌的一个关键特征是，它们很难扩展到其核心产品类别以外的地方，哪怕是非常接近的邻域。从苹果电脑到苹果手机的成功转型，帮助品牌成功地从台式电脑和笔记本电脑转移到 iPod 和 iPhone，同时加强了品牌概念的传达。但是，即使在扩大的潜在电子产品的范围内，将苹果光环投射到新产品类别的结果也是好坏参半。尽管不可能确切知道问题在多大程度上出在产品本身或品牌的局限性上，但多年来苹果在手表、电视、视频游戏机等方面的表现都令人失望。

iTunes 并不构成一个反例，因为它的服务与大获成功的 iPod 设备体验是紧密结合的。苹果音乐受益于目前已经暂缓增长的 iOS 用户群，并在其中保持着领先的份额，但作为一个与许多其他服务竞争的通用消费者音乐服务，它必须吸引大量的安卓用户才能达到整体竞争规模。因此，该服务必须尽可能地吸引其生态系统以外的用户，特别是要认识到能够通过所有智能设备收听该服务的重要性。

再说到无处不在的低价流媒体视频服务领域，苹果作为奢侈品牌的价值就更加脆弱了。这个领域中核心价值主张不是炫目的技术或设计，而是提供吸睛的专有娱乐内容。苹果没有开发此类原创内容的经验或记录，但它的主要竞争对手有。在内容生产方面，品牌从来与产品的成功没有直接关系。除了迪士尼或皮克斯在狭窄的儿童领域可能是个例外，无论是电影公司的品牌还是其母公司，都无法预测票房的成功。

同样，观众对特定的有线电视频道也没有什么忠诚度，而是对特定的节目有忠诚度。在流媒体服务中，情况基本上也是如此，订阅 HBO 是为了看《权力的游戏》。如果一项服务有定期提供令人满意的内容，它的品牌可能会在短时间内姑且赢得一些好处，但正如我们将在下一章更深入地探讨那样，即使是最成功的服务，其客户流失的程度也体现出品牌价值在这个领域的局限。

可以肯定的是，无论是 iPod 的 iTunes，还是 iPhone 的 App Store 和 iCloud，苹果都表现出了非凡的能力，能够开发吸引人的、提高核心产品感知价值的服务。但正如苹果推出的一般消费者服务所强调的那样，没有一个品牌强大到足以压倒新服务所处的竞争行业结构性经济。也就是说，显然是这种品牌的力量使投资者对苹果的看法从一个创新的产品公司转变为一个不可阻挡的平台，它未来向未知应用的扩展支持了今天超过 2 万亿美元的市值。

这一估值是反映了平台幻觉还是服务的真正潜力，部分取决于苹果能开发多少新的服务来有效提高其软硬件生态系统价值。苹果最近开始关注需要渗透到该生态系统之外才会有财务表现的服务，这表明了开发令用户上瘾的新技术的难度。这可能意味着，苹果的未来将取决于该公司是否仍有能力创造令人信服的新实体产品，并以此作为新应用的基础。

本章要点

1. 操作系统是典型的网络效应业务，连接着用户和软件开发商。在苹果大部分的发展历程中，由于疯狂坚持其专有软硬件产品的相互依赖，苹果在操作系统方面一直处于次要地位。虽然这种理念经常带来创新的工具和产品，但它削弱了苹果从中获利的能力。

2. 通过弱化执行信念的虔诚热情，同时保持其设计规程，史蒂夫·乔布斯曾通过放弃 PowerPc 芯片，采用更强大的英特尔技术并在其设备上支持微软的 Windows 系统来拯救公司，后来将其变成现在可能是世界上最具价值的公司。

3. 2008 年，App Store 的推出，开启了外部开发者孵化模式，与价值 200 美元的 iPhone 3G 连接，标志着公司命运的一个关键转折点。安卓系统需要与几十家制造商的产品兼容，这为苹果在利润丰厚的高端市场提供了多年的先机，使其在市场持续占据主导地位。

4. 与其他任何一家 FAANG 公司不同，苹果一直以来主要制造实体产品。自从联合创始人史蒂夫·乔布斯去世后，大部分的销量都来自一个产品：iPhone。

5. 由于没有新的变革性产品的预期，苹果将其增长押在了服务上。不过苹果在服务领域的过往经历比较复杂，许多预计增长所依赖的特殊服务本身利润就很低，面临着与专业公司的激烈竞争,是否在其消费电子领域的强大品牌效应中获得了帮助还要打一个问号。至于苹果是否能打破"面包机"的诅咒,在没有新的革命性产品的情况下可否将公司发展押在服务上,时间会告诉我们答案。

第七章
奈飞：内容从未且永不为王

第七章　奈飞：内容从未且永不为王

我们之前说到，一些评论家出于一系列不同的理由，主张将奈飞（Netflix）从FAANG中删去。一个简单的事实便构成了反对这一建议的最有力的论据，即如此多的其他FAANG成员似乎都想成为奈飞。亚马逊的Prime Video和苹果的Apple TV+是对奈飞城堡的直接攻击。尽管谷歌和脸书大多避免赞助竞争性的订阅服务，但两者都将视频内容作为各自企业战略的核心。

"内容为王"通常被视为一个不证自明的概念，被专业人士和公众普遍接受。这句话的来源，有的说是媒体大亨萨姆纳·雷德斯通（Sumner Redstone），有的说是科技偶像比尔·盖茨（Bill Gates）（其实都不是他们创造的）。实质上，在这句口号被赋予的不同内涵中，有的相互重复，还有的明显是谬误。其中最无害的是被用来强调一个无可争辩的观点，即受欢迎和有价值的娱乐内容确实是受欢迎和有价值的。有待反驳的解释是，在媒体和越来越多的技术产业价值链中，创造有吸引力的内容会带来超比例的价值份额。这与事实相去甚远。

萨姆纳·雷德斯通曾控股维亚康姆哥伦比亚广播公司

（ViacomCBS），进而控制了 CBS 电视网络和派拉蒙电影公司（Paramount Pictures），在他的自传中，他对内容的极端重要性的顿悟可以追溯到他早期发展电影放映业务的时期。雷德斯通意识到，"你可以拥有世界上最漂亮的剧院，但如果你没有一个火爆的画面，那就别想了"。这让雷德斯通又谈到了关于消遣式观影的更广泛的观点。"他们看的是上演的内容，而不是在哪上演！"他的结论后来成为他的口头禅："内容过去和现在都为王。"

仔细想想雷德斯通所用的电影院的简单例子，就会发现这个推理的缺陷。他的全美娱乐公司（National Amusements）连锁影院获得成功是因为它在大城市以外的东北地区市场占主导地位。雷德斯通是对的，你需要一部"热门"电影来吸引观众入座。但他获得最受期待的电影的能力，以及他能够为影院获得这些电影的条件，取决于他对于那些电影公司而言有多大的影响力。就像他对当地特许经销商、商业地产商甚至雇员的影响力一样，都是因为他是当地唯一的玩家。在这个行业被整合成 3 个巨大的、基本没有差异的连锁企业之前，在当地占主导地位的区域性连锁影院的利润率是知名度较高、竞争力较强、以大城市为重点的全国性连锁影院的两倍。

有许多不同质量的企业致力于创意内容的开发。然而，那些依靠定期制作热门影片——在某个特定季节吸引大部分注意力的"热门"大片——取得成功的企业都有一个共同的特点：财务回报随着时间推移越来越低。主要的问题在于缺乏进入壁垒，无法用资金换来下一次的走红。即便天才能够带来万无一失的成功，哪怕一个明星演员、作家或导演有良好的经理和经纪人为代表，这种投资回报仍然乏善可陈。最大的内容供应商所获得的微薄利润通常来自在营销和发行方面有规模的辅助业务的货币化能力。

奈飞的历史优势

但所有这些关于内容的讨论与奈飞有什么关系？简单来说，在近25年的历史中，甚至直到最近，它们和奈飞几乎都没有什么关系。事实上，传统媒体高管最初对奈飞的股价持续升值和用户加速增长的愤怒情绪反应，似乎正是因为奈飞不是一家内容公司。当前时代华纳首席执行官杰夫·贝克斯（Jeff Bewkes）将奈飞比作试图"占领世界"的阿尔巴尼亚军队，康卡斯特首席执行官布莱恩·罗伯茨（Brian Roberts）将该公司斥为"重播"电视时，距离奈飞在2013年首次推出其原创作品还有好几年时间。即使首席执行官里德·哈斯廷斯（Reed Hastings）在2011年宣布他打算资助一些原创剧集，他也确认这将始终代表奈飞整体体验的一个很小的方面。

"一般来说，我相信能力圈（Circle Of Competence），"哈斯廷斯当时向投资者解释说。"阅读一个剧本并猜测谁可能适合出演——从根本上说，作为一家科技公司……我们不可能建立起独特的组织能力。"他的结论再清楚不过了，"我们认为，我们最好让其他人承担创造性的风险"。

多年来，有很多观点——从2010年的惠特尼·蒂尔森（Whitney Tilson）到2019年的安德鲁·莱夫特（Andrew Left）的一众卖空者承担了昂贵的代价——认为奈飞不应该像现在这样成功和受到高度重视。但最初"奈飞悖论"的源头是，人们不相信像奈飞这样不生产原创内容的媒体公司能够蓬勃发展，而奈飞赖以生存的媒体内容巨头却面临着长期衰退。请记住，在《纸牌屋》播出之前，该公司实际上已经拥有与HBO一样多的美国用户，在2012年年底拥有近3 000万用户。

大部分时间里，奈飞的主要业务是聚合其他公司创造的娱乐内容，并将其作为订阅服务出售给消费者——首先是DVD邮件服务，然后从2007年开始，越来越多地作为流媒体服务（最早的主要订阅视频点播服务，英文简称SVOD）。在坚信"内容为王"的媒体文化中，纯粹的二手发行商会取得成功，这令人不可思议，而且坦率地说，还有点令人不安，特别是当本该流淌着创意之血的人却在追逐盈利时。

事实上，媒体行业的一个肮脏的小秘密是，价值创造的压倒性来源是内容聚合者，而不是内容创造者。早在1997年奈飞成立之前，那些只是聚合老电影、动画片或电视节目的有线电视频道的利润率比制作创意内容的电影公司的利润率高出许多倍。长期以来，尽管电影和电视公司在公众心目中的地位很高，但媒体集团的聚合和发行业务所产生的现金流却使其内容创作活动相形见绌。

2019年8月，哥伦比亚广播公司（CBS）和维亚康姆（Viacom）宣布以300亿美元合并，其子公司派拉蒙工作室（Paramount studio）自2015年以来就没有实现过盈利。尽管2019年早些时候围绕迪士尼710亿美元收购21世纪福克斯的公共讨论大多涉及对福克斯工作室《X战警》（*X-Men*）和《神奇四侠》（*Fantastic Four*）特许经营权与其他迪士尼的漫威（Marvel）多元宇宙联合

第七章 奈飞：内容从未且永不为王

的兴奋，但被收购业务的大部分利润来自其他方面——无论是迪士尼将被迫剥离的区域体育网络，还是被保留的国内外有线电视网络，对利润贡献远远超过了电影娱乐部门。同样，尽管10年前关于康卡斯特（Comcast）收购NBC环球的报道主要集中在柯南·奥布莱恩（Conan O'Brien）的职业前景和环球影业的调整上，但实际上，新公司82%的利润来自有线电视频道。

内容聚合业务在结构上优于内容创作业务，这不意外。媒体业务的经济结构与一般企业的经济结构没有根本的不同。最普遍的产业实力来源是供应方规模和客户占有率相互加强的竞争优势。内容创作本身并不适合这两种情况，而聚合则适合这两种情况。

以规模为例。由于制作一部大片的成本很高，人们认为这是一个规模化的业务。但通常，相对规模的好处来自最大的参与者能够最有效地分摊高额固定成本。电影制作则不同，一部大片的成本并不因制作它的工作室规模而变化。在任何媒体中创造热门内容，通常不需要大量的固定成本。成系列播出的、订阅的或其他类型的持续内容制作确实有较大的固定成本部分，但大多数大制作一开始都是特例而不是惯例。

另一方面，就其性质而言，聚合需要大量固定成本的基础设施来收集、管理、营销和重新分配内容。这就是为什么一个拥有2 000万用户的有线电视频道会亏损，而一个拥有1亿用户的相同频道可能会产生50%的利润。

客户占有——公司与消费者关系的"黏性"——也是如此。如果环球影业公司去年有一个成功的电影片单，那么客户今年就可能不再去看环球公司的电影。同样，系列电影或专营电影可能会有所不同，但内容产业的人才往往能从客户占有中获取好处。只要问问那些不仅负责吸引明星、还要吸引编剧和导演回来拍电影续集的制片厂高管就知道了，或者问问负责与《老友记》《生活大爆炸》等热门影视的演员们讨论新合同条款的制片人。相比之下，纯内容创作的公司缺乏对客户的占有，而有线电视频道和电视网络仍然享有令人惊讶的影响力，尤其是当他们威胁要将其转播信号从经销商那里撤走时。

过去，电影、音乐和图书行业的内容巨头可以获得卓越的回报。但它们的这种能力与内容为王毫无关系。这是他们聚合业务中固有规模和客户占有在发挥作用：他们往往将大规模的营销和分销网络以放高利贷一样的价格出租给较小的独立内容生产商。这些企业的衰落并不反映内容生产的性质发生了任何变化——该业务在当时和现在一样没有吸引力。相反，这些公司的衰落反映了它们在聚合方面丧失了优势——这一损失由外部因素和内部因素共同造成。

技术的进步是显著的外部力量。主要的图书出版商不得不处理巨大、空了一半的仓库和分销设施，其中一个原因是，更多的书被以电子方式交付。在这一点上，技术对音乐产业的影响也很有传奇色彩，但现在各公司已经发现了一个可持续的无盗版数字发行定价模式，音乐产业业务得以复苏，不过与1999年的高峰期相比，规模依旧较小，利润也较低。没有了与生产和分销CD以及在淘儿唱片（Tower Records）管理货架相关的固定成本要求，音乐领域的进入壁垒已经不复从前了。竞争加剧的弊端根本上超过了固定成本降低给老牌企业带来的好处。

如果因为媒体行业管理者无法控制的技术发展而对其放任自流，那将是一个错误。在媒体这种行业中，少数大型企业共享同

第七章 奈飞：内容从未且永不为王

样的规模优势，长期成功的关键是避免在定价、成本和生产能力方面的破坏性竞争。在MCA唱片/环球音乐首席执行官卢·沃瑟曼（Lew Wasserman）的时代，作为一个媒体大亨意味着施行一种信息合作的文化，在这种文化中，守住利润底线比服务同行更重要。沃瑟曼并不是像多位传记作家所说的那样是"最后的大亨"，但他可能是最后一个认为大亨的决定性天赋不是以最高的竞价获得最热门的人才、技术或资产的人。同样，无论技术环境如何，以传统的方法——过高的报酬——从竞争对手那里"窃取"知名作家或音乐家的版权的想法和做法将永远无法为其股东赢得体面的回报。正如我们即将讨论的，与流媒体战争相关的新兴行业文化似乎更是如此，与卢·沃瑟曼当时施行的文化已经不一样了。有趣的是，图书行业的文化似乎已经朝着更有利于股东的方向发展了。

因此，很难说奈飞在流媒体视频领域的早期成功是自相矛盾的。该公司完全继承了最成功的媒体企业的传统：是规模经济和客户黏度的聚合者。奈飞利用自己在传统DVD订阅业务中的领先地位，迅速在流媒体业务中形成规模。2008年还只有不到900万用户，当时它开始为现有客户提供直接连到电视的视频流[1]。此举加速了用户的增长，并支持了2010年推出的纯流媒体服务。奈飞将内容、营销和技术的固定成本分摊到其用户群的能力远超其竞争对手，这种能力不断地被卓越的客户服务，强大的推荐引擎和出色的、习惯养成的产品进一步加强。

即使奈飞的商业模式并非原创，但它的一些文化和结构方面确实有别于大多数媒体公司。在文化方面，它是一个非常好的

---

1. 视频流（Video Streaming），指视频数据的传输。

公司，一直以其运营效率和对客户的关注为荣。首席执行官里德·哈斯廷斯（Reed Hastings）2009年关于奈飞企业文化的128张幻灯片演示文稿，在2017年被更新并转化为10页的散文时，已经有超过1 500万人看过，但估计不是所有员工都看过。哈斯廷斯与一位声名显赫的商学院组织行为学教授合作，将这些观点写成了一本畅销书并于2020年出版。

相比之下，媒体内容公司似乎向来认为，效率要么意味着缺乏对艺术完整性的保证，要么是在某种程度上不重要。媒体发行公司，尤其是有线电视和电话市场，是所有行业中客户关系最差的：有线电视公司的核心服务、互联网服务的提供和订阅电视绝对是美国客户满意度指数调查的46个行业中最差的。而大多数媒体聚合者，如有线电视频道，在结构上是作为批发商，其客户不是个人消费者，而是管理通往家庭物理管道（或卫星传输）的分销商。奈飞是少有的自己管理直接客户关系的聚合商，这使得它既能在客户服务方面表现出色，又能通过利用客户的反馈来完善产品。

这些公司特征不寻常，但也不难理解。媒体分析师克雷格·莫菲特（Craig Moffett）在十多年前提出"笨管道悖论"（Dumb Pipe Paradox）一词，称消费者习惯从有线电视转向在线视频流实际上可能会改善有线电视运营商的经营状况。莫菲特正确地指出，如果有线电视公司能够根据视频流的直接带宽使用量向客户收费，而不需要投资有线电视盒，那么他们的情况会好得多。然而，这似乎只有在媒体行业是一个悖论，拥有进入家庭的独家宽带管道在使用量爆炸性增长的时候会带来好生意。依靠笨重的管道而不是昂贵的内容或人才，总是更明智的选择。

第七章　奈飞：内容从未且永不为王

内容究竟是王还是空中楼阁[1]

自《纸牌屋》在奈飞首次亮相以来的几年里，奈飞一直在经历爆炸性增长。2013年至2019年，奈飞的收入从不足50亿美元增长到超过200亿美元，其全球用户数从3 200万增长到近2亿，国际用户现在占其用户的绝大部分。新冠疫情的第一年，奈飞又增加了3 660万用户，使其用户总量轻松冲破了2亿大关。期间发生的最大转变是奈飞对原创内容的依赖。2016年，该公司正式宣布了一个"多年的转型和升级"，要让原创作品占其内容服务的半壁江山。2018年，奈飞新更新的内容中原创内容首次占据了大半，相比2016年翻了一倍。

这些发展使一些观察家总结道，里德·哈斯廷斯对两方面的看法有了根本的改变，一方面是承担"创意风险"业务的相对吸引力，另一方面是公司竞争优势的核心来源。然而这两个都是不成立的。

一个成功的、有规模的内容集成商进入内容制作领域只有一个原因：竞争的加剧使它别无选择。有线电视频道所有者集体认识到有必要增加对原创内容的投资，这反映了在日益增长的OTT

---

1. 原文为 A House of Cards，直译为纸牌房子/纸牌屋，实际意思是不可控的、不稳定的投机性计划。这里英语是一个双关，也指电视剧《纸牌屋》(House of Cards)。此处因"纸牌屋"一词在中文中无法引起英文引申义的想象，故译为空中楼阁。

流媒体[1]替代品和经销商影响力减弱的情况下的商业需要。相应的利润率下降,以及更急剧的估值倍数下降,是可预见的结果。与其他选择相比,承担创造性风险可能是正确的战略选择。但这并不能使奈飞比以前更好。相反,它表明奈飞的状况变差了。

苹果 TV+、迪士尼+、NBC 环球的 Peacock、ViacomCBS 的 Para mount+,以及高调的原创内容订阅视频点播(SVOD)服务"初创"企业 Quibi,都在 2019—2021 年借助昂贵的、受名人效应驱动的原创内容和广泛的营销活动闪亮登场。AT&T 旗下的华纳传媒在 2015 年推出了 HBO 的 SVOD 版本,名为 HBO Now,也在 2020 年推出了一个名为 HBO Max 的增强版,将可观看内容增加了一倍,但价格保持不变。在那时,每年制作的原创剧本剧集数量已经超过 500 部——是 10 年前 210 部的两倍不止。各种流媒体服务,包括奈飞以及亚马逊 Prime 视频、Hulu 和 CBS All Access,对内容制作的探索都比广播电视、基本有线电视或高级有线电视要多。在越来越多的流媒体公司中,只有 Quibi 没有财大气粗的母公司,在几个月内烧掉了近 20 亿美元后,它也已经偃旗息鼓。其余的公司仍在激烈争夺着最富前景的内容和最具创意的管理人员和艺术家,这场竞赛看不到尽头。

在这种创意产出的快速扩张中,赢家是观众和人才,但不是股东。当前无疑是电视的黄金时代。然而,如前所述,媒体集团避免相互抢夺人才的体面时代早已结束。这种竞争强度出现暗黑转变的契机,是 20 世纪 90 年代初鲁珀特·默多克(Rupert Murdoch)粗暴地推动其麾下新生的福克斯广播公司进行扩张。

---

1. OTT(Over the Top),OTT 流媒体指通过互联网直接向观众提供的流媒体服务。

第七章 奈飞：内容从未且永不为王

默多克在体育和其他内容的版权、人才和地方台的附属关系方面发起了前所未有的竞价战。但现在的竞争范围和规模是前所未有的。这些发展在很大程度上解释了为什么默多克——作为同一代大亨中最狡猾的人——决定基本退出这个行业，让那些留下来的人竞相抬高他在过去35年中积累的资产价格。

对热门节目或顶级明星、编剧或导演的服务进行竞价即使在财务上具有破坏性（在流媒体战争中被变得前所未有的极端）但已是这个行业由来已久的惯例，真正的瓶颈已经变成能够有效管理产出量的制作人和节目主持人。和瑞安·墨菲（Ryan Murphy）、格雷格·贝兰蒂（Greg Berlanti）、J. J. 艾布拉姆斯（J. J. Abrams）和尚达·莱姆斯（Shonda Rhimes）等久经考验的大制作负责人敲定的数亿美元大单，这反映了现代产业所依赖的"人才"属性已经发生变化，并在不断扩大。

鉴于这些持续的趋势，很难为股东设想一个幸福的结局，尽管2020年不仅是奈飞，还有迪士尼的股票表现都很出色。看看奈飞现有流媒体竞争对手的惨淡经营就会知道，尽管有其结构性优势，但奈飞积极投身内容创作竞争绝不是个好消息，同时也能看出奈飞的新服务在市场上面临着多么艰难的考验。Hulu最初是新闻集团和NBC环球公司的合资企业，后来迪士尼和时代华纳先后加入，它于2008年面世，2010年增加了订阅服务，并在2012年开始在赞助者提供的许可内容之外开发原创内容。亚马逊的Prime配送服务在2011年增加了免费的流媒体视频产品，2013年开始制作原创剧集，在2016年将Prime Video作为一项独立的服务在全球推出。

2018年，Hulu拥有2 500万美国国内用户，低于奈飞当时的5 800万美国用户。就在几年前，一位受人尊敬的华尔街研究分析师基于对 2018 年用户相当保守地预测,认为 Hulu 的价值为 250 亿美元。但该分析师还假设 Hulu 2018 年会实现盈利。事实上随着用户数量的增加,公司已经加速亏损,亏损金额远超 10 亿美元。

迪士尼在 2019 年获得了 Hulu 的运营控制权,这笔交易确保了康卡斯特(NBC Universal 的股东)的股份估值达到至少 275 亿美元。除了收购价格高得惊人之外,这笔交易还允许康卡斯特在 2020 年推出自己的专有流媒体服务 Peacock 时使用 NBC Universal 的内容。此外,从 2022 年开始,这些内容可以完全从 Hulu 撤出。值得注意的是,股东们早先为抛售亏损的 Hulu(当时的价格仅为康卡斯特买入价格的一小部分)所做的各种努力都无功而返,正是因为股东们不愿意继续在 Hulu 上提供自己的独家内容。

鉴于亚马逊 Prime 业务整体的经济状况有些不透明,因此 Prime 视频的实际经济状况更难辨别。但根据目前对两者的了解,很难相信其财务状况会比 Hulu 好。Prime 最初于 2005 年推出时,提供免费的次日达服务,年费为 79 美元。众所周知,Prime 会员资格对购买行为的影响是巨大的,但如果不知道这种购买是如何进行的——是许多低利润的小订单还是高利润的大订单——就无从评估 Prime 的盈利能力。Prime 视频的财务影响更难评估。在推出免费视频之前,Prime 会员的购买倾向变化就已经很明显了。因此,为了能够使得 Prime 视频有经济意义,需要根据盈利性购买增量、新增会员人数以及对现有会员的增量影响来证明。

Prime 会员的数量已经从 2011 年的约 500 万增长到今天的 1 亿多。如何确定其中有多少是可归因于视频服务,而不是核心的免费送货或其他如免费音乐流媒体等后来陆续添加的福利?众所周知的是,根据路透社在 2018 年获得的一些亚马逊内部文件,真正观看视频的 Prime 会员人数不到三分之一——比如今实际支付 Hulu 订阅费用的 2 800 万人多不了多少。然而,亚马逊 2018 年的内容支出约为 50 亿美元,是 Hulu 的两倍。而且,考虑到高达 85 亿美元的米高梅收购案,亚马逊似乎致力于通过不断扩大内容预算来追逐其当前和未来的 SVOD 竞争对手。

鉴于 2019 年至 2021 年陆续新增五家新 SVOD 服务商,他们的活跃将进一步增加奈飞对开发自主原创内容的需求和开发成本将进一步增加。除苹果 TV+ 外,这些新的竞争对手都是由奈飞过去的独家内容重要来源公司所拥有,这意味着这项服务亟须进一步提升开发原创内容的需求和成本。更重要的是,奈飞现在已经决心进军另一个甚至风险更大的创意内容行业:电影制作。

鉴于电影在付费电视中一直占有超比例的收视份额,奈飞在 2015 年决定开始资助原创电影也是可以理解的。即便如此,但电影制作与电视剧制作是非常不同的。这种财务和运营的重要差别使所有大型电影公司向来保持基本独立的运营。更重要的是,想在短短几年内从以订阅者利益为目标的小规模电影制作变为几乎最大的单一电影制片厂,制作艺术电影以及各种类型的大片,这是一项艰巨的任务。我们来说一个极具警示意义的历史教训。很多文章描述了迪士尼在迈克尔·艾斯纳(Michael Eisner)和弗兰克·威尔斯(Frank Wells)领导下扭亏为盈的故事。然而,人们没有意识到,威尔斯在任职 10 年后不幸去世,艾斯纳则留任了 20 多年,但迪士尼大部分出色的股票表现都发生在他们上任之前的 5 年。在这之前,迪士尼推出了以《小美人鱼》和《美女与野兽》为代表的新一代动画电影,许多人认为这才是该公司复苏的主要动力。当威尔斯和艾斯纳在 1984 年来到这里时,公司处于亏损状态，很少制作电影。1988年，它成为第一大制片厂，拥有约20%的市场份额。这样的成就是源于制作特殊种类的电影，使用的是派拉蒙团队带来的非常特别的剧本——剧情紧凑的故事驱动型影片，采用未被发掘或需要"再发掘"的低成本影视人才。在1995年购买了美国首都传媒公司（Capital Cities/ABC）连同其所谓的协同电视工作室之后，迪士尼在接下来的5年里市场份额稳居首位。但它需要3倍于此的电影数量来实现大致相同的市场份额。而到了2000年，制片厂的盈利能力远远不到1988年的3倍，这是因为其出产的电影大部分都是明星驱动或特效影片。

这里的寓意并不是说奈飞不应该大量投资于原创作品。事实上，在竞争激烈的情况下，扩大其相对规模，提高进入市场的固定成本价格，是非常合理的。而相比于非授权产品，原创产品能为竞争性服务保留版权之外的优势。尽管也有像奈飞最近为获取《宋飞正传》(*Seinfeld*)参与的高调的全球版权交易，大部分的内容版权都是在当地授权的。随着奈飞走向全球，越来越多的国际竞争者希望为自己锁定本地流媒体版权，这也证明了公司向全面自有内容的转变是正确的。

但是同样地，某件决策与其他选择相比更具有战略意义并不意味着这一定是个好消息。而且正如迪士尼早期在大制作探索经历显示的那样，电影业务不会自然而然就扩大规模。奈飞如何管理所设想的前所未有的产出增长将决定这件事会有多糟糕。在2016年底的一次采访中，里德·哈斯廷斯将每小时预算约为1 000万美元的"最高端电视剧"与"预算为每小时1亿美元制作成本"的高端电影进行了对比。他预计，"我们将能够在未来几年内搞定2 000万美元的电视剧"，但他坚持认为，他们没有能支持每小时1亿美元制作的配置。然而，从2019年开始，奈飞已经发布或宣布了多个达到或非常接近这一水平的项目。

长期担任内容主管的泰德·萨兰多斯（Ted Sarandos）在2020年升任联合首席执行官，也清楚地点明了奈飞的未来走向。奈飞的组织结构是否准备好应对他们这些雄心壮志带来的一系列业务挑战目前还不明确。迄今为止，奈飞一直非常善于应对各种新挑战。但在内容制作方面，效率历来是通过内容体裁和受众的专业化来优化的，而不是绝对的总产量。

奈飞的全新优势？

这一切对竞争优势的来源和强度意味着什么？简单地说，并不意味太多。绝大多数已发生的变化并不有利于发展。

从那些陷入了平台幻觉魔咒的评论家数量中很难认识到这一点。他们现在认为奈飞有很大的竞争能力，远远超出了它长期以来享有的规模（传统的以成本为基础的供应方）和客户占有的组合优势。最常提到的两个额外的竞争优势是网络效应和通常被归为平台业务的技术驱动的学习优势。

2019年，德意志银行将奈飞的股票明确升级为"买入"评级，因为它认为该公司现在已经取得了平台地位。其首席分析师布莱恩·卡夫（Bryan Kraft）认为，"平台地位带来了同行和竞争对手所没有的网络效应"。并不是只有他一个人认为奈飞从巨大的网络效应中获益。事实上，这种观念似乎已经成为大众和学术界的共识。在《平台革命：网络化市场如何改变经济以及如何使其为你所用》(*Platform Revolution: How Networked Markets Are Transforming the Economy and How to Make Them Work for You*) 中，三位咨询师和学者同样认为奈飞具有强大的网络效应。关于奈飞公司显示出强有力的网络效应有直接效应和间接效应两种观点。

间接的观点是将奈飞描述为一个市集企业，即其吸引人才和内容的能力是由观众数量的增加所推动的，反之亦然。德意志银行的卡夫认为，"吸引人才的是奈飞不断增长的全球观众"，以及它随之不断扩大的"在流行文化中的角色"。但抛开这个牵强的比喻，同其他投资于产品以吸引更多客户的企业相比，奈飞不再像一个"市集"。

卡夫还表示，该公司已经变得如此成功，以至于它现在有资格被称为"全世界人的文化必需品"。这种关于直接网络效应的论点——产品让观众满意仅仅是因为已有的观众数量——因为有一些实证支持而比较讨巧。"饮水机效应"的存在已被证明适用于影院的电影消费，没有理由认为它不会适用于奈飞的观众。然而也没有理由认为这种效应是显著的，或者哪怕不需要持续生产新的流行品，这种效应还会持续存在。

还有一个直接的网络效应有时也会被提及，即每个新用户给服务带来的用户数据增量。有人认为，这使奈飞能够为每个人改进服务，进一步转动成功的飞轮，使其他竞争对手望其项背。虽说可能会有语义上的区别，但新用户的加入并没有带来改善。奈飞是如何挖掘他们的数据来改善服务的？奈飞将机器学习和人工智能应用于其无与伦比的用户群，能从中获得哪些确切的学习收益，这是我们现在要讨论的一个重要问题。但这并不等于网络效应。

值得注意的是，奈飞自己在很大程度上回避了网络效应的说法。里德·哈斯廷斯把奈飞这样拥有"正常规模经济"的公司和"领英和脸书这样存在网络效应的罕见企业"进行对比。这并不是公司为了往网络效应方面努力。数字内容企业通常会尝试创造某种社交元素，以产生网络效应，增强客户黏度——然而，很少有人能够成功。"多年来，"奈飞公司沮丧地承认，"我们已经尝试了各种方法来使公司更加社交化。"

甚至可以追溯到邮寄 DVD 的时代，奈飞试图通过在 2004 年建立 Netflix Friends（奈飞好友）来创造"自己的社交网络形式"。该项目允许会员邀请其他会员加入他们的网络，在那里分享对电影的评价和意见。尽管从未获得成功，公司仍将这项服务维持到 2010 年才停运。奈飞后来又建立了一个与脸书 Friends Connect 整合的计划作为替代方案。由于"用户不感兴趣"，这项服务于 2011 年被叫停。2013 年，马克·扎克伯格亲自参与设计并推出了一个名为奈飞社交（Netflix Social）的新项目。根据奈飞的说法，这种整合也"不受欢迎，所以我们在 2015 年关闭了这个功能"。奈飞甚至在 2018 年悄悄地全面取消了用户评论。哈斯廷斯最终将他对网络效应的徒劳追求描述为"竞争幻想"。撇开网络效应不谈，从奈飞独特的"大数据"库中能产生的竞争优势分为两大类。第一个是关于它如何管理客户体验，主要是基于它推荐用户观看的方式和内容。第二是关于公司持续制作热门节目的能力。第一个虽是老生常谈但至少是真实的，第二个则基本上是无稽之谈。

早在成为流媒体服务商之前，奈飞就积极有效地利用客户数据,开发了一个强大的推荐引擎。这套算法有两个优点。首先,最明显的是它通过不断提供最令人感兴趣的 DVD 选择,提高了客户满意度,减少了客户流失;其次,由于提供新片的成本要高得多,公司可以通过推荐符合用户兴趣的旧片来维持满意度并降低成本。

在流媒体时代,奈飞有更多的数据可以利用。它不仅知道你在哪些标题间徘徊,还知道你是否和如何观看它们。该服务可以跟踪你的光标移动,以了解你考虑过但决定不看的内容,以及每一个暂停、快进和你不愿勉强看完的节目。它甚至知道你用什么设备来观看。通过在其用户群中进行不懈的 A/B 测试,奈飞独特的产品定位,不仅在于它完善了推荐功能,它甚至可以优化在哪个设备上向哪位用户展示哪部预告片。正如奈飞有点过于喜欢描述的那样,有多少用户就有多少定制的"不同版本的奈飞"。

毋庸置疑,流媒体平台的迅速扩张提升了数据总量及其复杂性,真正提高了服务的黏性,无论是相对于其他服务还是相对于其本来的情况。人们希望能够衡量的是,"大数据"所带来的积极属性,用户对于服务的保留具有怎样的精确增量倾向。但是,其他移动变量的数量——定价、服务的内容以及市场的竞争性替代方案,等等——使得单独分析这些因素变得相当具有挑战性,尤其是从外部来看。奈飞公司在 2010 年决定停止披露客户流失率,甚至面对美国证券交易委员会的阻力,提出了似是而非的理由:客户流失率不足以作为"衡量业绩的可靠依据"。

想想其他订阅产品所经历的流失率浮动,就知道消费者(与企业相比)有多么善变,其中 OTT/SVOD 产品的流失率是最高的。据估计,奈飞的年度用户流失率大多在 20% 到 35% 之间。

第七章 奈飞：内容从未且永不为王

一些研究表明，即使这个流失率在浮动范围的高点，也比许多其他SVOD服务的流失率低得多。但这仍然意味着，即便假设流失率为25%，以2021年奈飞全球会员数超过2亿为基准，仅仅为了保持平稳，奈飞每年需要吸引超过5 000万的新用户——远远超过Hulu的用户总数。如果我们只关注约7 500万美国用户，他们需要近2 000万新用户才能保持平稳——比ViacomCBS报告的CBS All Access和Showtime在其运营的前6年中获得的用户总数还要多。ViacomCBS后来已经将CBS All Access并入其2021年SVOD流媒体大战的Paramount+中。

但这并不是说，花时间去全面重新评估客户数据的价值以优化客户关系管理是不值得的。事实上，在这样困难的市场中，每个细节都更加重要，有时意味着企业的存亡之别。但是，在没有大数据的情况下，由于我们不知道客户流失率会是多少，所以很难得出确切的结论。尽管奈飞利用从客户数据中获得的洞察力提高了客户保有率，但很难让人相信大数据在这个用例中能从战略上改变游戏局面。毕竟，内容订阅主要是关于内容的，再多的大数据也无法改变这一点。

那么，在奈飞需要越来越多原创内容的情况下，大数据如何改变奈飞以更低的成本提供更有吸引力的内容的能力？与传统观念相反，答案是几乎完全没有改变。

首先让我们说说原创作品，以及在吹捧奈飞明显有能力通过算法产生热门作品的叙事中的不实之处。这一切都要从奈飞的第一部大作《纸牌屋》的故事说起。正如《纽约时报》著名的大卫·卡尔（David Carr）所描述的那样，由于大数据和人工智能所赋予的结构性优势，奈飞能够谨慎地出价购买两季剧集——总共 26 集，据说耗资 1 亿美元——甚至连试播都没有。在这种情况下，竞争对手不了解 3 个关键数据，而这些数据使《纸牌屋》一炮而红：大卫·芬奇（David Fincher）导演的电影、凯文·史派西（Kevin Spacey）主演的电影以及 BBC 的《纸牌屋》系列原作在奈飞观众中广受欢迎。"有了这 3 个兴趣圈，"卡尔说，"奈飞能够找到维恩图的交叉部分，表明购买这个系列将是一个非常好的赌注。"

如果不是不同版本的故事反复出现，这种说法都荒谬到让人觉得没有反驳的必要。这种有选择地对成功创意项目的事后解释，从一开始就昭示着错误的预测。产品爆红之后的后见之明，与失败之后的鸦雀无声没什么两样。

在《纸牌屋》大获成功后不久，奈飞投入拍摄一部比它贵两倍的剧集——《马可·波罗》（Marco Polo）。据报道，由于在中国拍摄的费用过高且工作复杂，最初的买家 Starz 撤资了，前两季每季 10 集的拍摄费用为 1 亿美元。当该节目被取消时，没有人指出算法的失误。确实，（奈飞）最初对于这一沉重的财务负担做了解释，但这些解释有一种非常典型的好莱坞味道。虽然没有任何成熟的明星，但该剧确实与 HBO 流行剧集《权力的游戏》共享一个执行制片人，内容负责人泰德·萨兰斯解释说："这是奈飞会员喜欢的那种扣人心弦的动作冒险片。"

《马可·波罗》是奈飞最早被取消的剧集之一。至少在早年间，奈飞相对不愿意取消剧集，这常常被看作是它识别热门节目能力的证据。公司声称，93% 的情况下会续订自制剧集，而传统电视台只有 33%。这种差异，至少之前是真实存在的，但反映出的是奈飞是（与电视台）不一样的企业，要解决的也是不同的经济结果。

第七章 奈飞：内容从未且永不为王

电视网络需要一定的全国收视率，以便为自己和其广播附属机构创造足够的广告收入。一些免费的流媒体服务商也依赖广告——即所谓的 AVOD 服务，还有一些如 Hulu 在内的服务商追求混合模式。尼尔森（Nielsen）收视率服务机构称，2024 年将开发出全新的收视率指标，将数字和传统的观看方式结合起来。但这些都不影响奈飞这种纯粹的 SVOD 业务。奈飞管理的用户被它组织成不下 1 300 个不同的"品味社区"，并希望给他们提供足够的选择，让他们感到满意。它不卖广告，也不需要报告使用情况，但问题是它在玩多渠道的长期游戏，既要为各种细分兴趣提供足够的选择，同时也要有一些更大众的流行内容。要了解需要多少这样的内容来保持用户的参与，大数据当然能够起到帮助作用。

使用数据来帮助娱乐业高管更系统地选择项目，已经有近半个世纪的历史。使用传统的统计技术来寻找确定变量之间的历史关系已经让位于"神经网络"，在这种网络中，可以将大量的原始数据无差别地输入计算机，以确定相关的关系。十多年来，各种人工智能初创公司既吸引了资金，又收获了制片厂客户，而且新生公司也保持同样的趋势。

然而，所有这些都面临着两个基本限制。首先，他们无法解释用户品味的变化。其次，潜在相关变量的数量（数十万种可能性）远大于历史数据点的数量（仅有数千部电影或系列）相形见绌，不可避免地会得出不实的相关关系。其中一些可能有助于优化营销和分销决策，这也是多年来这些不同的"黑箱"（Black Box）方法被使用的主要原因。

然而，几乎没有证据表明在任何有实质意义的创造性领域中存在基于算法的"热门制造机"。杰夫·贝索斯设想可以利用大数据和众包,将原创内容的点击率从10%大幅提高到40%。他最终放弃了对这个科学工作室的设想,取而代之的是他自己对所有他眼中成功节目均具备的12个要素的即兴阐述。正如旧社会的制片厂主管喝令员工"拿热门来!",贝索斯对这句老话有个现代版的诠释:"我想要我的《权力的游戏》。"

有趣的是,随着奈飞开始有选择地报告其收视率最高的节目"点评"数据,公司在其业务上的根本差别变得更加明显。它过去几年中收视率最高的节目——2018年与桑德拉·布洛克(Sandra Bullock)合作的电影《蒙上你的眼》(*Birdbox*)和2019年与亚当·桑德勒(Adam Sandler)和詹妮弗·安妮斯顿(Jennifer Aniston)合作的《谋杀疑案》——在评论家和观众中都不"受欢迎",至少Metacritic和烂番茄(Rotten Tomatoes)上的冷淡评论可以说明这一点。这两部电影如果在电影院上映,是否会获得成功,现在还无从知晓。相反,如果像《猫》或《多力特的奇幻冒险》这种近年来备受关注但惨淡收场的大预算项目是在奈飞上发布,它们可能会吸引足够的好奇,被捧为大热门。好吧,《猫》可能不行。

《蒙上你的眼》和《谋杀疑案》属于中等预算影片,既不是续集,也不是衍生片,即使是在有一个人气明星(或两个)的情况下对于影院发行来说已经不划算了。奈飞证明了至少在美国国内对此类影片仍有需求。大数据没有做也不会做的,是给出如何做好这类影片的模板。

哈斯廷斯在2020年与艾琳·梅耶教授(Professor Erin Meyer)合作出版了关于公司文化和管理理念的书《不拘一格:奈飞

的自由与责任工作法》(*No Rules Rules: Netflix and the Culture of Reinvention*),书中包含了许多关于公司内编程决策的轶事。这些描述中最值得注意的是,数据在实践中发挥的作用似乎很小。以儿童节目为例,哈斯廷斯长期以来一直认为这些内容既不能吸引新的用户,也不能在保持现有用户方面发挥多大作用。改变他想法的显然不是大数据,而是在一次员工会议上,家长们分享了在他们自己的订阅决策中获得可信的无插播广告内容的重要性。基于印度的小型动画片《威武小神童》(*Mighty Little Bheem*)开发一个全球特许经营项目的最终决定,是大范围战略需求的结果,而不是人工智能。事实上,最终的决策者注意到"缺少学前教育节目的历史数据,哪怕是在印度国内"。

截至2020年,尽管奈飞的大部分新内容都是原创节目,但绝大部分观众收看的仍然是授权内容版权。原因显而易见,人们只会购买那些已经被证实受欢迎的内容。在尼尔森(Nielsen)和康姆斯克(Comscore)等数据和研究服务机构中,电影和电视节目的受欢迎程度以及其观众的人口统计学特征广为人知。奈飞可能更了解自己用户的喜好,以及向特定用户推荐什么。但是,至少在美国,奈飞的用户群看起来越来越像它接近饱和的整体市场,所以很难说它对授权什么节目有更深的洞察。

对奈飞来说,好消息是——即使它仍然没有从有意义的网络效应中受益,而且大数据的增量效益可能有限——它仍然是一家经营得非常好的公司,具备真正的规模和客户占有。而且它是一种商业典型代表,是新冠疫情的受益者,全球各地的追剧观众被困在家中导致了前所未有的订阅数量。虽然其中有一些属于提前支取了他们后来会得到的用户，但越来越快的永久"掐线"[1]行为为 SVOD 行业提供了长期的结构性支持。

坏消息是，所有其他的 SVOD 服务也从这场疫情中受益，在不到两年的时间里，奈飞的相对规模从几乎占美国 SVOD 用户总数的一半下降到仅有四分之一。尽管奈飞提高了玩这种昂贵游戏所需的固定成本，但许多新入场的竞争对手资金也都是最充足的，这也加剧了这种挑战。这对新加入的 SVOD 公司造成了灾难性的财务冲击，但这并不能缓解奈飞的困境，尤其是这种挑战并没有限制其竞争对手在可预见的未来持续获得资金供应。尽管数据资产使奈飞能够提高客户占有率，但这些竞争对手的出现表明这一层面的优势也被削弱了。

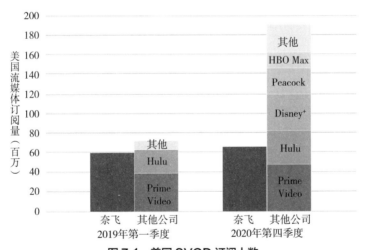

图 7.1　美国 SVOD 订阅人数
奈飞 vs. 其他（2019 年第一季度—2020 年第四季度）

资料来源：HarrisX, MoffettNathanson。

注："其他"包括 CBS All Access、Showtime 和 Apple TV+。

---

1. 掐线（Cord-cutting），这里指取消有线电视（付费频道）等。

第七章 奈飞：内容从未且永不为王

内容困局

在媒体行业中，内容业务向来引起巨大的兴趣，但产生的回报较少。随着时间的推移，大部分的价值份额（至少是在人才分红之后剩下的价值）总是掌握在聚合者和发行者手里，因为这些企业的产业结构本身具有规模和客户占有等竞争优势，而内容创作却没有。相较于仅由追逐热门的工作室和出版商带来的内容创造，持续生产内容能为规模和吸引力带来更多的机会。但即使是这种形式的内容，也很少能产生最佳的聚合和分销业务所拥有的吸引力。

数字技术总体上降低了内容创作的进入壁垒，因为它减少了固定成本，并使之更容易转换，使得最近竞争优势脆弱的在位企业努力使用新发现的数字能力寻求替代性的潜在壁垒。例如，利用数据来提高绩效，或建立直接的消费者关系和个性化产品。

这个过程在每个传统的媒体内容部门都有不同的表现。但到目前为止，这些反作用力对整体利润率的影响似乎在大多数热门行业中都可以忽略不计。音乐、图书和电影的利润率在过去几年里波动较大，但倾向于保持在一个它们一贯所在的固定范围内。这在某种程度上并不令人意外。热门内容创作本来就不是什么大生意，因此没有什么下行的空间。有良好代表且久经考验的人才有能力确保"背后的大佬"——无论是在数字领域还是模拟领域——不会有太多的损失，这决定了好的方面是有上限的。

然而，企业越大，摔得越狠。当数字入侵威胁到有利可图的内容聚合者时，坏的方面就会显现。如果你的最佳防范是更积极地投身于一个不太有吸引力的业务——内容创造，不可避免地就会迎来利润率的压力。这就是最大和最成功的内容聚合企业及有线电视频道所经历的，他们面临的选择是要么成倍增加内容支出以尽可能多地保留发行量，或干脆放弃产奶的羊，榨干剩余的现金流。

在奈飞的案例中，最初进行数字化的决定得益于急速扩展的潜在目标市场。但是，即使在引入内容之前，它也确保了自己的业务会更具竞争力。百视达（Blockbuster）错过了将奈飞扼杀在摇篮中或收购它的机会，奈飞后来建立起的区域分销中心以及赢得的客户忠诚度，使得任何想要取代它在DVD邮寄业务中主导地位的努力都会功亏一篑。奈飞意识到，如果它停滞不前，其他流媒体竞争者终会出现，蚕食其主导的DVD通路。凭借其庞大的安装基础和在线客户管理、营销以及与内容所有者谈判的特殊组合，奈飞最终受益于一个被广泛提及但很少实际发生的现象：先发优势。

这种优势的关键不在于最先出发，而在于规模的获取。通过先发制人迅速获得规模的能力需要相对稳定的产品/市场匹配和技术。如果这两方面都有很大的波动，客户就有可能在签约前规避风险，从而使勇敢的先行者面临重大挑战。这就是为什么大多数市场的赢家是那些让别人为他们进行有效免费的研发，并且只有在对需求和技术要求有了更多的了解后才进行大量投资的人。

奈飞已经对所有这些关键问题有了深刻的认识。它向消费者销售娱乐内容的经验绝对是独一无二的，而谷歌在其推出流媒体

第七章　奈飞：内容从未且永不为王

的前一年收购了YouTube，这让人们相信数字基础设施将支持产业级的视频服务。尽管在流媒体领域，实体分销中心曾经提供的固定成本壁垒已经消除，但推出全国性订阅服务所需的固定营销成本仍是巨大的，有效支持和管理数字流媒体客户群所需的技术逻辑基础设施也耗资巨大。事实上，虽然不再需要区域分销中心，但奈飞必须在全国各地建立主要的内容存储中心，以最大限度地减少缓冲，并保障其一贯令人满意的服务质量。

制作足够多的由他人创造、受人喜爱的内容来提供令人满意的服务，这本身就意味着巨大的固定成本。而占主导地位的规模化玩家可以为有竞争力的内容设定足够高的标准，让小型玩家在自己经营良好时大出血。但巨大的全球市场有个缺点，即很多玩家都认为他们能达到生存所需的规模。奈飞现在至少面临着六个资本雄厚的竞争者在追逐同样的内容、人才和用户。

但是，为了继续保持相对规模，需要积极创造未知内容——以及从一种内容到另一种内容持续的混合转变——这对公司财务来说显然是个坏消息。公司需要把创意性风险视为激烈竞争的核心维度，但这会给系统带来难以承受的损失，因为价值必然会从集体竞争者转移到相互竞争的人才身上。而大部分的损失将由股东来承担。

在经营良好的行业巨头努力创造现金流的市场中，新进入企业的爆炸性增长让人想起了一个笑话：一个报纸出版商若想成为百万级企业，最好的办法是它本来是个亿万级企业。围绕着不断扩大的损失和产品面世的所有近处的噪声，可能会盖过何为可持续市场平衡的长远观点。由结构属性带来的固定成本规模优势，加上适当的客户占有，又经过数据学习进一步加强，如果不出现少数至少适度盈利的规模化参与者，那才值得惊讶。

新闻报业的过往经历对于奈飞是有启示意义的，揭示了稳态世界的状态。尽管人们大多认为报纸只从事持续的内容创造，但事实上，它们和奈飞一样是创造者、聚合者和传播者。如果你拿起一份典型的报纸，你可能会惊讶地发现，在通讯报道和广告之间，大部分的内容都是聚合的内容。

在第三章，我们详细讨论了《纽约时报》的可持续数字经济。但是，如果说《纽约时报》的故事还比较微妙，涉及不同的角度和标准，那么对于在发行量和利润一直具有代表性的地方报纸来说，它们受到的影响是破坏性的。在数字环境中，聚合和分发功能已被商品化，高利润的分类广告转移到网上，形成恶性循环——即大幅降低的收入只能支撑更少的原创内容，使收入进一步下滑。许多纯数字内容的竞争者，尽管成功地加速了报纸的衰落，吸引了资金和眼球，但由于缺乏有意义的进入壁垒，也未能实现稳定的盈利。

那些从纸媒那里抢夺了大量市场份额的纯在线分类业务往往也只是略胜一筹。尽管有些企业已经达到数十亿美元的公开估值，但即使有网络效应——缺少大客户占有率且固定成本要求有限——它们最终还是在公开市场上崩溃了，因为来自其他竞争性市场的企业已经涌入了这些缝隙市场。Monster.com 是最初的在线就业分类网站，也是最早在 1996 年成功上市的互联网公司之一。在以每股 7 美元的价格上市后，该股在 2000 年达到了 91 美元的高峰，估值接近 100 亿美元。在长期被如 Career Builder 和 dice.com 等直接竞争对手以及领英和 Indeed 等全新竞品的夹击下，它在 2016 年被以几亿美元的价格卖给了一家国际人事公司。

第七章 奈飞：内容从未且永不为王

然而，我们看到，《纽约时报》作为全国大众报纸龙头，面对数字颠覆时的命运截然不同，主要原因有三。第一，《纽约时报》的内容与奈飞很接近，但与地方报纸的内容不同，它有一个巨大的、支持在线订阅的未开发市场。第二，更大的目标市场支持了对内容的进一步投资，提高了可靠的订阅竞争者想要入场的固定成本。第三，《纽约时报》从来没有像地方报纸那样依赖广告，对推动地方报纸盈利的分类广告的依赖就更少了。

因此，数字生态系统使《纽约时报》能够从根本上扩大影响力，改善其经济表现，虽然地方新闻报纸的盈利能力曾使其相形见绌。《纽约时报》过去的竞争优势来源——规模和客户黏性在某些方面得到了加强。它的相对用户地位和报道团队的相对规模已经得到改善，而对假新闻的关注可以说增加了寻找同样可信的报道的搜索成本。它收集的用户数据也毫无疑问地提高了资源分配合理性，使其更有效地管理客户关系。

但是，互联网已经创造了一个更具广泛竞争性的环境——无论是来自复苏的《华盛顿邮报》还是时代公司——有亿万富翁的支持，有针对狭窄兴趣领域的新数字玩家，也有像苹果、谷歌或脸书这样聪明的巨型聚合者。确实，《纽约时报》成功跻身仅有的几家有规模的全球英语新闻服务机构之列，但正如我们所看到的，与2000年的《纽约时报》相比，2020年的《纽约时报》盈利能力和价值仍旧较低。

这对奈飞的前景有什么借鉴意义？与《纽约时报》一样，奈飞是全球内容市场的规模化巨头，尽管数字媒体的整体市场潜力已经显著扩大，但最终也只可能支持为数不多的广基订阅服务。在SVOD领域，迪士尼似乎已经致力于这一战略，并拥有实现规模化所需的资产,即使在实现规模化的道路上所获得的财务回报略显暗淡。亚马逊也有足够的财力来履行其对 Prime 会员的隐性承诺,无论经济状况如何,都会无限期地提供昂贵的内容和快速的免费送货服务。其他新兴竞争者似乎都不具备成为奈飞全球范围内长期竞争者所需的技能、资源或决心。有些公司会坚持下去,并可能开辟出一个可持续的地理、心理或人口特征缝隙市场。

在由此绘制出的市场结构中,在这种结构中,奈飞应该能够像《纽约时报》一样长足发展。但在短期或甚至中期内,它面临着一长串财大气粗、可能不完全具备经济理性的竞争对手,而且他们已经下定决心要进入这个赛道。

托马斯·霍布斯(Thomas Hobbes)将自然状态下的生活描述为"贫穷、下流、野蛮和短暂"。可以说前三个形容词准确地描述了这一时期的竞争状态。鉴于对手的集体资产负债表上有数千亿美元的现金和可用融资,这场竞争是否会很快结束还未可知。按照过去模拟行业大亨的行为,这场电影不会在深思熟虑后散场,更有可能是在其中一家决定给奈飞多付点钱而不是继续烧掉他们股东的血汗钱时结束。

本章要点

1. 尽管被传统媒体大亨嘲笑为仅仅是他人内容的再销售者或"重播电视",奈飞的历史优势始终来自供应方规模和客户占有。这些都是让有线电视频道几十年来推动媒体集团盈利的来源。然而,奈飞与这些企业的不同之处在于直接的消费者关系以及对卓越运营的狂热关注。

2. 奈飞从 DVD 分发转向线上流媒体，是在流媒体对手不可避免的竞争性涌入情况下所必需的。通过提早行动并利用其客户、内容关系和技术能力，奈飞在 SVOD 环境中确实得益于抢占先机并迅速建立规模。
3. 许多人认为，奈飞目前的流媒体模式具有很强的网络效应，使其有能力根据大数据和人工智能来甄选热门内容。尽管数据能加强其个性化的推荐引擎，但没有证据表明这是显著的新的竞争优势来源。
4. 奈飞决定积极投资原创内容制作，既反映了新型竞争的激烈程度，也反映了许多大型老牌内容创作者决定不再向奈飞授权。虽然这对奈飞来说在战略上是明智的，但承担创意风险的业务往往只有微薄的财务回报。
5. 奈飞的结构优势和对卓越运营的承诺一同体现出，在流媒体市场平衡中，只有它和极少数业务广泛的全球参与者能存活到最后。鉴于有大量资金充裕、下定决心的竞争者，通向市场平衡的道路将是崎岖且昂贵的。

第八章
谷歌：完美的字母表

第八章 谷歌：完美的字母表

说到拥有一切的公司，你能想到谁？字母表（Alphabet）是一家独特的特许经营公司，几乎同时在每一个竞争优势相关类别都收获颇丰。尽管它在诸如无人驾驶汽车、谷歌眼镜、健康计划 Verily、曾经的"X"部门出现的无人机等"登月计划"[1]（Moon Shots）都让人无限着迷，但这家公司基本上只把一件事做到了极致：销售广告。这些广告的绝大部分是与谷歌的核心搜索功能联系在一起销售的。谷歌抛出的不只是这些远大的计划，还有谷歌应用商店、各种硬件设备（如 Nest 家居产品、Pixelbook 和手机）、YouTube 订阅产品甚至 Google Cloud，谷歌超过 1 500 亿美元的收入中，大约 85% 仍然持续来自广告。

谷歌长期以来的首席经济学家哈尔·瓦里安（Hal Varian）在十几年前写了一篇奇怪的博文，认为有一个特质是谷歌获得卓越业绩的"秘诀"：学习。尽管谷歌当时规模小得多，但在过去 4 年里，它在美国的付费搜索市场份额增加了一倍多，在 2007 年

---

1. "登月计划"指难以实现的宏大计划。

已经超过了75%。今天，谷歌的全球份额约为90%。

仔细阅读这篇博文会发现，瓦里安并不真正相信这个单一特质可以解释谷歌的成功。愤世嫉俗的人可能会认为瓦里安是故意玩文字游戏，是为了尽量减少一个极具韧性的公司可能面临的最大外部风险：监管风险。对反垄断机构来说，难度更大的挑战是去攻击那些声称自己的成就归功于不断变得更智能，从而通过商业模式中固有的学习效应为消费者带来更好服务的公司。

谷歌在优势定位方面的深思熟虑，以及在使用内部邮件上的谨慎态度，使得美国反垄断机构对其提出的挑战没有像对脸书的那样影响深远。对谷歌来说，不幸的是，各州的反垄断机构却没有那么宽容。尽管谷歌建立了FAANG公司中最坚不可摧的竞争堡垒，但联邦监管机构还是取得了相对意义的成功。此外，谷歌的一些历史性收购——特别是广告技术领域31亿美元收购DoubleClick的交易和地图领域10亿美元收购Waze的交易——可能比现在成为美国联邦贸易委员会审查标靶的脸书的那些交易更有问题。

并不是说谷歌没有从学习中获益，而是这只是谷歌赖以生存的相互促进的大量优势之一。与奈飞一样，谷歌一开始也是一个纯粹的聚合者——这一点在它的企业使命"汇集世界的信息"（to Organize the World's Information）中已经很清楚。然而，与奈飞不同的是，谷歌的结构性优势的深度确保了它从来不需要正儿八经地进入内容创作领域。

支撑谷歌特许经营权的特定竞争优势组合并不遵循传统的"平台幻觉"叙事。一些评论家的观点认为网络效应的作用类似于瓦里安对学习效应的评价，但这并不是谷歌压倒性优势的主要来源。尽管谷歌确实受益于网络效应，但其真正的性质和后果却

第八章 谷歌：完美的字母表

与人们普遍认为的不同。

谷歌是一家罕见的公司，似乎拥有三个最重要的竞争优势来源——规模经济、强化的需求和供应优势。更难能可贵的是，谷歌展示了这些优势类别的多种表现形式：谷歌规模优势来自其固定成本基础和网络效应的相对规模；习惯、转换和搜索成本让它保持了对消费者和广告商的客户占有率；通过学习和数据不断增强的专有技术让它确保了主要成本优势。尽管这些不同的优势共同发挥作用，但仍有必要深入研究每个优势，以便更好地理解是什么使谷歌的核心特许经营权在成功的竞争性攻击面前变得无懈可击。

规　　模

多年来，尽管谷歌有时会提出滑稽的论点，说搜索根本不是一个市场（你不为它付费，所以它怎么可能是一个市场？），或者说它不是一个相关市场[1]（它与各地的所有广告或与所有的互联网应用竞争），但高达 90% 的全球搜索市场份额，让谷歌的相对规模不容置疑。如果微软在 10 多年后还不能让必应（Bing）有所作为，那么 DuckDuckGo 的平平表现也就不足为奇了。少数仍能声称具有市场相关性的公司仅限于受保护的地理区域（中国的

---

1. 相关市场指《美国反垄断法》界定的市场，即相关市场为三维市场，包括产品市场、地理市场和时间市场三个向度。《美国反垄断法》的市场界定就是以一定的方法揭示涉案企业所处市场的三个向度。

百度或俄罗斯的 Yandex）或缝隙市场搜索用例（亚马逊的产品搜索）。

规模化搜索的最大好处就是老生常谈的供应方多样性，这源于将巨大的固定成本需求分散到更大的用户群中的能力。为实现规模化的基本搜索功能所需的固定成本基础设施有很多组成部分。虽然无法确定谷歌超过 250 亿美元的研发预算中哪一部分反映了支持搜索功能持续改进所需的固定成本，但这笔预算的绝对规模和相对于其他 FAANG 公司的规模都表明了搜索领域供应方规模优势的体量。

想想看，进行全球信息标准化过程需要多大的固定成本，以及拥有一个庞大的研发团队来持续改进搜索结果生产链条中的每个关键步骤的价值。谷歌的"爬虫"（Crawler）程序自动搜索网站并下载网页到谷歌的数据中心，这一技术决定了搜索结果的完整性。接着，"索引器"（Indexer）程序将下载的材料汇总到其数据库中，再借助其数据中心的软硬件进行分析，包括早已不再是秘密的一大批船上数据中心。谷歌数据中心的高效组织本身是一项技术专利。这些软硬件共同促成了谷歌的卓越搜索速度。最后，"请求处理器"（Query Processor）将搜索结果组织起来，呈现给用户。

这些投资和技术的组合效应使谷歌的搜索结果在完整性、速度和最重要的相关性方面都优于其他搜索引擎。而且，即使潜在的竞争者能够利用相应的投资，试图分割市场，谷歌享有的互补性竞争优势组合也会挫败这些努力。

虽然在供给方面没有规模效应那么强，但谷歌也从一些网络效应中尝到了甜头。由于谷歌搜索引擎无处不在，新用户很可能

第八章 谷歌：完美的字母表

在了解其竞争对手之前就经人介绍并习惯使用谷歌搜索。因其在用户中的超高地位，其他网站也更倾向于使用谷歌，反过来又增加了谷歌用户数量，这又是进一步地强化。

而且，当你输入搜索词时，会发现谷歌的自动填充功能经常神奇地猜出你打算问的问题。这一窍门在于引擎拥有的关于其他用户正在问什么的大量数据，表明每一个增量用户都在改善所有用户的搜索体验，从而产生了网络效应。更广泛地说，谷歌对用户先前的搜索行为更加熟悉，通过促进有效地定制个别用户搜索结果的选择和展示，推动了规模优势。

但并不是所有的先前经验都同样有用。一个用户的新搜索请求对另一个用户搜索结果的增量价值是微不足道的。另一方面，通过查看同一用户以前的查询和点击，了解到很多如何优化结果的信息。因此，搜索用户端的直接网络效应而言，它绝大部分是由用户自己之前的搜索次数而不是其他搜索用户的数量推动的。

谷歌的规模带来的更重要的网络效应不是来自用户，而是来自广告市场。在广告方面，谷歌不仅仅从适用于搜索的无处不在的网络效应中获益。例如，它的 AdSense 项目在博客和其他相对较小的、分散的网站上投放广告，对广告商特别有吸引力，因为它能广泛接触到这些网站，并能根据对这些网站的广泛经验定制投放广告。同时，AdSense 对网站也很有吸引力，因为那里是广告商最集中的地方。AdExchange 是谷歌为高级出版商和大品牌广告商提供的实时竞价交易，也从同样的网络效应动态中受益。这方面的许多产品在 2018 年被重新命名为谷歌广告管理器（Google Ad Manager）。值得注意的是，AdSense 和 AdExchange——统称为谷歌网络成员（Google Network Members）业务——这两个业务使谷歌从网络效应中受益最深，但与主要受益于供应方规模的核心搜索业务相比，只是一个零头。这一部分的广告收入还不到包括 Google.com、YouTube、Gmail 和 Google Map 等谷歌自有搜索业务收入的五分之一，而且这一比例还在逐年下降。

需 求

包括搜索者和广告商在内的客户对谷歌搜索引擎的忠诚度，是加强规模效益的一个关键因素。用户在使用特定有经验的搜索程序时结果更能达到预期，这种经验使现有的搜索引擎在提供相关结果时效果更好。如果转移到一个新的搜索引擎就会牺牲这种历史性的搜索投资。这也是用户对谷歌忠诚度的深层来源。

在谷歌广告和谷歌自动投放广告程序的体验带来了广告商的忠诚度，就像经验加强了搜索者的忠诚度一样。美国司法部最近对谷歌的调查主要集中在这种忠诚度是公平赢得的，还是被谷歌整合的软件工具所胁迫，这些工具主导了"在线出版商和广告商之间复杂链条的每一个环节"。具体而言，监管机构研究了谷歌如何将其为网站销售广告空间的领衔产品与先进的数字广告市场联系起来，还探讨了谷歌坚持要求广告商在谷歌旗下重要视频网站 YouTube 上投放广告时使用谷歌软件工具的合理性。

谷歌方面坚持认为，它只是为广告商和出版商创造了一个更加顺畅、效果更好的体验。讽刺的是，监管机构对谷歌在数字显示广告投放中的核心作用的关注，与广泛意义上这类广告的重要性和实际上这些服务对谷歌利润的重要性急剧下降相关。正如我们下面即将谈到的,美国司法部 2020 年的反垄断诉讼最终决定暂时聚焦该业务的另一个完全不同的方面。即使美国政府以后决定重新审视这个问题,或者关于该问题的州级诉讼取胜,也不会实际影响到谷歌特许经营权的整体客户占有或它比其他企业更多地投资于优化体验的能力。

这种多方面和多层次的忠诚度因搜索结果质量和广告效果的持续改进而得到加强。数字领域的需求和供应优势往往以这种方式紧密相连。最初薄弱的客户习惯可以迅速转化为产品升级,通常还伴随着学习带来的定制化用户应用。这些改进会增加转换成本,因为用户认识到在其他地方要找到同样满意的搜索结果是徒劳的。

供 应

在供应方面,技术和学习本身就是数字环境中的优势,客户数据有助于持续提升这种优势。有人能基于理论抽象地开发出一种"更好的"技术,这种想法在搜索等用例中似乎是不切实际的,在这些用例中,运用成熟的机器学习算法可以快速、明显地优化结果。如果对我的搜索行为没有足够了解,无论他们招纳了多少聪明的程序员和技术员,必应或 DuckDuckGo 如何能产生像谷歌一样让我满意的结果呢?谷歌上付费广告展示也是由基于大量响应经验的算法决定的,为广告和个人用户量身定制。这些专有算法的稳步改进渐渐地让谷歌广告的点击率不断提高，使广告商从点击到销售的转化率稳步攀升，再反过来逐渐抬高广告价格。在这两个领域，谷歌都明显优于其竞争对手，而且随着时间的推移，这种差距只会越来越大。

通过学习增强的专有技术生效和发展的速度因使用情况而有很大不同，可能是一把双刃剑。对于一些数字企业来说，客户数据能被用于改进或定制产品的速度也增强了新进入企业快速追赶的能力。在一些应用中，少量的数据可以发挥很大的作用，而大量数据的增量价值是微不足道的，专有技术和学习提供了较少的结构优势。然而，谷歌的跟踪记录表明，搜索作为一种用例，其数据驱动的学习和技术综合优势会长期存在，且仍在增长、尚未达峰。

在搜索和广告研发方面巨大且不断增长的投资所带来的核心规模优势，加强了这些已经紧密相关的供需优势。这种学习增强型专利技术和网络效应之间的良性循环一方面支持了对用户和广告商的客户占有，另一方面研发和其他领域的传统成本型规模经济表明其卓越的经济表现可能会持续下去。谷歌的"秘方"中有许多相互关联的成分，所以说尽管谷歌创始人拉里·佩奇（Larry Page）和谢尔盖·布林（Sergei Brin）的原始创新也就是他们的网页排名算法，早已被竞争对手完全掌握，在很大程度上却没有影响其经济效益。

尽管这个关于竞争优势真正来源的故事很清楚，但在10多年前出版的《被诅咒的巨头》中，我和我的合作者注意到谷歌和媒体集团的文化之间有一些令人不安的相似之处，我们试图揭露这些集团的系统性不良表现。与这些娱乐巨头一样，谷歌在2004

年上市后的几年里,刻意在其商业战略方面保持神秘。媒体大亨们以为了追求"内容为王",来解释他们各种破坏股东价值的行为;而在谷歌上市后的最初几年,它也将其公开言论限制在"不要作恶"等讳莫如深的陈词滥调中。公司只披露了法律要求的最低限度内容,将其软件算法、设施的性质和位置甚至其主要管理人员的确切职责都作为商业机密仔细保护。

外界知晓的唯一稍微具体点的核心概念是70/20/10原则,即员工70%的时间用于搜索业务,20%用于与之相关的周边业务上,10%用于完全不相关的领域。理论上,创造真正利用现有竞争优势的周边业务来建立新的特许经营权,本身很有吸引力,也有助于保护核心业务。但在实践中,谷歌和其他公司一样,所谓的周边业务和明显不相关的业务之间的界限可以移动,以证明各种形式的企业帝国建设都是合理的。更重要的是,就像媒体大亨们忍不住要突出热门产品、忽略失败产品一样,谷歌大力宣传所有员工从核心业务中抽出近三分之一时间完成的成功产品,而没有提供任何指标来评估这一巨大投入的回报。

无法否认的是,谷歌之所以能够体现出如此惊人的全面竞争优势,部分原因在于它像大多数成功企业一样,专注于一个高度专业化的领域。广义的搜索不仅对大多数互联网用户至关重要,而且也可以广泛应用于企业所需的各种工具和服务,这一事实说明了谷歌的业务是如何变得比任何人(包括创始人)想象的大得多的。但这不应该偏离一个事实,即专业化促进了优势的发挥。

尽管在作为上市公司的第一个10年中,公司的股票大幅升值,但对于投资者来说,担心公司将其相当大的一部分资源转移到不相关的业务，而不是将竞争优势的护城河挖得更深，仍是真实存在的问题。宏图伟志和财务透明度缺失开始拖累公司的股票表现。公司的股价在 2014 年略有下降，2015 年，谷歌聘请了一位备受敬重的外部人士担任首席财务官，并宣布将搜索业务从新成立的伞形控股公司字母表（Alphabet）旗下的其他业务中分离出来。它还首次对其长期研究项目施加了时间限制，其中许多项目与核心业务的联系相当微弱。

重组的目的更多的是为了让吸引人的创新项目摆脱传统业务的负担，而不是为了限制开支和减少对它们的关注。但即使是埃里克·施密特（Eric Schmidt）这位最早用"成人式监管"让谷歌从初创企业成长起来的人，也指出将这些项目分开的大部分价值只是通过摆脱分散注意力的"登月计划"来保护这只下金蛋的鹅。施密特承认，在重组之前，"一天中的大部分时间都花在'登月计划'上"。

尽管向控股公司结构的转变使公司对与核心搜索业务无关的多个业务承诺制度化，但对于至少透露"有多少资金被投入到大型新计划中"的承诺是向前迈出的重要一步。虽然提供的细节不多，但投资者认为，只要单独报告结果，就会迫使领导层遵守其最近阐明的承诺，即"严格处理资本分配，努力确保每项业务执行良好"。根据积极的股价反应，市场似乎在肯定地回答《纽约客》约翰·卡西迪（John Cassidy）提出的玄学问题："谷歌能否成为一个正常的企业？"

当 2019 年年底宣布谷歌备受尊重的首席执行官桑达尔·皮查伊（Sundar Pichai）将取代联合创始人担任母公司的最高职位时，股票市场有类似的积极反应。这一变化标志着人们提高了对透明度和财务纪律的关注，并不说明字母表控股的日常运作会有任何根本性的改变。

皮查伊很快兑现了公司的第一个承诺，他在第一次财报电话会议上对 YouTube 和云计算部门的情况进行了详细的披露。关于财务准则，时间会证明一切。公司保证将"更密切地关注"持续耗费公司现金的各种"登月计划"的投资。

对于字母表控股的未来，许多问题尚不明确。《经济学人》怀疑日益企业化的管理团队是否有足够的远见在企业"中年"期转变以工程为中心著称的企业文化。"机器能完成的就让机器去完成"的情绪在谷歌根深蒂固，甚至被长期应用于销售和客户服务等领域。该公司面临的生存问题包括，它现在是否能在云计算这样至关重要的业务中迎来客户服务。虽然谷歌和微软都在 2008 年推出了 AWS 的竞品，但 10 年过去了，谷歌的业务规模还远不及微软的一半。尽管在新的领导层的带领下，最近加快了发展速度，但谷歌云仍然是远远落后的第三名，这反映了从零开始打造营销文化的深刻挑战。即使最终成功了，更大的问题是它能否在一个更有组织的运营环境中保持创新的文化。

尽管投资者对皮查伊在未来资本分配方面的意图表示赞许，但相对于其他 FAANG 公司而言，字母表控股的股价升值表明大家仍持观望态度。问题不仅在于"登月计划"和"房顶计划"[1]（Roof Shots）之间的未来投资组合，而且在于投资的适用标准。早在 2014 年，公司就意识到，以"有条不紊、不遗余力、坚持不懈地追求"更实际的机会为代价，"过度渲染"登月计划对公

---

1. 房顶计划，指有清晰的行动方案、可行性较高的计划。

司来说代价高昂。虽然公司已经开始转移重点,但美国司法部最近对谷歌的诉讼可能还是会带来最大的冲击。

除了谷歌巧妙的政治游说之外,美国政府决定将其质询的范围缩小到谷歌与苹果和其他公司关于默认搜索引擎的商业交易上,主要的考虑可能是:它是赢家。最近,在阻止 AT&T 收购时代华纳的过程中,美国司法部在法庭上连续遭受羞辱,司法部"基本上复制了它在 1998 年对微软提出的成功的反托拉斯申诉"。鉴于诉讼范围有限,而且需要数年的时间才能走完司法程序,对谷歌股东来说,一些看起来无关紧要的事情可能会构成更大的危险:比如再度推进不靠谱的"登月计划"。

谷歌的资产负债表上有远远超过 1 000 亿美元的资金,每年还会增加几百亿美元。即使有积极的回购计划,它也无法在其回报颇丰的核心业务上花费接近这一数额的资金——特别是如果政府真的不再收取优先分配的费用。尽管经过一年多的审查,谷歌以 21 亿美元收购 Fitbit 的交易终于完成,但美国政府显然仍在继续监控这笔交易。在未来的一段时间内似乎不太可能有任何新的大型收购。

可悲的是,这样的话就只剩下在最近几年才总算被缩减的"登月计划"了。在最近的 10-K 报告[1]中,谷歌悄悄地取消了之前坚持"在可预见的未来"不支付股息的做法。根据谷歌在其核心业务之外的收购和计划的历史投资回报率——我想起了摩托罗拉移动业务的 100 亿美元减记,以及谷歌 X 的一系列损失——开始

---

1. 10-K 报告是美国证券交易委员会要求上市公司每年提交的关于财务和运营的综合性报告。

系统地把钱还给股东似乎是对不断增加的现金囤积的更谨慎的使用。

所有这些都是猜测。然而，显而易见的是，谷歌核心业务的独特优势建立在一系列相互加强的竞争优势之上，其广度和深度都是无可比拟的。字母表控股的未来领导人当然可以找到方法来挥霍核心业务产生的巨大现金流。但是，要想（从外部）破坏谷歌搜索业务的结构韧性，就需要真正的持续的智慧。

谷歌的特殊性限制了它作为企业或投资者的可复制性。把它称为平台（它确实是），对理解它的运作方式没有什么帮助。孤立地关注网络效应或其无数竞争优势中的任何一个，都有可能增加对其业务的根本误解。也许仔细研究谷歌最重要的也是最明显的教训是：只要有可能，至少在涉及它核心的广告特许权时，要避免与谷歌竞争。

本章要点

1. 谷歌拥有三个最重要的竞争优势来源的强大元素：通过需求和供应优势加强的规模经济，更重要的是，谷歌展示了这些优势类别的多种表现形式。

2. 许多人强调了一种或另一种进入壁垒的重要性，以解释谷歌特许经营权的非凡韧性。虽然分析每一种竞争优势的影响是有价值的，但不应该偏离一个重要的观点，即谷歌的奇异性源于其相互促进的竞争优势的超凡广度和深度。

3. 谷歌核心业务的显著结构性优势允许它在大量不相关的领域进行试验，而没有应用明确的运营或财务规范。然而，近年来，谷歌已经转变了领导层，并进行了结构重组，从而优化主要企业活动，更谨慎地投资于新兴机会。这样的结果成就了谷歌兼具结构韧性和运营效率的超强组合优势。
4. 只要能避免，就不要与谷歌竞争。

03

PART III　巨人的阴影之下

到目前为止，我们一直着眼于两件密切相关的事。

首先，我们研究了在过去的25年出现的数字生态系统的基本结构属性，这些年里互联网蓬勃发展，技术和基础设施的进步使其释放了全部潜力。这里的重点是这种环境改变了竞争优势在商业企业中最有可能的表现形式。尽管许多人关注的是数字时代如何助推了某些竞争优势的获得，并扩大了它们可以运作的潜在范围，但我们说明了为什么其他的关键优势比以往任何时候都来得短暂。

其次，我们详细分析了FAANG公司所享有的优势来源，这五家标志性公司已成为新一代科技巨头的代表。尽管它们并不是当前条件下产生的仅有的几家大规模技术企业，但因其集体的股票表现以及在整个市场上所占的空前比例，我们对FAANG公司的关注是有道理的。更重要的是，无论好坏，FAANG公司已经在数字科技巨头的神话中占据了核心地位。我们强调的是，与它们的集体意义同样显著的是它们的个体差异。尽管它们都是强大的平台，但每家公司都受益于不同的竞争优势组合，在综合实力上有明显的差异。

下一个合乎逻辑的问题就该是,这一切对我们其他人来说意味着什么?换句话说,对于那些没有取得科技巨头地位的公司,至少到目前为止,有什么影响?这就是我们在第三部分要讨论的话题。

对于那些尚未跻身精英行列的公司来说,这个新世界带来了双重挑战。在数字环境中,较低的保本市场份额和难度更高的客户占有的难度上升必然对筑立一个强大的总体竞争"护城河"构成实际的障碍,即使在一个网络效应和客户数据更容易获得的世界也是如此。而且,筑建和加固"护城河"的努力必须在令人敬畏的新技术巨头非凡影响力的阴影下进行,进一步加大了任务的难度。公司必须面对科技巨头的压倒性影响,不仅是在它们占主导地位的核心业务中,还在它们仍有实际或潜在竞争影响的更广泛的周边业务部门里。

在选择第三部分所涉及的公司、行业和商业模式时,有几个考虑因素。我们的目标是描绘一个有足够深度和广度的景观,以提供必要的工具来追踪那些超越FAANG边界的公司如何成功地在这一双重挑战的浅滩上开辟路线。在讨论特别像奈飞这样业务上更专注的FAANG公司时,我们已经谈及了一些直接竞争对手。在本节中,我们将更广泛地研究一些行业部门中的障碍和机会,这些部门或是具有特殊经济意义,或是其商业模式在数字经济中占核心位置但尚未被讨论,或是凸显了平台幻觉的重要方面。

尽管我们已经详细讨论了亚马逊的优势和劣势,但亚马逊公开表露的野心之广——在任何地方向任何人出售任何东西——要求我们更深入地研究电子商务。第九章指出在这家"万能商店"

面前突破重围或苦苦挣扎的类别和公司有哪些共同点。

第十章和第十一章专门讨论旅行旅游业，它对世界 GDP 的贡献接近 10 万亿美元。虽然它并不像有时错误地宣称的那样是世界上最大的产业，但它确实呈现出特点，有必要用两个完整章节来阐明的特点。网络效应商业模式有些超出了预期，而另一些则让人深感失望，这种多样性有助于强调成功最重要的驱动力。此外，该行业中一些最成功的网络效应企业既早于互联网出现，又出人意料地没有受到互联网的影响，这对平台幻觉的基本要素提出了挑战。

近几年来，在最受瞩目的数字企业 IPO 中，共享经济占了相当大的比例。该范畴的公司是典型的平台公司代表，它们通过连接过剩产能的持有者和潜在用户来创造价值。第十二章记录了其中一些企业突出的共同点之余在吸引力上的巨大差异，特别是两个最大的企业爱彼迎和优步之间。

谷歌和脸书对于数字广告的作用就像亚马逊之于电子商务一样。但是，有活力的独立在线零售商和市集比单纯依靠在线广告的可持续商业模式要多得多。第十三章讲述了曾经的大型广告公司的困境以及数百家失败的广告技术初创公司的命运。更广泛地说，我们考虑的是，面对谷歌和脸书在数字广告和广告技术领域的近乎双头垄断（与亚马逊愈发强大的寡头垄断），该行业还有哪些地方可以发展具有防御性的商业模式。

除了规模和业绩之外，FAANG 公司还有一个重要的共同属性——它们大多数都是为消费者市场服务的（亚马逊的 AWS 部门是个突出的例外）。近年来成立了几十家知名度较低但有更稳定韧性的数十亿美元的云端软件平台，为特定的商业领域或功能服务。第十四章利用这个超过万亿美元的软件即服务（SaaS）行业的出现来反驳平台幻觉的几个核心猜想——赢家通吃的市场趋势、网络效应在实现数字成功方面的关键作用，以及专业化相关性的下降。SaaS行业的案例研究还强调了对人工智能和大数据力量的错误假设助长了平台幻觉的核心概念。

在不试图全面囊括的情况下，第三部分所涵盖的主题共同绘制了科技巨头时代赢家和输家关键特征的路线图。

第九章

电子商务：如果亚马逊是"万能商店"，其他公司卖什么

第九章　电子商务：如果亚马逊是"万能商店",其他公司卖什么

亚马逊被指责"破坏了美国的结构",因为它对当地社区和零售业产生了明显不可逆的影响。亚马逊自己明确提出要成为"万能商店"(Everything Store)的雄心更加剧了这种担忧:成为任何地方任何人购物的供应商巨头。"任何带有大写字母 A 的东西",首席执行官杰夫·贝索斯已经说了 20 多年。

引起如此强烈反应的不仅仅是贝索斯对平台幻觉这个说法的喜爱,还有亚马逊的现实表现。亚马逊占美国电子商务销售额的近 50%;与它最接近的竞争对手——沃尔玛和 eBay——各占不到 10% 的份额。这让亚马逊自然有了一种品类杀手的感觉。尽管壮志凌云的声明或许准确地描述了亚马逊主导世界的目标,但并没有正确地勾勒出一个实际的商业类别。

消费者在网上购物的倾向性因产品而异,亚马逊在网上的相对成功也因类别而异。值得注意的是,如果平台幻觉是真的,在数量相对较少的大型消费互联网公司中,有两家电子商务零售商存在于人们本以为亚马逊会占主导地位的类别中。正如第五章所提到的,在早期审查环境较为宽松的情况下,亚马逊可能已经

能够通过简单地购买 Wayfair 和 Chewy 来消除这种明显的反常现象，就像它对待 Diapers.com、Zappos 和其他麻烦的垂直领域巨头那样。更重要的是，亚马逊在某一特定品类中的交易在多大程度上销售了自主产品、多大程度上销售了他人的产品，又在多大程度上通过自己的市集管理他人的销售，存在着很大的差异性。

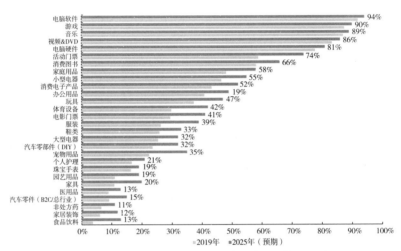

图 9.1　亚马逊各部门电子商务渗透率：现状和预测

资料来源：Forrester、Evercore ISI Research。

我们已经知道数十亿美元的汽车品类有着拥挤的线上市集，亚马逊没有也不可能在其中发挥主导作用。如前所述，虽然这些市场的交易量持续膨胀，但经济状况却在恶化，这些平台与电商平台的长期萎靡有着完全一致的表现。

尽管汽车电商表现不佳，但其他广泛的"市集"业务不仅设法增长，而且在亚马逊的阴影下或者在亚马逊实际或潜在竞争不构成重要经济动力的地方茁壮成长。前面，我们将市集定义为促

第九章 电子商务：如果亚马逊是"万能商店"，其他公司卖什么

进买卖双方间交易行为但不拥有商品或服务所有权的线上平台。其中一些平台不仅在面对亚马逊"万能商店"时取得了骄人成绩，而且亚马逊集中力量进行收购或推出品牌有机产品也未能取代市场领军者。

自 2016 年线上市集的销售额超过 1 万亿美元以来，互联网零售商（现在是 Digital Commerce 360）一直在跟踪这种模式的日益盛行。在 2018 年之前的 3 年里，市集模式所代表的电子商务活动总体比例增长了 50% 以上——从 2015 年的仅 30% 跃升至接近所有在线零售交易额的一半。这一数字份额的增长反映在 75 家最大的市集公司中，有 55 家（73%）的增速超过了整个电子商务领域 16% 的增速。而且其中许多公司的增长速度远远超过亚马逊自己的市集业务。自 2018 年以来，这一趋势一直在持续。截至 2019 年，市集平台占全球电商市场的 57%。

由于亚马逊经常被赋予（和宣传）坚不可摧的假设，人们可能会惊异于如此大量的电商竞品获得显著成功。研究公司 BTIG 指出，独立市集的投资者"永远对来自亚马逊、脸书和谷歌的竞争感到恐惧"。然而，在仔细审阅数据后，结论是，"投资者的担忧在很大程度上是没有必要的"。具体而言，他们发现，当这三个巨头之一宣布入场新的市集时，在位企业的股票会一致地立即下跌。我们早些时候在 Zillow 那里看到了这种现象，它的股票仅仅因为亚马逊推出竞争性产品的传闻而下跌。然而，在一年之内，不仅是 Zillow，还有超过 70% 的在位企业"股票交易价格高于新闻发布前的价格"。作为亚马逊脆弱性的进一步证据，BTIG 调查了 1 600 个亚马逊市集的卖家，发现他们中的大多数也计划在竞争市集上进行销售。

BTIG 的总体结论在其数字市集报告的副标题中得到了最好的体现。"即使在网络巨头林立的世界里,也存在着很多机会"。然而,BTIG 提出的关于"为什么互联网巨头并不像人们担心的那样具有颠覆性"的根本原因,则不太能给投资机构或独立投资人带来安慰。它解释的原因绝大部分与执行纰漏有关——无论是因为"不具竞争力的产品"还是仅仅是对目标领域"失去兴趣"——都不是结构问题。这些结论表明,只要亚马逊或另一个互联网巨头振作起来,就真的可以主宰一切。

最接近结构性障碍的风险是"咬到了养活互联网巨头的手",例如谷歌不愿意与有数十亿美元广告收入的 Booking 和 Expedia 直接竞争。但正如我们在接下来的章节中要讨论的,在线旅行代理的情况很极端,并不像看起来的那样黑白分明。此外,亚马逊已经表现出持久的意愿,如果最后能为消费者提供更有吸引力的产品,它就会狠狠地咬住养活自己的手,这反映在它最初决定在自己的零售产品旁边展示低价的市集产品,随后提供自己的竞争产品。事实上,对亚马逊提出的最严重的一个指控是它利用自己卖家的数据来推出竞品——这很难说是不想得罪其平台上的供应商。

BTIG 指出,独立的市集平台即使面对亚马逊的猛烈攻击也能蓬勃发展,这种情况的广泛出现表明更根本的结构性问题正在发挥作用。那些成功建立起确实具有防御性的独立市集特许经营企业身上能看到一些关键的相关市场和行业属性。通过实例研究亚马逊对看似安全的市场地位的成功颠覆,有助于了解亚马逊的优势在哪个方面最令人生畏。

第九章 电子商务：如果亚马逊是"万能商店"，其他公司卖什么

专业化和复杂性的力量：Etsy 和 1stDibs

乍一看，Etsy 和 1stDibs 似乎有很多共同之处。两者都建立了领先的水平市集，跨越广泛的零售垂直领域，并有着以独特性著称的产品特征。2020 年，Etsy 的商品销售总额超过 80 亿美元，收入远超 10 亿美元。该公司于 2005 年在美国布鲁克林的一间公寓里成立，是一个手工制作商品的潮人平台。1stDibs 是于 4 年前在法国巴黎成立的一个中古奢侈品在线市集，2016 年从以分类广告为主引导业务的模式转为纯市集模式，自那以来，平台交易活动爆炸性增长，根据公司 2021 年的 IPO 文件，2020 年的交易量达到 3.43 亿美元。

这两家企业还有一个共同点，即它们巧妙地改变了自己的身份，为买家和卖家提供新的服务和功能，并逐步增加相邻的商业类别。Etsy 开始时相当激进地只做手工制品——Etsy 的"手工承诺"经常被买家和卖家裱起来自豪地展示，但后来扩大到包括复古物件和工艺品。自 2013 年起，只要设计是原创的，它允许卖家使用外部制造商。尽管绝大部分销售在一段时间内保持在相同的六个类别——服装/饰品、家居、珠宝、工艺品、艺术/收藏品、纸张/派对用品——但该公司还是适时地增加了垂直领域，比如自制防疫面具的热潮。就 1stDibs 而言，除了转变整个商业模式外，它已经远远超出了古董和中古家具的业务范围，如今一半的业务是珠宝、艺术品和当代设计作品。

尽管有这些明显的相似之处，甚至在一些相同的产品垂直领域开展业务，但 Etsy 和 1stDibs 各自面临着迥然不同的市场和行业结构，这使得它们在竞争优势的建立、保护和加强方面走了非常不同的道路。

Etsy 是在 eBay 成立 10 年后成立的，销售手工制品的市场和技术要求是众所周知的。相对于 eBay 已经确立的市场领导地位，Etsy 迅速获得规模的途径比较老套，即大幅降低价格：3.5%（加上每件物品 20 美分的上架费用）以及 12% 的平均佣金。这一战略之所以如此有效，除了价格差异外，还在于锚定了一个很容易响应号召的独特买家和卖家群体，围绕其需求制定的专门服务会对他们产生吸引力。为这一群体培养社群意识一直是该公司努力的重点。

在市场上建立规模的一个核心挑战是随着市场的发展保持买卖双方的平衡。没有足够的感兴趣买家时，卖家的低佣金并不能带来价值，而吸引足够数量的买家到像 Etsy 这样一个名字并不直观的新创业公司，可能是消耗比较大的做法。但事实证明，手工艺人中买家和卖家之间有很大的重叠，重叠率在早期超过 50%。这反过来又促成了——现在仍然在一定程度上促成——公司的匀速增长和较低的营销费用。在成立 10 年后上市时，Etsy 几乎 90% 的流量仍然是通过有机方式而不是通过搜索或付费渠道获得的。

相比之下，1stDibs 在 2001 年推出时，它所要销售的这类独特和有价值的物品还没有进行过大规模的电子商务化。作为高价古董线下交易巨头的苏富比（Sotheby's），在试图建立线上平台的过程中损失了数百万美元——包括与亚马逊和后来与 eBay 建立合资企业的失败经历。10年后，一位专业的首席执行官接替创始人，开始积极推动1stDibs拥抱市集模式。但与此同时，当它作为传统的线上分类企业运营时，1stDibs艰难地熬过了对交易商和特定情况下对物品的审查流程，由此迅速吸引了真正的古董买家，并使交易商对成为1stDibs上"认证"商家的需求不断增长。

作为成熟市场内的单一产品供应商，Etsy和1stDibs都受益于强大且规模化的网络效应。竞争者要想以足够的活跃度来新建一个能存活下来的市集，所面临的挑战是巨大的。最广泛的选择会不断吸引更多的买家，使他们更有可能开展交易。更重要的是，这两个都是多对多的市集企业，任何一方参与者串通对运营商构成的风险似乎都很有限。

但这二者也有关键的区别。虽然它们的平台上都有长尾卖家，但总有一个核心群体承担了超比例的活跃份额。就Etsy而言，这种活跃集中在"强力"或"超级"卖家身上的情况特别严重。但在2020年，Etsy上有300多万活跃卖家，即使其中只有10%的卖家负责90%的交易，这仍意味着数十万的卖家数量。相比之下，1stDibs的认证交易商总数只有几千人，所以未来让最重要的交易商进行合作并不是不现实的。另一方面，头部卖家的集中度也没有Etsy那么高。

也就是说，当1stDibs在2016年决定要求其经销商只在平台上进行交易并支付佣金时，确实存在着卖家叛逃的风险。相比之下，当Etsy将其佣金从3.5%提高到5%时，尽管可以预料到卖家的愤怒，但由于投资者正确地预测到这不会对商家的数量产生负面影响，它的股价仍旧飙升。作为预防措施，1stDibs推出"认证交易商"计划，为其 100 个最有价值的卖家提供重要的营销优势，以保证他们继续买平台的账。尽管有一些高声抱怨，但该公司最终只失去了 2% 的商家。

虽然 1stDibs 为确保其最重要的卖家不感到被剥削而做出的战略努力限制了定价灵活性，但卖家一开始进入平台时的投入成为潜在叛逃构成巨大阻碍。1stDibs 和 Etsy 都必须通过固定的研发和技术投资来提供强大市场业务所需的功能和基础设施。然而，1stDibs 的成功还需要一个全球专家网络，对经销商进行认证（目前遍布 55 个国家），以便能逐渐在买家中建立声誉。此外，还要建立可信赖的运输和保险合作网络，确保在线交易的顺畅和安全。这些投资共同降低了买家面临的风险和复杂性，由此产生的大量额外固定成本极大地增加了实现收支平衡所需的交易量。

除了扫清规模化的路障、提高效益外，专业化和复杂化的结合往往还会产生一种对保持强大的特许经营权至关重要的加强竞争优势：客户占有。由于考虑和比较其他线上选择十分便利，市集上的买家表现出公认的低忠诚度。亚马逊已经通过 Prime 展示了培养数字习惯的能力，但付出了巨大的经济代价。也就是说，当持续提供最广泛的独特商品选择时，寻找令人满意的替代品所涉及的搜索成本确实为在位的领军企业提供了一些保护。

Etsy 在注入买家忠诚度方面有一个特别的举措。习惯的主要驱动力是活跃频率，而 Etsy 已经被定位为进行"特殊"交易的场所。也就是说，如果是特殊的，就不是每天都有，大多数买家每年只使用一次 Etsy。因此公司开始加大常规品牌广告投入以提高购买频率，将公司重新定位为特别产品和孤品的胜地，而不仅

第九章 电子商务：如果亚马逊是"万能商店"，其他公司卖什么

仅是偶尔进行庆祝性消费的地方。1stDibs 也面临着类似的挑战，因为很多购买活动都发生在用户搬迁前后，但搬家只是偶尔才搬一次。即使是狂热的收藏家也只会时不时地购买。也就是说，在 2020 年占到了 27% 购买量的核心受众——室内设计师，实际上是以该网站为生。

而对于卖家来说，强大的客户黏性最常体现在专业市场上。就 1stDibs 而言，在推动电子商务模式之前的 10 年里，正是建立其认证会员商家网络的艰苦努力使其在面对白热化竞争——不仅是来自数字巨头的竞争，还有来自线下巨头和十几个资金雄厚的在线搅局者的竞争时——能够取得成功。当 1stDibs 真正要求所有的交易都在其平台上执行时，通过 1stDibs 介绍的生意已经占据了商家销售的绝大部分，特别是最早的产品类别中。此外，他们已经开始依赖 1stDibs 提供的软件工具来上传、展示和销售他们的库存。由于 1stDibs 已经成为最重要的买家——专业室内设计师、建筑师还有个人收藏家——的第一站，卖家们意识到如果无法加入这个全球规模的回头客网络，自己会面临重大不利因素。

虽然没有 1stDibs 那么强大，但 Etsy 对卖家而言也有很强的吸引力，这体现在许多卖家不在其他平台上展示商品，并在多次有争议的调整后仍坚持使用该平台。对于占 Etsy 用户群大部分的小型企业来说，即使是装载、拆卸和管理库存的后勤工作也很重要和繁琐，而 Etsy 正努力将其简化。Etsy 增长最快的收入来源是它向卖家提供的服务，这些服务有助于他们有效地接触买家，加强了他们对平台的依赖。

相对于像亚马逊这样规模更大的广域竞争者来说，Etsy 或

1stDibs 这种小众商业机构通过专有技术在供应方确保可持续的竞争优势，乍一听可能有点不真实。但这并没有阻止专业化市集吹嘘并通过收购来加强这些能力。从更现实角度来说，这种投资似乎是必不可少的，能在与研发预算远超自己在该细分市场总营收的大公司竞争时避免处于明显劣势。也就是说，即使技术不过硬，独特和高度可验的数据集也可以让企业获得卓越的洞察。虽然这些工具在确保卖家以最有效的方式与最可能的买家相匹配方面发挥了重要作用，但迄今为止，几乎没有证据表明这些平台已经形成了明显的供应方优势。

尽管 1stDibs 和 Etsy 在与亚马逊的竞争中都取得了成功，但这种挑战的性质和它们各自竞争格局的平衡是完全不同的。

在 1stDibs 推出前不久，亚马逊与苏富比的合资企业倒闭了，大约在同一时间，亚马逊在 2000 年推出了自己的市集业务。除了 2013 年在美术品类别上的短暂努力之外，亚马逊后来并没有把重点放在古玩上。今天，大部分竞争产品只能在亚马逊的"收藏品和美术品"标签下找到，或者嵌入到一般的相关产品类别中，如珠宝或家具。2020 年，亚马逊试图再次向高端产品进军，推出了一个奢侈品商店平台，一开始只做时尚。不管这是否会延伸到更多的产品类别，这个新动作不太可能与之前的那些有截然不同的命运，原因我们很快就会讨论。

相比之下，eBay 在与苏富比的合作失败后，积极地继续寻找方法，将其收藏品专营权从豆豆娃（Beanie Babies）扩展到艺术品和珠宝等高端产品。2014 年，它推出了一项计划，允许其会员参与实体拍卖行的现场拍卖，但没有一家大的拍卖行参与其中，该计划似乎也已被叫停。然后在 2017 年，eBay 推出"认证"计

第九章 电子商务：如果亚马逊是"万能商店"，其他公司卖什么

划来吸引高价值物品的卖家——最初是手袋，后来扩展到珠宝和手表等其他类别——让他们邮寄物品进行认证。这项计划似乎也已经暂停。1stDibs 并不像这个项目中或者像实体拍卖行的商业模式那样"鉴定"每一件上架的物品。相反，他们更有效地对卖家进行认证，利用卖家对于被投诉有假货或欺诈行为会被踢出平台的恐惧。

亚马逊和 eBay 都没有机会吸引足够数量的商家或真正的奢侈品供货商，因为他们销售的大部分东西都与奢侈无关，导致了负面光环。更直接的竞争来自其他小规模线上平台，其中最长寿的平台大多集中在特定的地理区域或产品类别，或两者都有。在细小的产品类别中，专业化的力量已被反复证明。讽刺的是，竞争对手能够利用亚马逊在提供惊人一致且可靠的广泛服务上的优势来对付它。这套剧本包括照搬亚马逊确定的电商入场价格（如服务和运输），但不同的是，他们为产品类别和社区提供高度个性化服务，亚马逊要想有效复制这套操作会是个挑战。能够证明这一点的是，Wayfair 挑战了亚马逊作为更大的线上家具销售巨头的地位。

1stDibs 的最大竞争对手是可替代的高端零售商，以及与平台上的实体经销商有直接产品竞争的线下拍卖行。两者都在努力建设重要的数字业务。

奢侈品零售商的电子商务战略一直非常不平衡，但考虑到他们对店内体验和个性化服务的关注，这并不令人意外。例如，蒂芙尼（Tiffany）对惨淡的官网销售业绩感到失望，于是与 Net-a-Porter 建立了电子商务伙伴关系。但出师不利，这一合作带来了一些线上销售的增长，但电子商务在整体销售中仍然只占一位数

的百分比。

最大的拍卖行在早期尝试数字拍卖之后有了一些进步，但除了吸引远距离竞拍者到它们的线下拍卖之外，这些公司都没有能够获得显著的虚拟牵引力。不过它们仍在继续尝试，并在新冠疫情的影响下加快了数字战略。特别是苏富比，已经建立了两个线上市场——最近它与纽约的一些著名画廊签约，参与到一个名为苏富比画廊网络的线上高端艺术市场中。

无论这些和其他数字拍卖行的举措能否取得进展，它们的线下业务仍然强劲（尽管相较于线上市场的增长，线下业务在疫情期间少了40%）。1stDibs 的最终规模将更多地取决于其私人经销商合作伙伴从拍卖行手中夺取市场份额的能力，取决于继续扩大平台提供奢侈品范围的能力，还取决于它是否能像 The RealReal 或 thredUP 那样通过接受奢侈品直接寄售而开始与商家的直接竞争。

2015 年，在 Etsy 上市后仅几个月内，亚马逊就推出了亚马逊手工（Amazon Handmade）更直接地攻击 Etsy。导致 Etsy 的股价苦苦挣扎了好几年，随着亚马逊的每一个新公告而逐渐受到打击——例如建立"亚马逊手工礼品店（Amazon Handmade Gift Shop）"，以及在某些城市提供手工品立即配送的 Prime Now。只有当投资者注意到面对亚马逊的冲击，Etsy 的有机增长实际上正在加速时，股票表现才会出现转机。这背后体现了一个令人意想不到的事实，即亚马逊的营销努力在更大程度上吸引人们对该类别的关注，反而使作为类别领导者的 Etsy 受益。与 Etsy 不同的是，亚马逊的手工品很少是独家的，他们招募 Etsy 卖家充其量也只是取得了不好不坏的结果。亚马逊向买家提供的配送和其他好

第九章 电子商务：如果亚马逊是"万能商店"，其他公司卖什么

处根本无法弥补网络效应业务中供应方的重大劣势。从2018年初到2020年初，Etsy的股价上涨了一倍多，2020年翻了两番，成为在2020年9月加入的标普500股票指数中表现最好的一家公司。

除了亚马逊和eBay之外，Etsy所面临的竞争者的广度反映了它所销售的类别有点模糊。线上线下的垂直竞争者提供类似手工风格的产品，包括West Elm Handcrafted或塔吉特的Pillowfort或Opalhouse系列。个别地区已经诞生了本地竞争者，例如美国的Aftcra，但这些竞争者由于无法分散必要的固定成本而受到规模的限制。更为根本的是，它们既不能向买方提供国际商品，也不能向卖方提供全球客户群。最重要的新兴竞争者可能是像Shopify这样的技术平台，它们可以提供另一种支持创建和经营独立店面的现成技术平台。一些服务于中小型企业（SMB）的支付技术和其他技术公司正沿着这些思路日益扩大它们为客户提供的服务范围。到目前为止，这些努力还无法帮助他们企及Etsy平台上的买家兴趣和交易数量。

值得注意的是，Etsy和1stDibs的运营市场中，都暂不支持主导性的线下在位竞争者。苏富比和佳士得共销售价值超过100亿美元的奢侈品收藏品，这已经足够多了，但全球奢侈品收藏品市场价值数千亿美元，而且散布在拍卖行和经销商手中。Etsy为卖家提供了地方性跳蚤市场显然无法提供的服务，并且如果有一定的竞争渠道的话，将自己视为对模拟替代品的补充。Etsy给予它的卖家社区经济保障，而且这些线下渠道的存在也支持这一目标，这些是符合Etsy的利益的。对1stDibs来说，卖家既是他们在需求方的竞争对手（还有拍卖行），也是供应方客户。

如果在一个生态系统中,线上平台与大型的线下在位者共同产生大部分的销售,那么他们本身就可以成为直接的线上竞争者(尽管这通常因固有的渠道冲突和有限的数字能力而变得复杂)。即使他们拒绝直接竞争,仅仅是这种可能性就会破坏"多对多"的态势,而这种态势本可以增强市场经营者的网络效应利益。然而,在某些情况下,占主导地位的线下竞争者的存在使亚马逊的数字领域相对优势更为凸显,会提升其取代数字市场在位者的能力。

权力的极限:汽车零部件

Etsy 和 1stDibs 展示了强大的网络效应是如何被产品的复杂性和分散的买家和卖家所支持,并可以产生非常有韧性的数字市场特许经营权,但它们的例子并没有证明这些特质一定无懈可击。实际上用一个例子就能简单反驳。亚马逊取代了 eBay 之前在在线汽车零部件市场的领导地位。

很少有产品类别像汽车售后市场的汽车零部件那样复杂。据研究公司 Hedges & Company 称,"在整个汽车售后市场中,包括专业零件和配件、品牌替换零件和私人品牌替换零件,大约有 800 万个基本零件编号。"由于汽车爱好者、当地汽修站及维修连锁店具有多样性,他们可能会用到一些罕见零件,因此,数字化零部件售后市场的突然出现也就不足为奇了。

汽车零部件是最早进入 AuctionWeb 的项目之一,AuctionWeb

第九章 电子商务：如果亚马逊是"万能商店"，其他公司卖什么

是 eBay 的前身，成立于 1995 年。2000 年，eBay 在这一特许经营权的基础上推出了 eBay 汽车，作为其第一个垂直型市集。相比之下，亚马逊直到 2006 年才推出汽车零部件市集，那时 eBay 已经遥遥领先。然而今天，亚马逊的汽车零部件市场比 eBay 的要大得多。要想搞清楚在一个适用于强大网络效应驱动的竞争优势行业中这类事件是如何发生的，我们要先讨论这个市场和产品的具体性质。

线上销售汽车零部件听起来就很有吸引力，但作为一个整体的类别，它是最不支持电子商务的品类之一。很明显，某些零件的尺寸和重量不适合在市集上进行交易（有没有试过邮寄保险杠或汽车电池？）更有趣的原因是，汽车零部件采购中最常见的用例也并不适合市集交易。在这个近 1 500 亿美元的市场中，只有三分之一属于 B2C 性质，靠买家自己动手（DIY），这很容易产生纯粹的线上交易行为。但市场的其余部分（约 1 000 亿美元）是"代劳市场"，由 B2B 销售构成，主要是向经销商和维修店销售，他们往往不是在两天或甚至一晚上之内需要零件，而是现在就要。

这个 B2B 市场由 4 个实体零售商（Advance Auto Parts、Auto Zone、Genuine Parts Company 和 O'Reilly Auto Parts）主导，它们支持一个专门针对"当下即用"的全国仓库网络。维持这种本地零部件密度水平所需的固定成本形成了长期的市场平衡，其中这四家集体市场价值超过 1 000 亿美元的巨头占据了大约 50% 的零售市场。即使在 DIY 市场，顾客也强烈希望在购买重要零件之前能够与有知识的销售人员沟通。这并不奇怪，有数据表明 DIY 用户经常买错并装错零件。

虽然只有 10% 的汽车零部件是在网上交易的，但这并不意味着这些传统的在位企业可以忽视线上的威胁。在线交易一直在以接近 20% 的速度增长，亚马逊在这一增长中占据了极大份额。更重要的是，90% 的零部件买家在做出购买决定之前会在网上进行研究，即使最终仍是在线下购买。亚马逊在 2016 年推出了汽车门户网站，用越来越复杂的工具确定特定车型的正确零件，并给出评论和建议。这种级别的功能已经成为该领域任何潜在竞争者的赌注。此外，就连 B2C 和 B2B 之间的界限也变得模糊不清，因为现在大多数专业机械师在维修汽车和确定需要订购的零件时，都会把智能手机带在身边。

在这些专业零售商方面，亚马逊仍将处于竞争劣势。除非它清空仓库中的大多数非汽车产品，否则不可能具备许多专业用例所需的速度水平。但是，至少在某些情况下，次日送达就足够了。更重要的是，通过亚马逊家庭服务部门，加上它已经与西尔斯汽车中心（Sears Auto Center）、Pep Boys、Monro 以及像移动机械师服务公司 Wrench 联盟，亚马逊已经能够将本来是 B2B 销售的某些部分转变为 B2C 了。

这四家巨型零售商如果仅仅安于现有的结构性优势，可能会酿成大错。若它们利用其独特资产进行聪明的投资，应该能够保持长期增长和高于平均水平的财务回报——哪怕是在纯数字领域继续占领更多的市场份额。然而，迄今为止，所有这四家公司的数字业务都很一般，或许反映出体制上的惰性，这种惰性常常感染那些对自己看似难以渗透的竞争优势习以为常的企业。从数字流量水平来看，其中做得最好的是 AutoZone，它与联邦快递合作，为 DIY 市场提供了次日送达服务。AutoZone 今天的相对数

第九章 电子商务：如果亚马逊是"万能商店"，其他公司卖什么

字能力可能反映了它在 25 年前收购了一家小型软件公司，该公司将零件目录信息整合到修理厂的工作流程中。

对于纯数字竞争者——不仅仅是市集模式中的 eBay，还有在线零售模式中的 RockAuto——亚马逊目前已经能够取代在位企业长期以来建立的领导地位。之所以能取得这样的结果，是因为它具有整合市集和零售模式的独特能力。零售业务本身并不是网络效应业务，经常是受益于传统的供应方规模。然而，当与市场业务相结合时，它们可以通过扩大产品和交付选项范围来增强现有的网络效应。这提高了潜在买家找到满足其需求的产品并进行交易的机会。亚马逊售后市场的绝大部分——可能是三分之二——是通过市集销售，其余的是零售。

亚马逊收集的数据不仅包括购买频率，而且包括用户更有可能通过次日达服务购买哪些零件，这使得它更加清楚哪些特殊产品需要自己储存和销售、哪些需要依靠市集销售。由此产生的更全面的产品选项吸引了更广泛的潜在买家，并带来了比纯粹的市集（即使是曾经领先的那些）更多的优势。这一点，加上 Prime 会员相关的某种程度的客户占有，以及其对客户服务和顺滑体验的更多狂热关注，为我们揭示了亚马逊甚至在佣金更高的情况下是如何超越 eBay 的市场地位的。

然而，超越并不等同于征服。有人估计，亚马逊和 eBay 将 100 亿美元的市场业务分成 60∶40 的比例，在某些产品和客户类别中，eBay 可能仍然是领导者。事实上，零售方面的业务增强了其市集业务，但这并不使零售本身更有吸引力。亚马逊与四大巨头竞争零售业务，还必须面对纯线上零售的长期领导者——成立于 1999 年的家族企业 RockAuto。RockAuto 没有亚马逊那样的内

部结构成本,"经营的是代购模式,从300多家制造商的网络中运送零件"。虽然亚马逊可能已经取代了它作为该行业领先的纯电子商务零售商地位,但该公司和其他一众电子商务竞争对手并没有消失。15年来,RockAuto一直以两位数的百分比增长,大大限制了亚马逊的定价灵活性和潜在的盈利能力。

eBay的汽车零部件业务总规模可能不到亚马逊的一半——40亿美元比90亿美元(在亚马逊60亿美元的市场收入之外,它还有30亿美元的电子商务销售额),但eBay的业务利润更大。根据它30%左右的总体利润率,eBay在汽车售后市场的收入至少有10亿美元。由于亚马逊的综合市集和电子商务利润率不太可能超过5%—10%,它得非常努力才能创造eBay的利润水平。

除了汽车零部件这个垂直领域之外,长期以来,传统观点认为,曾经的线上商务领导者eBay允许亚马逊在这个崇高的位置上将自己取代,是不可原谅的企业渎职行为。但当你把亚马逊超过万亿美元的估值与eBay低于500亿美元的估值进行比较时,很难得出其他结论。而且可以肯定的是,多年来,eBay已经犯了有据可查的战略错误,并因执行不力而受到影响。但是,从数字上看,得出eBay应该尝试成为第二家万能商店的结论是没有道理的。

亚马逊在一个糟糕的、长期无利可图的业务中,打出了明智的战略,利用其地位在多元化发展更具吸引力的市场业务中占得先机。但这并不表明,如果eBay利用其作为有吸引力的、有利可图的市场业务领导者的地位,将业务多样化,进入没有吸引力的市场业务,它的股东一定会得到更好的回报。

亚马逊显然是一股不容忽视的力量,但尽管它具备产品的广

第九章　电子商务：如果亚马逊是"万能商店"，其他公司卖什么

度、Prime 的吸引力、服务和执行的质量以及提供补充服务的能力，它仍无法在广泛的市场垂直领域取代在位的线上公司，这体现出强大的网络效应与显著的强化优势的组合力量。亚马逊的整体价值主张——整合市集和零售产品——对在位企业最具颠覆性的地方，往往是线下规模企业继续发挥重要作用的市场。然而，即使在亚马逊相对优势最大的类别中，也没有实际证据支撑平台幻觉。

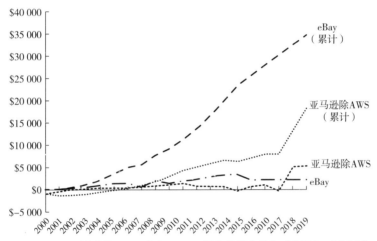

图 9.2　亚马逊（除 AWS）与 eBay 报告的营业收入（2000—2019）
年度和累计对比

资料来源：FactSet，公司文件。

汽车零部件的例子说明亚马逊的混合产品在以多样化产品和用例为特征的市场中最具影响力。然而，在这样的环境中，亚马逊本身也面临着来自业务更专注的线上线下玩家的激烈竞争，它们至少在某些产品或客户群体上有自己的优势。因此，亚马逊的相对地位在可获得高质量回报最弱的细分市场中是最强的，这着实有些讽刺。

亚马逊在零售业有很大的发展空间,并继续对线上线下在位企业构成严重威胁。但是,面对来自沃尔玛和塔吉特等正在谋求自己混合战略的、基础广泛的线下在位者的攻击,以及谷歌购物越来越积极的纯线上攻势,专业化和复杂性将继续为在位者提供有意义的保护,为创新的搅局者提供机会。也就是说,缺少实际市集功能的纯零售模式将继续挣扎于创造持续优越的回报。

本章要点

1. 线上商务越来越多地被目前占线上零售交易大部分的市集模式所主导。即使面对亚马逊的激烈竞争,这些通常以垂直领域为重点的市场业务仍然以快于整体线上市场的速度增长。根据基础网络效应和强化优势的强度,这些业务的经济吸引力有很大不同。

2. Etsy 和 1stDibs 的成功凸显了在建立持久的市场特许经营中两个重要属性的相关性:市场对专业化的适应程度和产品的复杂程度。专业化促进相对规模的建立,以及对客户的占有和学习。产品的复杂性增强规模化的网络效应强度,推动更高的保本市场份额,并提高技术应用于数据的有用性。

3. 亚马逊有时能有效地取代数字市场的在位者。亚马逊汽车在汽车零部件领域就做到了这一点,其零售产品和服务选择大大优化了纯市集的服务。亚马逊的综合零售和市集产品服务卓有成效,就像在汽车零部件领域一样,需要给重要的产品用例提供选择,而如果没有亚马逊的实体分销基础设施,就难以提供这种选择。

4. 重要的线下竞争者的存在正是对亚马逊混合零售/市集模式

第九章 电子商务：如果亚马逊是"万能商店"，其他公司卖什么

影响最大之处的体现。整个行业的经济状况可能极具挑战，恰恰使亚马逊相对于纯数字同行享有最大优势。由于亚马逊面临着来自沃尔玛和塔吉特等大批线下在位企业的攻击，他们正在追求自己的混合战略，专业化和复杂性将继续为在位企业提供有意义的保护，为创新搅局者提供机会。

第十章
带我上月球：太空旅行数字化中谁赚到钱了

第十章 带我上月球：太空旅行数字化中谁赚到钱了

亚马逊没有发挥实际作用的一个重要经济部分是消费者服务。这并不是因为亚马逊在销售服务而非物品方面缺乏固有能力。事实上，它最有利可图和增长最快的业务是向企业提供服务的 AWS，以及向其市集参与者提供的第三方服务。但在消费者领域，亚马逊的服务通常是免费提供，或与廉价的 Prime 订阅捆绑，作为鼓励购买实际物品的一种手段。

这并不是因为没做过尝试。亚马逊最早涉足传统消费者服务见于 2015 年推出的亚马逊家庭服务（Amazon Home Services）。考虑到家居产品对核心特许经营权的重要性，这个类别至少有一些意义。这种对家庭的关注使得亚马逊还收购了一家可视门铃公司，推出家庭安全服务。然而，尽管有战略逻辑和这些有点关联的业务的潜在支持，亚马逊在家庭服务方面仍然远远落后于行业巨头 Angie's List 和 Yelp。

在更大的消费者服务领域，亚马逊的业绩表现更是差强人意。它在支付、借贷和信用卡方面的金融服务计划好歹只是没赚到钱，而更多的是像亚马逊钱包（Amazon Wallet）那样完全溃败。内部或通过收购发起的各种医疗保健计划仍在继续，但具体状况要画个大问号。这一领域最近令人失望的案例是 Haven 的解散，这个项目曾与沃伦·巴菲特和摩根大通高调合作，还有名医和作家阿图·葛文德（Atul Gawande）助阵，试图为企业员工医疗保健开辟新道路。在价值几十亿美元的旅行和旅游领域，亚马逊的尝试无疑是灾难性的，幸运的是这个尝试的时间很短。亚马逊在"家庭服务"之后不久就推出了"目的地"（Destinations）服务，提供酒店预订及餐饮和景点信息，主要针对周末自驾游客。而这项服务在年底前被关闭。

数字旅游领域在多个层面上都是一个谜。一方面，互联网固有的透明度表明，在提供或比较机票和房间价格时，几乎没有进入壁垒，因而几乎没有机会获得超额利润。旅行社和代理机构数量骤减反映了数字经济学在该领域的引入，并与预期一致。另一方面，最大的在线旅游公司 Booking Holdings 的价值超过了达美航空、美联航和美利坚航空股权价值的总和。更重要的是，在过去的 20 多年里，其他多家具有不同商业模式的实质性和盈利性的数字旅游公司经常上市，从 Expedia（1999 年）和 Trivago（2016 年）到 TripAdvisor（2011 年）和携程（2003 年）。这还不包括像 Airbnb 这种瞄准旅游业的共享经济企业，以及其他十几个如 TripActions 等与旅游相关的独角兽企业持续定期出现。此外，各种其他意想不到的趋势——比如最近线下旅行社逐步下滑——增加了这个行业的神秘感。

尤其是空旅，至少在新冠疫情使其暂时停摆之前是一个快速增长的巨大经济领域，无论线上线下，都给投资者带来泪水和悲伤。几十年来，航空公司本身从沃伦·巴菲特（Warren Buffett）那里得到的嘲讽几乎比任何其他企业都多。巴菲特曾表示，一个有

第十章 带我上月球：太空旅行数字化中谁赚到钱了

远见的资本家没有击落奥维尔·莱特（Orville Wright）是一种耻辱。但是，巴菲特还是像飞蛾扑火一样，多次被吸引回这个行业，但都被燃烧殆尽。最近，为应对新冠疫情，他抛售了自己在该行业的全部股份，承认他又一次"对这个行业看走了眼"。

一般来说，没有人会觉得这个表现如此不均衡的线下部门能养活一个稳定的、有韧性的数字部门。事实上，在航空旅行生态系统中，就有这样一个行业，而且，其强大的网络效应和长期赢家通吃属性，比 FAANG 公司更符合平台幻觉。

然而，纵然有这些显著成果，这个行业却表现出一个与平台幻觉根本相悖的核心特征。平台幻觉的基本理念是互联网使这些强大的商业模式得以显现。然而，这个行业已经有超过 50 年的历史。它的成功与互联网无关，而互联网的出现对其竞争优势的强度的影响也微乎其微。虽然这个行业可能不太受关注，但它并不过时。许多最强大的网络效应驱动的电子特许经营企业——它们既早于互联网，也基本没有受到互联网的影响。这其中庞大的信用卡行业是另一个最好的例子，我们将在后面有更多的讨论。

就像任何好的谜团一样，要揭开它，你需要回到起点。这里我所说的行业，它的历史和特点没有被公众广为了解。它诞生于这个时代最大的技术公司和美国航空公司之间的合作。

电子旅游平台的诞生

在互联网出现之前的几十年，航空公司和旅行社一直在努力解决如何代表客户进行有效沟通和交易的问题。最早期，旅行社给航空公司订票处打电话，后者会在代表特定航班的索引卡上勾选。即使在20世纪40年代美国航空（American Airlines）通过开发第一个计算机预订系统（computerized reservation systems，简称CRS）使其库存跟踪自动化之后，航空公司和销售代理之间的互动仍然技术含量很低。直到10年后，美国航空与IBM合作，在1960年推出了半自动商业研究环境（SemiAutomatic Business Research Environment，现简称Sabre），才建立起现代全球分销系统（Global Distribution Systems，简称GDS）的雏形，至今仍为商业航空提供助力。

其他美国和国际航空公司也很快跟进开发这些功能。但直到20世纪70年代，预订系统才通过支持与旅行社电子连接的软件，发展成为全球分销系统。到了20世纪90年代，这些系统已经凝结成少数几个行业联盟，随着日益独立的全球分销系统巨头上市、分拆、出售或这几种方式的组合（Sabre在不同时期都做到了这三点），过去的航空公司所有权不复存在。最后一个重要的组合是Worldspan（在20世纪90年代由达美航空、西北航空和TWA成立）和Galileo（最初是由英国航空领导的集团，与联合航空创办的Apollo合并），这两家公司在2007年合并为Travelport时都为私人股本所有。最后一家私营航空公司的全球分销系统，是长期以来统领欧洲市场的Amadeus，于2010年上市。Amadeus、Sabre和Travelport至今仍是仅有的、真正意义上的全球分销系统。近50年前，这些全球分销系统平台开始将航空公司的定价和可用库存与旅行社联系起来，那时这些业务便开始表现出典型的双面网络效应。航空公司提供的相关内容越多，

第十章 带我上月球:太空旅行数字化中谁赚到钱了

旅行社就越想连接;平台上连接的旅行社越多,航空公司就越想利用这些深入的分销来源。

这个行业的经济效益主要围绕着航空公司向全球分销系统支付每个航段的费用,由全球分销系统与旅行社分摊。这笔费用平均保持在 5 美元左右,但根据关系中的相对议价能力,费用多少和分成情况都有很大差异。因此,对于大型航空公司和在航空公司本国购买的航段,费用较低,因为航空公司可能很容易直接吸引客户。同样地,虽然全球分销系统与旅行社平分费用,但小旅行社获得的费用要少得多,大旅行社则多得多。

撇开体量折扣不谈,只有最大的旅行社才能"多点连入"(Multi-home)全球分销系统供应商因为每个全球分销系统都收取订阅费,再加上安装、维护和培训多个系统的负担,支持多个系统就变得不太划算。但这有一个弊端,尤其考虑到不少转换成本,全球分销系统在议价方面占了上风。相比之下,全球最大的航空公司几乎都是多点接入,三个全球分销系统中每一个都显示它们的内容。虽然一开始并不是这样,但由于诉讼、监管、所有权的变化和竞争性举措,这在很大程度上是几十年来的行业现状。而主要航空公司的多个系统合作,成为大多数旅行社不屑于这样做的原因,因为尽管有议价优势,但多点接入对它们而言并没有什么实质的好处。

运营全球分销系统中的少数几家公司成功地在好年景获得了航空业 10% 的利润,而在坏年景中也仍然做得不错,并且成为大多数旅行社代价高昂但不可或缺的合作伙伴。它们签订的是长期合同,虽然旅游业发展放缓会使它们触底,但它们已经基本不担心油价飙升、员工行动、坠机、监管挑战和公共关系这些困扰航空公司的系统性噩梦。全球分销系统行业这种不受外部影响且旱涝保收的盈利能力，使得航空公司和代理机构频频抱怨，其中一些抱怨有一定的合理性，这一点我们会在后面讨论。

然而，很难说这种长期的行业平衡没有为其成员提供良好的服务。航空公司可以利用全球分销系统聚合的旅行社的集体影响力，而不需要建立自己的营销和分销网络来反复试验。即使是在偏远地区的小型旅行社，也可以迅速为他们的客户提供与城市中心的大型机构相同的全球航班选项。这种电子基础设施，支持了自第二次世界大战结束以来全球旅行的指数式增长，一直是整体经济的一个关键驱动力。

这些电子网络效应驱动的平台的高利润稳态早于消费者和企业对互联网的广泛使用。那么（像互联网）这种具有终极颠覆性的技术的引入对舒适的寡头垄断有什么影响？影响其实比想象的要少。

互联网改变了一切，也一切都没改变

互联网的出现和技术的进步对全球分销系统（GDS）主导的既定秩序构成了三个威胁。面对这些真实的结构性挑战，全球分销系统行业能够蓬勃发展，表明其竞争优势的性质和弹性。

威胁一：航空公司直接对接旅客

互联网为航空公司提供了一种新的有效手段来与旅客进行直接沟通和交易。这项技术从根本上加强了以前有限的直接面向公众的渠道，完全解除了间接渠道（旅行社）的干扰。全球分销系统的根本目的是为连接间接渠道和航空公司的网络提供服务，所以任何使旅行社去媒介化的行为都会使它们去媒介化。

当然，个人客户一直都有与航空公司直接联系的路径，要么通过电话，要么通过访问曾经随处可见、装修时髦的售票处，这些售票处通常位于全国各大城市最昂贵的建筑里。对航空公司和旅客来说，能够在网上订票而不用等待与客服人员互动的好处无需多言。在1994年有了电子票之后，售票处的数量就开始下降。美国航空在美国曾经有120个这样的办事处，而如今只剩下3个，都在佛罗里达州。即使在航空公司售票处的全盛时期，直接销售也只占机票销售总量的20%。但由于网络的存在，航空公司现在直销的机票占比远远超过一半。

威胁二：在线旅行代理的崛起

互联网催生了几十家在线旅行代理（Online Travel Agencies，简称OTA），旅行者可以通过这些机构在比较不同的出行选择后自行预订。微软在1996年与Expedia建立了最早和最长寿的在线旅行代理之一。而在线旅行代理的激增也催生了元搜索公司的激增，如Skyscanner和Kayak，它们对各家在线旅行代理的产品进行比较。这些发展为消费者提供了一个全新的价格透明度，他们不再需要依赖旅行社的说法，也不再需要经历访问多个航空公司网站或致电多个订票处的繁琐程序。

在线旅行代理实际上并不与全球分销系统或航空公司竞争——它们与线下旅行社竞争。但它们被引入生态系统对前面两者都有重大影响。通过聚集大量潜在需求，在线旅行代理可以在谈判中获得优势，使全球分销系统可以为自己保留航空公司的费用份额。而航空公司更倾向于由直接渠道而不是加强间接渠道来把握线上机会。因此，至少在最初，**全球分销系统**和航空公司都试图自己在新兴的在线旅行代理部门中发挥作用。例如，Travelocity是作为与Sabre的合资企业成立的，还有两个头部在线旅行代理是由航空公司联盟成立的——美国的Orbitz和欧洲的Opodo。

值得注意的是，Orbitz和Opodo最终都被卖给了各大全球分销系统，但它们的利益最终都被全球分销系统从其附属在线旅行代理中剥离。航空公司和这些全球分销系统进入在线旅行代理业务在一开始似乎是个好事，那为什么两者后来都退出了呢？答案有时就像它看起来的那样：当涉及航空旅行时，在线旅行代理业务对全球分销系统或航空公司来说既没有出色的业绩，也不具备战略意义。

多年来，多达几十家竞争性在线旅行代理能够进入市场，是缺乏进入壁垒的最佳表征。当然，有些公司通过商业模式或市场定位以这样那样的方式使自己脱颖而出，但最终都依赖于相同的全球分销系统，提供基本相同的内容。随着在线旅行代理的数量成倍增加，它们想要吸引的旅客都是同一批，所以营销成本特别大。除了建立和维护消费者品牌所需的大量线下投资外，所有这些企业都需要投入大量资源来确保在大多数消费者使用的一个旅游门户上获得有利的相对位置：这个门户就是谷歌。

有效的搜索引擎优化（确定产品在有机搜索结果中的位置）和搜索引擎营销（通过付费广告，通常是点击付费，提高搜索可见度）需求，已经成为任何消费产品或服务的核心运营规范。在一些行业中，在搜索引擎优化和营销（search engine optimization and marketing，简称 SEO/SEM）策略方面的特别创新是辨认最佳运营商的关键。但问题是，这种技能无法体现可持续的竞争优势。这种创新最终会被复制，而且谷歌有一个臭名昭著的习惯，就是每当一个企业以为自己破解了谷歌的代码，谷歌就会改变算法。《赫芬顿邮报》和 BuzzFeed 都是由同一位先锋网络营销人员创办的，它们发展迅猛，一度实现盈利，并从根本上改变了新闻网站的内容盈利方式。由于其他新闻网站都在模仿他们的最佳策略，导致在很长一段时间内两家企业都赚不到钱，而且增长停滞不前。

更重要的是，在线旅行代理为了吸引用户不计代价，这也是吸引元搜索公司加入的部分原因，为了进一步挤压在线旅行代理的可用利润。而当谷歌在 2011 年收购了自己的元搜索公司 ITA Software 为其航班搜索工具提供动力时，进一步增加了元搜索渠道的重要性。这对在线旅行代理有三个方面的负面影响。第一，阻碍了它们获取有机流量；第二，进一步提高了获取无机流量的成本；第三，增加了旅行者与航空公司网站而不是在线旅行代理直接对接的可能性。

竞争加剧导致营销成本增加，为行业整合注入了结构性动力。传统规模的优势在这里得以实现，既分散了固定成本，又获得了价值链中的议价优势。而且，正如我们接下来要说到的，几十个在线旅行代理已经被整合成两个大玩家，占据了市场近 90% 的份额。但是，如果这些参与者从规模经济中受益，为什么不能使它们至少在航空旅行方面成为优质企业？如前所述，供应方的规模带来的好处是有限的，没有实际加强竞争优势。空旅在线旅行代理没有其他需求或供应方的明显优势。在需求方面，最终客户一般只想尽可能容易地获得最好的机票交易，忠诚度不高。在供应方，在预定的点对点旅行中确保最低价格这一有限的用例本身并不适合利用大数据或专有技术来获得卓越的结果。

但在线旅行代理受益于网络效应——需求方规模补充了供应方规模。航空旅行是一个多对多的市场，它本身就具有潜在的强大网络效应；在线旅行代理可以将许多航空公司与更多的乘客联系起来。问题是，在网络的两端，在线旅行代理已经被其他网络所取代：供应方的三个全球分销系统网络和需求方的谷歌和元搜索网络。这使得在线旅行代理被夹在中间。在线旅行代理享有的供应方规模也没有航空旅行中看起来那么压倒性。最大的两家公司近90%的份额仅限于在线旅行代理类别中，该类别总体上仍然与线下旅行社和航空公司竞争，在全球机票预订量只占到25%。随着航空公司投入的营销力量增多，直接预订已经爆炸性增长，加上千禧一代越来越享受个性化服务的乐趣，线下休闲旅行社的颓势已经发生扭转。

那么，一方面是直接渠道去媒介化后的爆炸性增长，另一方面是在线旅行代理整合带来的谈判筹码加强，这两者对全球分销系统公司的经济状况产生了什么影响？用数字说话。让我们看看最后一家上市的全球分销系统公司Amadeus从2010年上市到疫情对旅游业造成广泛破坏之前的2020年初10年间的业绩。

Amadeus一直是行业中表现最为强劲的公司。凭借其长期投资的战略，加上不参与破坏性价格竞争的意愿，它一直受益于萎靡的全球分销系统份额的缓慢回稳趋势。然而，最值得关注的是，在行业的结构性变化中，这三家全球分销系统公司的表现主要由行业整体盈利能力来源以及全球分销系统竞争优势的广度和强度所驱动。

第十章 带我上月球：太空旅行数字化中谁赚到钱了

图 10.1　Amadeus 自上市以来的市场表现

资料来源：标普资本 IQ。

诚然，对全球分销系统来说，由于给在线旅行代理的分成更大，在线旅行代理渠道休闲旅游机票预订的利润只有线下代理渠道的一半。但是，航空公司的最大利润点，也是全球分销系统公司不可或缺的合作伙伴，就是商务旅行。企业市场主要依靠被称为旅行管理公司（Travel Management Companies，简称 TMC）的线下旅行社——其中最大的是美国运通全球商务公司、BCD 和 CWT，它们很少使用直接渠道或在线旅行代理。更重要的是，TMC 领域的整合程度较低，这三大供应商把控了市场的大部分份额，但不像 Expedia 和 Booking 对在线旅行代理市场的控制那么大。尽管这些较大的线下机构确实利用其规模从全球分销系统中获得了比小机构更好的条件，但这是一个与在线旅行代理掌控的份额相比更均衡且更稳定的份额。

航空旅行的整体增长——一直是 GDP 增长的倍数——加上

自低利润休闲旅行预订发生的组合转变，已经弥补了航空公司的体量缩减和在线旅行代理带来的定价压力。自 2000 年以来，全球分销系统全渠道预订的航空旅行比例已经从全球一半以上降至 30% 左右，考虑到全球分销系统如此巨大的变化，航空旅行的增长更显可贵。当然，在报纸行业，由于有强大的结构性优势，在读者人数减少的情况下也能在数十年间跑赢整个市场——直到他们消失。虽然这仍然算是一个有点相关的警示故事，但其中一个很明显且关键区别是，大多数全球分销系统利用其独特的访问权限和对其已安装数据基数的了解积极地开发新的软件业务。

在航空旅行生态系统中，全球分销系统平台相对于在线旅行代理平台的结构优势是非常明显的。三个行业巨头的供应方规模优势得到了以大量固定成本为主导的商业模式支持。网络效应的价值得到了加强，这是因为市场两端的任何一个或一小部分参与者都不占优势，而且只有通过平台才能方便地接触到小型长尾参与者。

与在线旅行代理不同，全球分销系统该公司的规模优势因市场两端强大的客户占有率而得到有力加强。别忘了，全球分销系统是作为有记录以来第一批企业软件公司出现的，这个行业的特点是长期的合同和高昂的转换成本。更重要的是，全球分销系统公司已经逐渐开发了额外的旅客服务系统软件应用——推动定价、库存分配、自家网站后端管理等一切流程——都是为了进一步嵌入航空公司的工作流程，并改善其核心全球分销系统产品的内容交付。Amadeus 是这一领域乃至整个行业的领头羊，现有超过 40% 的收入来自 IT 解决方案。曾经最弱的参与者 Travelport 在开发这些有黏性的应用程序方面进展最慢，这并不是巧合。非软件类旅行社的客户占有是比较直接的。对于除了几个巨头之外的全球分销系统公司，单一采购是财务上的需要，改变其供应商将是一项大工程，牵扯大量成本和对业务的干扰。

威胁三：航空公司直接对接旅行社

互联网对全球分销系统商业模式产生的第三种也可能是最危险的威胁体现了全球分销系统竞争优势的广度和深度。航空公司挑选低利润的休闲旅游客户是一回事。航空公司和旅行社直接合作，完全绕过全球分销系统，这是它们的核心价值主张。

多年来，对全球分销系统成本和功能的失望推动了新玩家的入场和对当前秩序的替代。随着航空公司的整合，特别是在美国，他们已经成功地对全球分销系统的定价施加了一些压力。但是，目前提出的结构性替代方案中还没有一个获得重要牵引力。在过去10年中，唯一一个获得有意义采用的全球分销系统是中国民航信息集团，主要限于中国国内旅行。

过去，各种低成本航空公司已经完全放弃了全球分销系统模式，完全依靠直接预订，但即使是它们也为确保获得有价值的商务旅行者渠道而松了口。汉莎航空（Lufthansa）是大型航空公司中首个对在位全球分销系统开展大规模正面攻击的，公司于2015年开始对间接渠道的预订收取附加费。更重要的是，建立一个新的基于XML的行业通信标准（称为NDC），以促进航空公司向全球分销系统公司周边代理商分发内容，这使得汉莎航空能够通过它提供优惠的价格和航班席位与它们建立直接联系。

汉莎航空的战略要求它改变与全球分销系统的协议，协议中它承诺在各渠道中实现票价和内容平等，以换取较低的预订费。

这种做法的问题在于，全球分销系统的体量缩减绝大部分发生在其费用最低的本地市场，但修订后的内容协议却导致整个全球网络中其他预订的费用增加。一些分析师认为，这些变化对全球分销系统盈利能力的净影响"实际上可能是有益的"。有些航空公司已经采取了各种混合战略，建立利用全球分销系统基础设施进行的直接渠道。然而，没有一家公司采取了汉莎航空那样的极端措施，这显然是有原因的。

所有这些都引出了一个问题：为什么汉莎航空会采取这种激进的策略并使冲突升级。考虑到公司经济状况存在问题，以及对其旅行社和全球分销系统合作伙伴关系的影响——它们已经推动欧盟对汉莎航空的做法进行反垄断调查——此举似乎没有什么好处。有人指责全球分销系统难以攻破的竞争护城河使得它们在技术现代化和创新方面进展缓慢，可以肯定的是这种说法有一定道理。尤其在全球分销系统平台被私募股权公司以限制投资的高杠杆交易进行控股的时期，全球分销系统的产品路线图并没有取得很大的进展。作为佐证，Travelport 目前仍然由私募股权公司拥有，并且在新冠疫情危机期间需要进行重组，它的市场份额似乎在加速输给 Amadeus。但是，对绿屏技术和总体客户无反应的臆测是不公平的，这些公司的 IT 解决方案业务的近期增长就是证明。事实上，有些人认为汉莎航空激进做法的"主要催化剂"是原本"汉莎航空自身分销战略的问题"，而不是 GRS 供应商的失败。

也就是说，全球分销系统案例研究的教训不仅仅是关于相互加强的集中优势的韧性，它还牵涉这样一个事实：时间、技术和产业结构的变化甚至对最强大的竞争优势都构成了威胁，因此有必要保持警惕。这种警惕不仅关乎通过积极的对产品和营销投资

第十章 带我上月球：太空旅行数字化中谁赚到钱了

不断加强优势，而且涉及如何与生态系统中的其他人进行最具建设性的互动，包括建立一种文化，避免寡头垄断者之间的破坏性竞争——例如用完全合法的互惠行为来避免试图从对方的地理优势区域"偷"走旅行社客户。

但同样重要的是与上游和下游伙伴的往来。那些像全球分销系统行业这样拥有竞争优势的企业应该从长计议，以一种能带来持续成功且符合价值链中其他企业利益的方式共享利益。短时间内以积极的定价和有限的研发捞一把好处，会招致长期的威胁。其实跟技术的力量是一个道理，新分销能力（NDC）的建立是否最终破坏了全球分销系统的集体特许经营都是由它们的行为所决定的。某些私募股权公司较短的投资期限——有时被描述为类似于锅炉房交易员的"先拉后砸"策略——或会导致长期的价值破坏行为。

全球分销系统的历史非但没有结束，反而与其他行业密切相关，在这些行业中，历史悠久的以电子为基础的网络效应企业在面对互联网搅局者时，不仅能生存下来，而且发展得很好。连接商户和银行机构的信用卡网络是这种现象的突出表征。就像航空公司建立全球分销系统一样，最初的信用卡公司是由银行自己创建和拥有的。

尽管这些公司在独立后做得不错，但许多人预计，随着在线支付行业的诞生，维萨（Visa）和万事达（Mastercard）将会去媒介化。先发者 PayPal 在早期曾试图通过激励客户使用其银行账户信息而非信用卡号码来实现这一目标。但在 2016 年，PayPal 最终意识到，试图绕过而不是利用现有的信用卡网络将大大减缓自身的增长——最重要的是会为 Apple Pay 和 Android Pay 等快速跟进的企业创造机会。

由此产生的 Paypal 和更广泛的在线支付领域的增长，只会加速信用卡网络的价值升值。在过去 10 年里，维萨和万事达的股票升值了 10 倍以上。虽然新的在线支付行业已经崛起，有着 Paypal 以外几十家互联网独角兽公司，但这些新平台的价值都无法接近这两个超过 50 年历史的在位企业。事实上，整个行业可能比维萨和万事达的总价值都还要小。即便如此，维萨公司以 53 亿美元收购金融技术颠覆者 Plaid 的努力被美国司法部喊停，也表明哪怕是这些巨无霸，也会受到生态系统变化的影响。

回到庞大的旅游行业，还有其他的重要经验可以探讨，都突出了平台幻觉的底层漏洞。下一章的标题是"'旅行就是生活'：Priceline 千亿美元价值公司的成长之路"，考虑在商业航空生态系统中不宜对在线旅行代理和全球分销系统进行比较，这个标题看上去有点令人意外。Priceline 无疑是一个在线旅行代理，而在新冠疫情重创旅游业之前的高峰期，整个全球分销系统行业的价值几乎都不到这一家公司的一半。通过对航空旅游行业的结构性观察，Priceline 的成功有个显而易见的部分：尽管它起源于航空旅游行业，但该公司的成功与航空旅游关系不大。

本章要点

1. 全球分销系统行业一直是航空旅行领域唯一可靠、可观的赚钱工具。航空公司本身的业绩长期以来一直很不稳定，往往是由不可控因素所导致的。尽管近期的整合改善了情况，但正如新冠疫情中所展现的那样，该行业远没有具备应对冲击的韧性。

2. 全球分销系统是一个远早于互联网的电子网络，是一个强大的网络效应驱动的寡头垄断，具有强化的供应方规模和客户占有。

3. 即便由于航空公司越来越多地与消费者，有时还与旅行社建立直接联系，通过全球分销系统预订的旅行比例急剧下降，但全球分销系统的收入、利润和盈利能力却持续增长。这一出乎意料的结果得益于其网络效应的内在力量、对高利润商务旅行市场的不可或缺性、提供增量增值服务的独特能力以及新冠疫情之前航空旅行的持续增长。

4. 哪怕是由多种竞争优势来源支持的超级特许经营企业也会逐渐受到威胁和压力。全球分销系统已经利用其结构优势开展周边业务从而解决这个问题。认为潜在的特许经营利益得到了充分实现和公平分享的看法，减少了对在位企业的干扰或对新竞争者的动力注入。这些方面的弱点可能最终会缩短全球分销系统的统治，但在短期内不太可能发生。

第十一章

"旅行就是生活":Priceline千亿美元价值公司的成长之路

第十一章 "旅行就是生活"：Priceline千亿美元价值公司的成长之路

现在的 Booking Holdings 在 1997 年以 Priceline.com 起步，这个"你自己定价"（Name Your Own Price）的企业因威廉·夏特纳（William Shatner）主演的广告而闻名。虽然该公司在上市近 20 年后的 2018 年才改名，但那之前的 10 多年，该公司减少了对原来粗糙的商业模式的依赖，也与有问题的创始人完全切断了联系。

同样切断了的还有 Priceline 对航空旅行的过分依赖。除了为最初的夏特纳广播广告写文案的时间，创始人杰伊·沃克基本都在赠送公司股权，让航空公司提供折扣机票。虽然沃克将这种营销噱头吹捧为"极具革命性"，并向公众保证"全球经济的很大一部分"最终将使用"自行定价"机制来定价。但根据该公司 1999 年 3 月的首次公开招股说明书，"休闲旅行机票的销售"基本上占据公司的全部收入。尽管这家亏损的小公司好歹也推出了经过测试的产品，包括新车销售、房屋抵押贷款和酒店房间的预订，而且其野心远远超出了这些类别，但潜在投资者看了公开披露信息就会知道，Priceline 的"近期和潜在长期前景"将继续依赖于机票销售。

Priceline 的创始人沃克是一个不太可能成为数字时代大师的人。这位连续创业者主修劳动关系，从大学休学后创办了一份失败的地方报纸，后来他从实际业务着手，在 1994 年成立了智库 Walker Digital，转而从事创意。他创办的企业大多不成功，其中许多企业的共同点似乎是"通常以某种低技术、交叉营销计划为基础"。在 Priceline 之前，他唯一获得实际财务成功的是一家利用信用卡月结单和其他渠道来销售折扣杂志订阅的公司。与 Priceline 一样，这项业务——最终被称为 Synapse——被定位为消费者友好型（一生一次的机会！），同时使用了有破绽的索赔和营销技术（永久性自动更新订阅）。沃克将 Synapse 卖给了时代集团，而继时代集团之后的下一位买家支付了 500 万美元来解决关于该企业欺骗性行为的集体诉讼案。

沃克吸引了备受尊敬的高管加入 Priceline，得到了蓝筹投资者的支持，并拉拢了当时顶尖的互联网研究分析师摩根士丹利的玛丽·米克尔（Mary Meeker）为之助力。尽管有各种危险信号，特别是 Priceline 的财务状况，但该企业背后的助推力还是引发了超高的期望。而且没有让人失望。在上市当天，股票收盘价是开盘价的四倍多，一个月后上涨了十倍多。

在 2000 年 3 月互联网泡沫达到顶峰之前，Priceline 股票从早期的飙升中飘落。直到该公司在 9 月份报告说它的营收预计将大大低于预期，无法按计划实现收支平衡，事情才开始变得真正糟糕。由于机票销售的短缺，该季度的收入连连下降。与此同时，美国康涅狄格州宣布会针对公司的做法开展消费者欺诈调查。仅仅一周之后，沃克宣布，他将终止一个附属企业的经营，该企业

第十一章 "旅行就是生活"：Priceline千亿美元价值公司的成长之路

授权Priceline"技术"许可，以销售食品和汽油。该风险项目在前一年大张旗鼓地面世，消耗了数亿现金，却没有什么成果。接下来的一个月，公司宣布了裁员和受人尊敬的首席财务官的离职，使股票从165美元的历史最高价跌至4.28美元的历史最低价。

在几个星期内，公司的一份文件显示，它将需要支付与一项诉讼相关的费用和诉讼开支，该诉讼指称沃克实际上窃取了"自行定价"的想法。Walker Digital公司提出了一份赔偿金，但Priceline现在怀疑沃克能否满足。当沃克离开公司并在年底辞去董事会职务时，Priceline的股票已经跌到了1美元多一点。在接下来的夏天，他卖掉了他在该公司的大部分剩余股份，在很大程度上切断了与公司的联系。

诉讼经常成为沃克早期商业企业的特点。例如，在卡尔·伊坎（Carl Icahn）管理环球航空（TWA）期间，他曾起诉沃克的一家企业向旅行社大量销售优惠券的不当行为。伊坎对沃克的持续敌意使他成为Priceline股票崩溃的少数赢家之一；他一路做空。然而，在离开Priceline并回到Walker Digital之后，诉讼或多或少成为沃克的副业，他对一百多家公司提起了数十起专利诉讼，其中包括亚马逊和谷歌等。沃克发现自己更有可能被视为一个专利巨头，而不是他在Priceline早期被称为的"新时代的爱迪生"。

沃克离开后，Priceline的股价多年来一直顽固地保持在个位数。股价如此低迷，以至于该公司在2003年宣布了1∶6的反向股票分割，以避免退市的风险。9·11事件的悲剧延长了Priceline的经营困境，但有一个重要的积极的意外后果——它将公司的重点从航空旅行转移到酒店。由于酒店预订服务占到了一半以上，Priceline入股由主要酒店集团所有的酒店预订网络Travelweb。在

2002 年到 2004 年间，非航空的业务收入，主要是酒店预订，从总收入的三分之一上升到三分之二。

Booking.com 的诞生

到 2004 年，Priceline 已经稳定了股价，拓展了对航空旅行和其古怪商业模式的依赖。只有不到 10% 的旅游库存是通过最初的那种低价渠道分销的。这些渠道包括各种票务整合商以及 Hotwire 等其他有竞争力的在线"不透明"定价服务。通过进入传统的在线零售旅游领域，Priceline 大大扩展了潜在目标市场。

但是，Priceline 的规模与另外三个已经开始瞄准线上行业的大型竞争企业相比，仍然是一个零头。其中最大的 IAC 旅游公司不仅拥有 Expedia，还拥有 Hotwire 和 Hotels.com。宣布从小众的旅游服务提供商转为广基旅游服务提供商的意愿是一回事，面对拥有庞大资源的多家在位企业，进行如此的搅局则是另一回事。当时，IAC 旅游公司的营销预算接近 5 亿美元，而 Priceline 则远不到 1 亿美元。

鉴于美国国内市场的财务需要，Priceline 与私募股权公司 General Atlantic 成立合资企业在欧洲推出，以帮助弥补预期的损失。问题是，在欧洲或其他地方没有人听说过"自行定价"，而且不仅要建立一个品牌，还要教育公众了解一种新的购买方式，所需的资金是巨大的。9·11 事件后不久，General Atlantic 就撤走了资金。这些有机努力的失败为即将改变公司的交易奠定了基础。

第十一章 "旅行就是生活"：Priceline千亿美元价值公司的成长之路

2005年3月Priceline对荷兰酒店网站Booking.nl的收购，还不能算是Booking Holdings历史上的标志性事件。相反，是英国的Active Hotels公司在前一年9月进行的一项更大的交易促成了公司的戏剧性转折。两家公司在各自的地区都是最大的公司（Active在英国，Booking在欧洲），签约的酒店数量也差不多，主要是一些不容易接触的小型独立酒店。通过向英国消费者提供新的欧洲大陆的选择，以及向欧洲大陆的消费者提供新的英国选择，合并网络为潜在收入带来了显著提升。同样，与有着更多度假旅客的服务公司合作，对酒店的吸引力也会增加。这种优势互补的逻辑使两家公司在与Priceline碰头之前就开始讨论合并问题。

现任Booking Holdings首席执行官格伦·福格尔（Glenn Fogel）当时负责Priceline的企业发展，当他发现Active的收购并跟进Booking.nl时，实际上已经关停了公司的伦敦业务。两家公司的业务被合并，重新命名为Booking.com，并将业务扩展到欧洲以外。这两笔交易的总价格不到3亿美元。

Priceline对Active和Booking.nl两项收购在2005年被整合，迅速影响了公司业绩和股票表现。公司股票在2006年和2007年升值了500%，收入和利润率在这一时期的增速明显高于同行。Priceline在2009年首次超过了Expedia的市值，并在2013年超过了其总预订量。此后多年来，该公司也开展了一些远比这两项更大规模的收购，但即使把它们合起来也无法像Active和Booking那样产生翻天覆地的影响。

后来的交易加强了地理覆盖能力（2007年在亚洲的Agoda），增加了技术能力（Buuteeq的数字营销能力、Hotel Ninjas的物业管理软件，以及Price match的酒店数据分析，上述收购都是在2014年和2015年发生的），或者建立了合乎逻辑的周边业务关系（2010年TravelJigsaw的汽车租赁，2013年和2017年分别是Kayak和Momondo的元搜索）。虽然其中大多数都不是非常成功，但它们的数额都不大，还算能接受，只有Kayak的成本超过10亿美元。不幸的是，该公司最大的收购案，即2014年以25亿美元收购餐厅预订软件平台OpenTable，是战略上最薄弱的。它是2016年9.41亿美元初始减值费用和2020年较小减值费用的对象。

虽然公司如今在多个主要品牌之下运营，但绝大部分收入和利润都与Booking.com本身有关。Priceline品牌实际上已经停止了机票和租车交易的"自行定价"竞价过程，现在主要作为一个传统的美国在线旅行代理运营，其大部分预订是酒店预订。2017年7月26日，也就是Priceline改名为Booking Holdings的前一年，该公司市值上升到1 000亿美元以上。

看得见风景的房间：是什么让在线旅行代理的酒店预订比出售机票好得多

我们已经详细描述了Booking Holdings从一个不赚钱的专注于美国航空旅行的小众在线旅行代理商到《经济学人》所说的"全球最大的在线旅游公司"的转变。但是，尽管Booking已经涉足元搜索和一些主要相关的软件业务，它仍然在最大限度上是一家在线旅行代理。这家公司的规模不仅使整个全球分销系统行业的规模相形见绌，而且在线旅行代理行业的所有其他上市公司的规模加起来

第十一章 "旅行就是生活"：Priceline千亿美元价值公司的成长之路

也难以望其项背，这主要归功于一个因素：酒店和航空公司之间的区别。

其中的区别与产品本身的性质和行业结构有关。

在线旅行代理产业具有网络效应，但正如我们在第九章中所观察到的，产品的复杂性是决定网络效应潜在影响的关键要素。买家在购买前参考的相关属性越多，网络运营商提供合格服务所需的供应库就越多样化。更重要的是，一旦达到一个可行水平，增量供应的价值同样是由产品的细微差别的重要性所驱动。在休闲航空旅行中，便捷性——自从协和式客机被淘汰后，所有直达航班的时间都差不多，尽管出发和转机时间有很大差异——以及成本主导了所有其他参考因素。当然，我们都有一些对服务周到以及廉价航司的偏好，也会考虑自己对这两类航空公司之间总体差异的重视程度。但这些考虑只是影响我们在其他相似替代品之间的选择。对于大多数航线来说，在任何情况下都只有少数几个选择，这就是为什么有数以百计的空旅在线旅行代理，以及新成立一家在线旅行代理是如此容易的原因。

说到产品的复杂性，酒店则完全是另一回事。到纽约来一次浪漫的旅行？可能只有几家航空公司在飞你的航线，但一旦到达，会有近700家不同的酒店，其中近500家在曼哈顿。这些酒店有超过10万个房间，只有一部分是景观房。在这种情况下，备选方案的覆盖深度真的很重要，尤其当重点不仅限于价格，还有所在位置、酒店风格、房型特点以及有无个人偏好的设施。

在其他类似的商业模式中，产品的复杂性所产生的巨大影响可以在在线旅行代理以外的各行业中看到。例如，世界上最大的两家金融数据供应商路透社（后来的汤森路透，现在的 Refinitiv）

和彭博社被许多因素驱动着各自的命运。但是，使彭博社领先于路透社长达一个世纪的一个决定性因素是，彭博社以固定收益市场为目标，而路透社的历史核心业务是外汇。虽然世界上有近200种货币，但其中10种就占了99%的交易量。相比之下，未偿还的债务发行量甚至比成千上万的上市公司还要多。一家上市公司或私人公司或政府实体就可以发行几十种不同的债券。不仅未偿债券远多于股票的数量，而且每一种债券的财务相关条款的数量——从赎回日期和溢价到契约和控制权变更条款——都很庞大。值得注意的是，这种复杂性有利于开发黏性软件和分析工具来跟踪、管理和比较各种证券。

谈到行业结构，我们已经讨论了航空公司合并的影响，在美国表现得尤其突出。国际航空公司在经过一段时间的自由化和新竞争者的出现后，近年来也开始了整合。酒店也经历了类似的整合趋势，独立酒店要么直接出售，要么与大集团合作，以便从它们的营销能力中获益。然而，与航空公司的情况不同，目前仍有大量长尾独立酒店存在。纽约市酒店协会所代表的酒店比国际航空运输协会所代表的全球航空公司还要多。更重要的是，这还不足以表现持续的分裂程度，因为即使在那些隶属于大型酒店品牌的酒店中，仍有不同的所有权和/或管理集团，以及重要的独立决策权。

此外，航空业中最初的全球分销系统是由早期的本土企业的软件协会和航空公司联盟发展起来的，与此不同的是，酒店的多样性已经催生了地区和全球相应分散的软件供应商，来管理预订和设施、获取客户以及连接在线旅行代理。这最后一项功能被称为"渠道经理"，有几十种竞争性选项。最佳的渠道管理企业取决于特定酒店规模、复杂性、位置和目标市场，以及正在使用的其他需要

第十一章 "旅行就是生活"：Priceline千亿美元价值公司的成长之路

整合的软件。这种不同的软件供应商和与分散的酒店业的联系，根本不适合建立一个类似于全球分销系统的实用程序来管理所有房源供应，这留给在线旅行代理更多潜在机会来发挥宝贵的市集作用。

在酒店业的历史上，与全球分销系统最接近的、有可能脱离在线旅行代理的媒介的是酒店业转调公司（The Hotel Industry Switch Company，简称THISCO），它由17家连锁酒店在1989年成立。然而，它与全球分销系统的区别远远大于其共同点。在最初的全球分销系统成立数十年后，THISCO成立的动力并不是酒店连锁本身，其实各酒店在经过激烈的争论后各自只是勉强捐出了10万美元。相反，主要的支持者实际上是鲁伯特·默多克，他当时麾下有一批旅游出版物，包括旅行社用来描述世界各地酒店的《酒店和旅游指数》（Hotel and Travel Index）。默多克希望酒店公司支持他将内容迁移到振奋人心的新技术上——不是互联网，而是光盘。默多克认为THISCO及其被熟知为UltraSwitch的旗舰产品是一个接入点，连接当时的7家全球分销系统和各种酒店预订系统，用来销售光盘。

在THISCO诞生后的30年里，该企业经历了无数次名称和所有权的变化，上市后又回到了私有化，并在众多寻求扭转局面的私募股权公司之间传来传去。但到了最后，尽管每个月仍有数十亿的交易通过这个"旋钮"，但大量低价替代品使得该公司要竭力维持营收。重新命名后的DHISCO（在这之间又有一些类似Pegasus的名字）最近以不超过1 000万美元的价格被出售给另一家私募基金支持的公司。

鉴于全球分销系统过去凭借在航空公司的关系与数十万家旅

行社建立了联系，人们可能会认为能够通过它们从酒店生态系统中提取与航空公司生态系统相同的价值。可以肯定的是，他们都已将其服务扩展到酒店。但是，通过复杂的外联网、API、DSP和新的解决方案，大量廉价的替代渠道拉低了定价，使得这只能占全球分销系统收入的一小部分。

更重要的是，由于酒店市场和分销渠道市场相对分散，旅行社能够保留更多佣金。航空公司能够对每个航班统一收取大约 5 美元的费用，全球分销系统能够从所有的旅行社（除了最大的旅行社）那里留下至少一半的费用；酒店通常支付给旅行社的佣金在 15%—30% 之间，全球分销系统对其分销基础设施的使用只收取很小一部分。事实上，全球分销系统专注于收购酒店预订系统以建立其 IT 服务业务，部分原因是为了在酒店方面建立它们长期在航空公司享有的不可或缺的地位。

对在线旅行代理来说，坏消息是最大的连锁酒店的佣金都保持在接近 10% 的水平。不过实际上，这些酒店品牌通过在线旅行代理的预订量相对较少，就像航空公司一样，它们越来越注重确保直接预订，而且在线旅行代理的酒店预订量中只有少部分是与这些连锁酒店有关的。好消息是，排名前五的酒店品牌只控制了美国一半左右的酒店房间（前四大航空公司控制了三分之二的市场），在国际上则少得多。

酒店本身和连接它们与旅行社的网络之间这种更大程度的分裂，使得两个日益占主导地位的在线旅行代理在住宿生态系统中的价值越来越大。因为在酒店和在线旅行代理之间没有任何可靠的规模中介，所以在线旅行代理能够从多对多市场的多种结构优势中获益。摩根士丹利的分析师指出，在截至 2016 年的 10 年里，

第十一章 "旅行就是生活"：Priceline千亿美元价值公司的成长之路

Expedia 和 Booking Holdings 从只有五大酒店品牌总市值的四分之一变成了它们的两倍。

也难怪这一直是最大的酒店品牌的挫败感来源，它们嫉妒在线旅行代理对航空公司的相对影响力，试图通过大规模的营销活动、大幅折扣和忠诚度推广计划来建立直接渠道，所有这些都可以理解。但它们也一再尝试与在线旅行代理和元搜索直接竞争，这就比较愚蠢了。Priceline 在酒店领域的第一次重大收购是以 2 900 万美元收购了 Travelweb 的空壳。2002 年，Travelweb 曾是行业内对抗在线旅行代理的失败尝试。Priceline 曾是投资者之一（2004 年 2 900 万美元的价格包括其最初的 800 万美元的投资），其他伙伴拒绝用必要的营销投资把 Travelweb 打造成一个可靠的市场参与者，于是 Priceline 将 Travelweb 作为加速从航空公司和"自行定价"模式进行跳转的工具。最后讽刺的是，这些酒店变成了 Priceline 最昂贵和越来越靠不住的客房需求来源。

10 年后，大型酒店集团再次做出尝试，这一次少了 Priceline 的参与。一开始的想法是创建一个门户网站，将元搜索的优势和直接预订的好处结合起来。新的消费者目的地网站 Room Key 对投入了数十亿美元的营销费用来维持地位的 Booking 和 Expedia 发起了攻击，而它自己却没有任何有意义的营销预算。尽管 Room Key 的访问者可以从酒店自己的网站上获得相同的低价（如果他们是忠诚会员的话），但该服务缺乏传统在线旅行代理和元搜索竞争对手所提供的广泛选择和易用性。最佳西方（Best Western）的首席执行官大卫·孔（David Kong）承认，"我们重蹈覆辙了"。

Room Key 和它前面那次尝试的主要问题并不出在执行力上，

两者都聘请了在行业里有威信的首席执行官,根本问题出在行业结构上。酒店业的相对分散和在线旅行代理行业的相对整合表明,在财务合理的基础上创造一个引人注目的产品是不可能的。《哈佛商业评论》发表了一份薄薄的虚构案例研究,强调了建立"第三条道路"的误导性,可能会将酒店业的资源从优化直接和第三方渠道的营销支出中转移出来。

Booking 的价值远高于 Expedia,原因为何

我们之前提到,Priceline 在 2009 年和 2013 年分别在市场价值和总预订量上超过了 Expedia。然而,Expedia 在 2015 年分别以 2.8 亿美元、16 亿美元和 39 亿美元的价格收购了 Travelocity、Orbitz 和 HomeAway,重新夺回了按预订量计算最大在线旅行代理的宝座。尽管如此,Expedia 的市值却再也没有超过这位竞争对手。对于两家看起来如此相似的企业——在全球范围内有着几乎完全相同的经营类别和基本一致的总预订量——在过去 10 年中的业绩表现却有惊人的差距。从 2009 年底,也就是 Booking 永远地超过 Expedia 股权价值的那一年,到 2019 年底,就在新冠疫情对所有旅游相关股票造成同比例的破坏之前,Booking Holdings 的股票几乎增长了 10 倍,比整体市场的复合增长率高出一倍多。而同时期 Expedia 则落后于市场。

这种巨大的价值差异是由多种因素造成的。在最高层面上,产品组合的细微差别可以对结果产生重大影响。因此,尽管航空

第十一章 "旅行就是生活":Priceline千亿美元价值公司的成长之路

旅行在 Expedia 的总预订量中只占一小部分,但它在其总业务中的比例仍比 Booking 高,这一点并不令人惊讶。两家公司的总预订量相近,但 Booking Holdings 报告的客房使用天数是 Expedia 的两倍,这表明 Expedia 更依赖于低利润的航空预订。Expedia 的收入也更多地来自美国,这是航空公司和酒店业最集中的市场。在线旅行代理能够谈判的佣金率大小往往随着行业集中度的提高而降低。

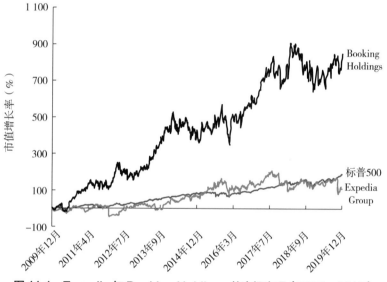

图11.1 Expedia 与 Booking Holdings 的市场表现(2009—2019)

资料来源:标普资本 IQ。

这两家公司业务增长方式的另外两个方面在它们各自的价值升值中发挥了有意义的作用。

首先,尽管两家公司都大量收购,但 Expedia 更多的是依靠这些来实现增长。除了少数例外,Booking 的收购规模较小,主要目的是在新的类别、地域或能力方面从内部建起新的桥头堡。而 Expedia 的许多交易则都是更大规模的流量整合行为。好价钱的收购不是没有可能,但如果拍卖过程竞争激烈——Expedia 的大部分大型交易似乎都是如此——多数潜在的价值创造都归卖方所有,而整合成功的风险仍由买方承担。

尽管两家公司都代表了与旅游相关服务的组合,但对无机交易的依赖使得 Expedia 面向消费者的品牌更加多样化和分散,导致需要管理和营销的单个品牌数量增加,缺乏一个驱动绝大部分收入的旗舰品牌,影响了运营的潜在效率。Booking 有 6 个主品牌,其中 Booking.com 占大头,而 Expedia 有 20 多个品牌,但没有一个品牌占收入的大部分。Expedia 在其 39 亿美元收购 HomeAway 的交易中有一部分用于购买替代性住宿品牌(其中最大的是 Vrbo)组合,而 Booking 能够利用其核心品牌有机地建立起远大于该组合的业务规模,反映了 Booking 模式的力量。

然而,这两种业务之间一个更微妙但同样显著的区别,涉及两种不同的酒店客房销售方式——批发商模式(Merchant Model)和代理模式(Agency Model)。在美国主导的在线旅游市场早期,通常的运作方式是,在线旅行代理与酒店谈好一个大折扣的批发价格,并以任意价格出售房间。在线旅行代理保留这笔钱,直到客人结束住宿,再把净价汇给酒店。这就是批发商模式,之所以称之为商家,是因为在线旅行代理是记录商(Merchant of Record)。在代理模式中,在线旅行代理只是为酒店和客人之间的预订提供便利,客人在入住前并不实际付款。酒店设定价格,并在住宿完成后汇出佣金。

关于哪种模式在抽象意义上"更好",对此一直有积极的讨论。一方面,代理模式有更高的利润,因为它用真正"轻资产"的方法来聚集供应。另一方面,批发商模式能更快地获得现

第十一章 "旅行就是生活"：Priceline千亿美元价值公司的成长之路

金，但更重要的是能确保对客房库存的控制，这在旺季是非常重要的。

但在历史背景下，最相关的问题是，在早期，使用代理模式签署酒店，特别是较小的长尾酒店，是多么容易。在代理模式下，需要商定的只有佣金，但批发商模式交易需要签订一份更详细的合同，涉及净价和要提供的房源库存。要想在一个以网络效应为特征的商业中迅速建立规模，速度是关键。Active 和 Booking 都是在欧洲推出的，消费者（他们仍然不愿意向在线旅行代理提供他们的信用卡）和酒店都不习惯预付款。因此，当两者在各自的地区抢夺独立酒店的地盘时，相较于 Expedia 这种重视更"优越"的批发商模式的公司，Booking 具很大优势。

Expedia 曾考察过 Active 和 Booking，但最终打消了念头，因为正如前首席执行官达拉·科斯罗沙希（Dara Khosrowshahi）所承认的那样，"我们很重视批发商模式"。具体来说，Expedia 已经习惯了拿着旅客的钱、加高客房价格并从这样诱人的营运资本中获益。当 Expedia 意识到他们的错误并在 2008 年收购了另一家面向欧洲市场的代理模式在线旅行代理——意大利的 Venere 时，Booking 在欧洲和世界其他大部分地区已经拥有根深蒂固的相对规模优势，这些地区的市场也主要使用代理模式。

虽然大多数酒店都跟多方合作，但较小的独立酒店更有可能坚持使用一个能持续提供流量的在线旅行代理。这些也是最有可能需要外包的支持。Booking 已经建立了重要的业务线来支持酒店经营者的管理和营销需求，这些独立的 B2B 业务利用其广泛的酒店客户足迹，加强核心消费者预订平台的黏性。

如今，Expedia 和 Booking Holdings 都为不同的市场和不同

的产品使用了商家和代理混合的模式。正如亚马逊在汽车零部件领域的成功是基于其利用零售和市场产品组合的独特广度一样，Booking 和 Expedia 对竞争对手的基本优势是，无论房间是走"商家"还是走"代理"，它们都更有可能向网站访问者提供满足其需求的选择。但这两家公司各自的过往经历使 Booking 在美国以外的大多数市场持续拥有大量的份额优势，在这些市场上，代理模式仍占主导地位。与美国相比，这些市场的酒店业明显更加分散，因此可以谈到更好的条件和更高的利润。同样，Booking 在小型和独立酒店以及酒店分散程度较高的地区的相对优势，通常带来更好的财务业绩。相比之下，Expedia 在最大的连锁酒店预订方面有超出一倍的相对接触量，可以在间接渠道中发挥最大的杠杆作用。

不管他们的相对地位如何，很明显在线旅行代理行业以及这两家公司在其中发挥的主导地位，代表了酒店业中最接近全球分销系统在航空公司中的地位。与全球分销系统不同，这些公司的存在显然要归功于互联网的出现，它们更接近于平台幻觉所预测的行业结构和动态。这种说法的唯一问题是，尽管 Booking 的业绩大大超过了 Expedia，但它实际上并没有成功地确保作为领先的数字旅游公司的地位。

谷歌、TripAdvisor 和 SEO 的局限性

得益于需求链和供应链的规模，Booking Holdings 不仅设立

第十一章 "旅行就是生活":Priceline千亿美元价值公司的成长之路

了强大有效的特许经营权,还通过借助这些酒店顾客的营销力量和各种软件工具来吸引和经营更多的用户。但事实证明,即使是令整个全球分销系统行业和所有在线旅行代理竞争对手都相形见绌的Booking,也不是旅游行业价值链上最大的玩家。这个称号属于我们的老朋友——谷歌。如果说亚马逊还没有在这个庞大的经济部门中发挥任何重要作用,那么谷歌则完全位于旅游梦想起始的漏斗[1]顶端,并利用这一令人羡慕的地位,随着时间的推移分得越来越大的一杯羹。

谷歌没有采取向价值链上游移动和直接攻击在线旅行代理的做法,原因有二。首先,在杀死会下金蛋的鹅之前,要三思。Booking和Expedia在2019年各自花费了约50亿美元的营销费用——其中大部分都给了谷歌。其次,更重要的是,作为一家旅行社,即使是一家在线旅行代理,也需要承担各种职能——其中最重要的是客户服务——这并不在谷歌的业务范围内。谷歌的整个模式是建立在利用可规模化的技术而不是管理服务上的。但这并不意味着谷歌不愿意削减在线旅行代理业务中符合谷歌核心竞争力的部分。在线旅行代理仍然很容易受到谷歌搜索算法微小变化的影响,Expedia就将季度盈利不足归咎于这种变化,使其市值在一天内蒸发了25%。

事实上,正如旅游元搜索的案例所表明的那样,当商业模式与自己的模式同步时,谷歌很乐意与客户正面竞争。谷歌绝大部分旅游收入来自核心的AdWords业务。但事实证明,谷歌通过

---

1. 此处指常用于商业分析的漏斗模型。

收购 ITA[1]，在元搜索领域加倍努力分到更大块广告蛋糕的机会是势不可挡的。正如接下来 TripAdvisor 的悲惨故事所揭示的那样，当谷歌盯上你的业务时，你有充分的理由感到恐惧。

在元搜索的早期，这一类别直观的吸引力备受资本青睐。一方面，基于迅猛的用量增长，这种兴奋的投资似乎是合理的——据估计，现在有四分之三的旅行者在旅途中使用元搜索引擎。更重要的是，一些先行企业开发了 SEO（搜索引擎优化）和 SEM（搜索引擎营销）的智略来补充他们巧妙的品牌活动。另一方面，要跟几家主导地位的在线旅行代理和谷歌相比，元搜索至少可以说在结构上还是不太稳定。此外，开发功能性元搜索引擎所需的固定成本相对较低，这表明在有大量潜在竞争的情况下，保本市场份额不高。

在这个迅速变得拥挤的空间里，TripAdvisor 因其模式的内在力量和独创性而脱颖而出。该网站成立于 2000 年，到 2011 年上市时，已拥有超过 5 000 万次的浏览量，并已成为人们出行前获取信息的必看网站。压倒性的流量表明了该模式的网络效应——旅行者希望得到他们意向地点的最新相关评论，评论者希望与尽可能多的受众分享。2018 年，《卫报》说："TripAdvisor 对旅游的影响就像谷歌对搜索、亚马逊对书籍、Uber 对出租车的影响一样——它的主导地位几乎是一种垄断。"

但评论者和旅行者都没有为参与该平台的特权付费。TripAdvisor 仍然是一家元搜索公司，它倚赖于希望获得计划旅行用户的广告商（其中 Booking 和 Expedia 是迄今为止最大的广告

---

1. 旅游信息公司 ITA Software。

第十一章　"旅行就是生活"：Priceline千亿美元价值公司的成长之路

商）。尽管其独特的网络效应驱动的评论内容有助于公司在有机搜索结果中的地位，但没有办法能让它长期与拥有竞争性元搜索能力的谷歌和两个最大的客户同座。

2011年12月20日，TripAdvisor作为一家独立公司以30美元每股的价格上市，此后两年半时间里，TripAdvisor的股价稳步上升。到2013年，网站流量同比增长50%，股价在2014年6月27日创下110美元的历史新高，此后，由于结构性缺陷开始浮现，股价不可避免地开始了长期的下跌。TripAdvisor在2019年底也就是新冠疫情之前的股价几乎与8年前上市价格一致。

这并不意味着TripAdvisor是一家没有竞争优势的劣质企业。它确实具有网络效应，使其能够积累其他元搜索公司所没有的吸引人的内容。另一家元搜索公司Trivago，在TripAdvisor上市将近5年后，于2016年进行了轰轰烈烈的IPO。在头六个月价值翻倍之后，股价开始持续下跌，至今Trivago的市场表现明显不如TripAdvisor。

Trivago是一个有趣的案例，它错误地试图创造一个完全基于品牌的差别化竞争优势——主要是靠由令人难以忍受的"Trivago先生"出镜的昂贵电视广告。品牌可以为规模和占有率等优势提供强有力的支持，但如果这种结构性优势从一开始就不存在，对品牌的投资就不可能产生卓越的回报。TripAdvisor作为一个网络效应驱动的数字平台，未能实现"平台幻觉"所预测的那种业绩，这突出了决定成功的是其他结构属性——在这个案例中主要是关键网络参与者缺乏多样性和低转换成本。

这也并不意味着在数字旅游业中没有机会可以让激进的企业家通过颠覆现状而获利。最后两章表明，数字旅游生态系统已经催生了各种各样的优质企业和劣质企业。决定哪些企业最有可能成功的是它们在生态系统中的位置，它们是否有值得信赖的规模化路径，以及企业在规模化时预期表现出的其他结构属性。

尽管如此，考虑到价值链上所有在位企业的规模和实力，加上令人胆寒的谷歌在门前把守，可以说每年瞄准该行业的几十家初创企业中只有极少数能坚持下来。然而，有些公司已经成功地瞄准了一些细分市场，在这些市场中，设计巧妙的数字平台企业可以建立有防御力的壁垒。

我们在前面提到，商务旅行管理公司（TMC）的整合性不及休闲旅游为主的在线旅行代理，它们仍然以线下为主，服务的客户对价格不那么敏感，但它们对许多酒店和旅行供应商的利润底线却更为重要。TripActions 已经募集了近 8 亿美元的资金——其中近一半是在疫情期间筹集的，试图在该领域建立起规模化的竞争者，为企业提供端到端的数字解决方案，囊括了 Concur 等费用管理软件公司和美国运通等企业旅行社提供的服务。可以想见，一个利用技术但需要人力支持的黏性服务将为企业提供各种成本和管理方面的好处，同时为员工提供更高的满意度。

当然，现有的在位企业并没有坐以待毙。还有其他初创企业也在尝试同一创意的不同版本。Expedia 在 2004 年收购了早期由风险投资支持的在线商务旅行企业 Egencia，但没有推动市场的根本性变化。对于 TripActions 来说，产品和技术是否已经到了足以推动足够的用量以确保有防御力的规模，仍然是一个有待改进的问题。但是，与下一个细分市场元搜索公司或任何专注于航空旅行的应用程序不同，通往可持续卓越回报的潜在路径是可见的。

第十一章 "旅行就是生活": Priceline千亿美元价值公司的成长之路

本章要点

1. 在选择酒店房间时,相关属性的复杂程度和数量以及地点的可选范围广度支持了连接潜在住客和酒店的规模平台网络效应,这种网络效应比连接航空公司和潜在乘客的平台要强得多。

2. 尽管和航空业一样,酒店业已经有了显著的整合,但仍然更加零散。酒店的多样性和它们迥异的历史背景,使得全球分销系统运营商在这个生态系统中扮演的角色不那么重要。这些结构上的区别让大型酒店集团注定要反复努力来开发可信的主流在线旅行代理替代方案。

3. 吸引酒店需求所需的大量固定成本,绝大多数要走谷歌的渠道,这加强了网络效应对在线旅行代理供应方规模的价值。这些规模优势被其他需求和供应优势所强化。最大的在线旅行代理所积累的数据使他们在优化向谷歌和其他数字渠道的营销支出方面相对于较小的竞争对手而言具有优势。

4. 元搜索公司与谷歌和生态系统中占主导地位的在线旅行代理坐在同一张桌子上,但不能指望它会可持续地保留住其网络创造的大部分价值。即使是以独特网络效应产生内容的TripAdvisor,也不能完全弥补这一结构性缺陷。旅游价值链上的其他地方更适合建立数字竞争优势。

第十二章

分享有时候是好事:为什么爱彼迎将始终优于优步

第十二章　分享有时候是好事：为什么爱彼迎将始终优于优步

　　《金融时报》最近将共享经济确定为"10年来最重要的网络现象之一"。不过该报美国西海岸编辑理查德·沃特斯（Richard Waters）指出，"对于一个已经开始衰退的行业来说，还有大量问题没有得到答复"。他"尤其感兴趣"的问题是：这些都是好企业吗？

　　共享经济越来越常见，但想要评估其实力还是有挑战的，部分原因是对于该类别的界定性特征尚未达成共识。"共享经济"一词被用来描述广泛的商业和非商业交易，但并不十分精确。有时，它被表述为单纯涵盖所有点对点商业模式（peer-to-peer），无论"分享"的是一个人的钱——如 LendingClub 或 Kickstarter，还是一个人的时间——如 TaskRabbit 或 Sittercity 等各种零工经济企业。有时，它被扩展到涉及企业之间而不仅仅是个人之间的交流。同样，对于该定义是否包括所有权发生实际转移的交易，也存在分歧。

　　如何优化资产利用并不是最近才出现的基本经济问题。就共有资产而言，这个问题早在200年前就以"公地悲剧"（Tragedy

of Commons）之名引起了经济学家的注意。然而，这里面新的东西是互联网的连接极大地提高资源分配的效率，以及相应专业化公司的激增。从停车位（JustPark）到房车（RVshare），这些企业让那些只在部分时间使用的资产在更多时间内得到享用。

这些企业的共同点是，它们是为这些资产过剩产能提供通路的平台。因此，有些人认为，共享经济这个名字是错的，应该称为"通路经济"。问题是，这些业务的价值主要不是来自交易的任何社交属性，而是来自方便地提供一种不使用就会被闲置的货物或服务。

这些共享平台表现出典型的间接网络效应，这也是所有形式的市场业务的特点。过剩产能的所有者有兴趣在吸引最大需求的平台上提供这些产能，而这些产能的潜在租用方则在寻找最广泛的选择和最低的价格。然而，我们已经反复看到，网络效应的存在本身并不能告诉投资者某项业务的吸引力。由于对什么是"共享经济"企业大家各持己见，也难怪这些企业的韧性存在着巨大的差异。但是，即使是在相对狭义的共享平台定义中明显相似的商业模式之间，也存在着巨大的质量悬殊。

想要证明这一点，可以比较两个最知名、最有价值、对整体经济影响最大的共享平台：优步和爱彼迎。优步让车主分享他们的车辆和时间，创造了一个与出租车、汽车服务、汽车租赁甚至是汽车销售相竞争的平台。爱彼迎推动了全部或部分私人住宅的出租，平台提供的大量新的住宿池与酒店和更传统的租房竞争，平台本身还与线上线下旅行社和房地产商竞争。尽管两家企业都扩大了平台的用例——例如，优步现在有时会为司机买车，爱彼迎现在与专业的物业管理企业合作，但共享模式仍然是两家企业的核心主张。优步于 2019 年 5 月上市，估值超过 800 亿美元。即使在疫情最严重的时候，其估值也超过 500 亿美元，到 2020 年年底时已悄然回升至 1 000 亿美元。爱彼迎在 2017 年的一轮私募融资中，估值刚刚超过 300 亿美元。当它因为疫情而被迫推迟上市，并在 2020 年 4 月筹集新的私人资本时，其估值下降到不足 200 亿美元。爱彼迎的庄家在接近年底时提交的 IPO 估值范围最高值仍为 350 亿美元，远低于优步当时价值的一半。

虽然优步的估值一直是爱彼迎的数倍，但推动可持续特许经营价值的关键市场和产品属性表明，爱彼迎一直是更好的企业。

当该公司最终于 2020 年 12 月上市时，其估值飙升至 1 000 亿美元。到年底，尽管爱彼迎的收入不到优步的一半，但其市场价值却超过了优步。仔细研究这两家公司各自享有的竞争优势的强度和来源，可以证明公共市场对这两家公司的相对吸引力的看法。

相对规模和最小可行市场份额

在评估规模的竞争优势时，有两个相互关联的问题必须解决。首先，要量化相对于其他公司的优势程度，其次，要考虑这种相对优势所带来的利益的性质。

优步和爱彼迎都是各自"共享"市场——交通共享和空间共享市场中最大的全球参与者。在这些全球市场上，两家公司的市场份额都在 20% 左右。此外，它们的规模都可能比其后面一位最大的竞争对手——对优步来说是中国的滴滴和对爱彼迎来说的Booking 大 40%—50%。但是，正如我们即将讨论的，与空间共享市场不同，共享汽车市场是否真的是全球性的，这一点还很不清楚。因此，在任何特定的市场，爱彼迎可能会面对同样的少数玩家，而优步更有可能面对重要的地方或区域霸主。

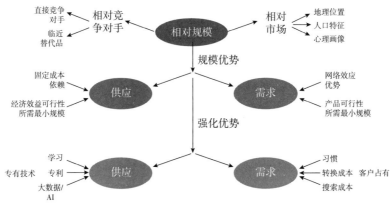

图 12.1　竞争优势评估模板

即使总结说优步的份额仍然是其在美国最接近的直接竞争对手 Lyft 的两倍以上，目前至少在一些市场上享有比爱彼迎更大的相对规模，这只是分析的开始。更有影响的是相关市场和产品特征在多大程度上将规模转化为实际的经济利益。在这一点上，两家公司的差异是最明显的。

爱彼迎相对于优步的优势有两个主要标志：需求方的产品/服务复杂性和供应方的固定成本要求。前者决定了一个可行的产品需要多少网络参与者，以及更多的网络参与者能在多大程度上继续加强产品。后者决定了基本的保本经济性和超越竞争对手的相对财务优势。

第十二章　分享有时候是好事：为什么爱彼迎将始终优于优步

在任何特定的城市，两家公司的产品可行性是当地平台上的司机密度和房产库存密度的函数。然而，优步和爱彼迎各自市场的一个关键区别是内在产品的复杂程度如何驱动在当地建立可行服务所需的市场流动性。在叫车服务中，除价格外，在三到五分钟内匹配到车辆的能力是所有用户的参考要素。需要多少司机来满足这一服务水平，将取决于一个特定市场的地理和人员活动水平。但是，任何能够吸引足够多的司机来达到这个门槛的服务，如果定价正确，就能竞争得过其他任何服务。相比之下，在短期住宿市场，有许多更突出的产品特征和市场细分门类，需要在这些方面确保有足够的替代房源，才能为人所接受，吸引广泛的兴趣。虽然不可能抽象地知道有多少供应商能达到这一最低水平，但能满足如此细微的需求的供应商数量应该要少于更单一的产品或服务供应商。

一旦满足了最低限度的产品可行性要求，复杂性也会影响到增加可用供应量对用户的价值。拥有的司机数量多到可以让汽车在三到五分钟的黄金时间内就抵达，这是无用功，因为乘客往往不能那么快到达约定地点。然而，在短期住宿市场上，广泛的相关产品特性确保了当地可住房源列表中更高的增量密度价值不会以同样的方式见顶。事实上，有证据表明，更长的列表选项不仅吸引更多的旅客，而且还推动了更高的入住率。这一动态强化了爱彼迎在需求方的相对网络规模的价值，而这一价值远远大于优步。

在供应方面，优步和爱彼迎之间最大的区别是：乘车服务的客户主要在一个城市内使用这些服务；相反，短期住宿服务的客户来自不同的地方，并在不同的目的地使用这些服务。因此，人们在选择列出主要房源的平台时，不仅仅关注其所在城市的房源密度，该平台在多个热门目的地城市的知名度对于吸引旅客入驻该平台也很重要。因此，与全国或全球网络的地方市场领导地位相关的集体固定成本，反过来得益于中央固定成本（central fixed overhead），成为新进入者面对的一个重要壁垒。

爱彼迎的两个最大竞争对手 Expedia 和 Booking.com 各自的命运凸显了全球足迹对替代性住宿供应商竞争力的重要性。虽然两者都是全球性的，但 Expedia 收购了一个专注于本地市场的品牌组合，而 Booking 则在全球范围内使用其核心品牌。Expedia 后知后觉地发现在当地国家以外不知名的服务平台上刊登本地房源对于国际度假者需求的吸引是有限的。五年后，Expedia 在美国撤出了 HomeAway，并在 2020 年建立 Vrbo 作为其全球品牌，不过它仍然保留着多个本地品牌，如法国的 Abritel、澳大利亚的 Stayz、新西兰的 Bookabach 和德国的 FeWodirekt。尽管为 HomeAway 系列产品花费了 39 亿美元，但 Expedia 的收入还不到 Booking 有机业务的一半。

优步和爱彼迎一样是全球性的，不过优步业务所覆盖的国家还不到爱彼迎一半。但是，优步的竞争对手不必是全球性的就可以提供有说服力的替代方案。在某些市场，固定运营成本水平可能无法支撑超过一到两个叫车服务。但在较大的都市地区，总是可以提供多种强大的服务，而且有时在市场份额低于 20% 的情况下也可以实现生存，这实际转化的结果就是优步处于有着四个或以上对手的永久竞争池，严重限制了市场回报。此外，针对儿童（HopSkipDrive）和妇女（Safr）等细分市场的供应商已经出现，有可能在整体市场份额低得多的情况下建立起生存能力。当地现

第十二章 分享有时候是好事：为什么爱彼迎将始终优于优步

有的出租车公司已经越来越多地采用自己的竞争性"共享"应用程序。在一些市场，如巴西，竞争者有数百个企业之多，其中既有像中国滴滴这样的全球巨头，也有提供基本服务且成本较低的本地应用。

讽刺的是，在一些较大的市场，如美国纽约，旨在削弱共享汽车行业的高成本地方法规提高了可行市场份额的门槛，使两家市场巨头之外的竞争水平被人为地降低。事实上，作为一个快速的追随者，Lyft之前得以自由地利用优步的投资，为服务扫清监管道路。最近，这两家公司共同合作，成功让美国加利福尼亚州的一项投票倡议通过，允许它们使用临时工。但是，监管可以带来什么，也可以拿走什么；它不太可能支持广基的可持续优势。尽管在加州取得了如此引人注目的胜利，但优步在英国伦敦的痛苦经历表明，监管是一把双刃剑。准备好利用优步在伦敦的法律挑战的竞争者数量和出现速度反映了该行业普遍较低的进入门槛。

相反，短期住宿的固定成本需求较大，这意味着爱彼迎的竞争者只有在市场占有率较高时才能实现收支平衡。这并非偶然，优步可能会面临来自几十个地方和区域性乘车服务的竞争，而爱彼迎在任何特定市场的直接竞争者的规模都要小得多，而且强大的竞争者一般都试图在全球范围内开展业务。为了协助分摊固定成本要求，爱彼迎的主要竞争对手已经归入大型国际旅游公司麾下。例如，HomeAway（房源数量是爱彼迎的一半）被Expedia收购，而FlipKey（房源数量是爱彼迎的三分之一）被TripAdvisor收购。如前所述，爱彼迎最大的住宿行业替代品竞争者Booking也利用其全球足迹有机地开展业务。

客户占有

客户关系的性质和持久性是决定市场份额在特定市场内流动速度的关键因素。当与最小可行市场份额相结合时,客户占有率使潜在的新进入者能够迅速计算出在达到保本市场份额之前,预期会亏损多长时间。因此,举例来说,在一个客户忠诚度将每年的份额变动限制在几个点而保本市场份额是 20% 的行业中,一个搅局企业在建立财务生存能力之前将面临至少 10 年的损失。

客户占有率是在位企业的一个属性,其定义只适用于现有客户。因此,渗透率高的企业具备较多的结构性优势,这些企业每年的新客户数量只占总体机会相对小的部分。在一个规模每年翻番的市场中,即使现有客户完全被占有,只要搅局企业能够拿到平均数量的新客户,它也可以在第一年就达到 25% 的份额——远远超过前一个例子中需要十年才能达到的 20% 的保本市场份额。

许多让用户难以转投他处的产品品质,也可能在吸引新用户方面发挥着作用。也就是说,新兴产业中很少出现强大的客户占有,因为在一个行业找到自己的立足点之前用户希望保留他们的选择。然而,随着时间的推移,老客户在行业年收入中的所占比例越来越大,面对潜在竞品留住用户的能力变得更加重要,也更有价值。共享汽车和共享空间的应用正越来越多且广泛,特别是在年轻人群体中。

客户占有很关键,但并不意味着它很容易。通过提高在卖家

第十二章 分享有时候是好事：为什么爱彼迎将始终优于优步

之间轻松搜索、比较和转换的能力，互联网拉高了标准，让企业想要阐明真正令人信服的理由去留住客户变得更难。而且在一个以快速技术变革为特征的环境中运营的客户和商业伙伴，哪怕是在成熟的市场中一般也会对长期承诺保持警惕。尽管如此，当服务质量、产品广度、对竞争者细微资质的验证以及无缝的购买流程成为交易的最终决定要素时，强大的占有还是可以实现的。

不幸的是，即使是经营良好的叫车公司也很难激励出司机和乘客的忠诚度。超过 80% 的司机与两个或更多的服务机构合作，而且这个比例一直在增加。此外，虽然目前只有少数乘客使用多个叫车软件，但这一比例也在蹿升，而且因地域和人口的不同而有很大差异。在我纽约市的 MBA 学生中，这一比例已经超过 90%。

一个人愿意把自己的房子短期出租给多家公司，和一个职业司机愿意为多个叫车公司工作，这两者之间是有区别的。而且，如前所述，对于客户来说，价格和速度是影响决定使用哪种乘车服务进行短途出行的压倒性因素，但在决定住在哪个陌生的房子里时，许多其他因素起着很大作用。而且，在唯一的假期中决策失误要比在这么多次市内出行中失策糟糕得多。

更广泛地说，信任的重要性以及平台的验证能力——即它能通过提供关于与谁合作以及具体内容的详细信息让交易双方放心——是短期租赁更为关键的决策因素，而选择使用哪种服务进行短暂出行并不关键。房主想知道谁将住在他们的房子里，而客人想知道其他人使用这些房子的经验。一次良好的体验会使客户更不可能冒险使用另一个平台，即使另一个平台给出了看似差不多甚至稍好的提议。

当爱彼迎在一个市场上建立起领导地位时，竞争对手在库存供应方面就处于劣势。爱彼迎的许多房源都是独家的，只要能达到足够的入住率，就不值得在多个网站上挂出房产。然而，优步在网约车市场的竞争对手就不是这回事了，因为大多数司机都使用多个应用程序。司机们有一个固定流程，在决定之后几天里偏爱哪个应用程序之前，他们会查看几个竞品的每周促销优惠。此外，虽然司机可以很容易地实时管理多个应用程序，但短租房主（绝大多数爱彼迎房源来自个人房主而非专业人士）要想做同样的事情，很可能需要寻求"渠道经理"的协助，这往往需要增加支出，而且肯定更复杂。

在全美范围内，网约车服务的市场份额在几个月内发生了超过5%的变化（在一些地方甚至更多），这表明未来将有源源不断的新竞争者出现在优步面前。而爱彼迎在短租市场的情况并非如此，在这个市场中招募和注册新单位所需的时间大大减缓了市场份额转移的速度，也拉长了新进入者实现收支平衡所需的时间。

优步决定开始提供更广泛的服务，特别是食品外卖优步 Eats 和订阅服务优步 Pass，反映出它试图在一个客户数量有限的类别中培养忠诚度。这两项服务都没有对核心服务的市场占有率产生多大影响，而且对业务整体经济效益的影响也值得怀疑。当疫情使乘车活动降低了 85% 时，食品配送的爆炸性增长无疑减轻了优步的收入损失。但是，送餐服务的竞争更加激烈，而且利润微薄，其保本市场份额比约车服务更低。因此，尽管顶线表现优异，但该业务却多损失了数亿美元。美国的重点竞争对手 Lyft 放弃了国际和服务线的扩张，但它迅速建立了自己积极的订阅服务 Lyft Pink，以回应优步 Pass。无论是 Lyft Pink 还是优步 Pass 都没有获得很大的牵引力，也没有从根本上改变人们对这些服务的低

第十二章 分享有时候是好事：为什么爱彼迎将始终优于优步

忠诚度。

学习、数据和人工智能

最后，网络效应企业的命运取决于它们在各自市场中所获得的数据价值。一些交易产生的数据是专有的，如果与适当的分析和技术相结合，可以产生巨大的有价值的预测性见解。例如，Zillow公司能在网上房地产市场持续占有主导地位，部分原因是它有能力利用其独特的数据访问，不断改进自动估值模型、房屋搜索和推荐引擎。相反，正如我们在第十四章中强调的，P2P贷款机构发现，对于大多数借款人来说，他们的专有数据所能产生的洞察比其他地方信用评分等渠道的数据多得多。

我在预订陌生人的公寓之前，会仔细阅读先前访客的评论，如果没有评论，就不会贸然入住，无论照片多么漂亮。相比之下，优步司机的评论不是乘客选择车辆的主要标准（我甚至很少注意到一个司机的评分是4.5还是4.8），而是被公司用来管理其车队质量的。同样，什么信息对营销人员更有价值：是我在大多数日子里从家到办公室使用优步的事实，还是我打算去的城市的名字以及我打算花多少钱住宿？而关于司机的反馈将帮助优步剔除那些破坏服务质量的司机，并促进入驻培训；而世界各地旅客细微的差别使爱彼迎能够将普通用户引导到最合适的住所，并帮助那些挂出自己房子的房东提供满意的体验。由此产生的爱彼迎用户的高满意度加强了客户黏性，公司能够利用满意度的数据来促进再次预订和转介。

优步已经创造了非同寻常的佳绩,是当今美国共享汽车市场当之无愧的领头羊和全球网约车市场最大的参与者。然而,我们所讨论的结构属性表明,在巨大的本地市场,共享汽车将一直处于激烈的竞争状态。在许多国际市场上,优步是搅局者,其在美国的市场地位为自己在其他地方提供的优势有限。更广泛地说,其地位的韧性大小要取决于无情的侵略性,而不是是否具有全球赢家通吃或最均衡的势不可挡的趋势。

相比之下,爱彼迎的强大网络效应与巨大的客户占有率相匹配。鉴于全球固定成本基础所带来的优势,即使在地方层面的竞争强度也可能低于优步。它的领先地位所提供的数据应该能让管理层进一步巩固其独特的地位并将其货币化。Expedia 在 2015 年收购了 HomeAway,Booking.com 继续专注于建立替代性的房源库存,这表明爱彼迎将继续面临全球竞争。与爱彼迎相比,这两个竞争对手提供传统和替代方案的能力显然是一个差异化因素。作为回应,爱彼迎已经悄悄开始在其列表中增加精品酒店,以确保自己不会在与这些广基的旅游巨头的竞争中处于不利地位。

Booking 在 2018 年声称在可选房源列表中超过了爱彼迎,但当年仅从中获得 28 亿美元的收入,而爱彼迎的收入为 36 亿美元,这一事实表明了该类别中专业化的内在价值。旅行者可能认为共享住宿是一种完全不同的体验,可以寻找不同类型的(房屋)属性,并依据各类保证来建立信任。家庭住宅和公寓业主可能会看重与着力解决客户各异的需求的平台打交道,而不是与连锁酒店和物业经理谈判。

一些针对细分市场需求的爱彼迎新竞争者将继续吸引资本,生

第十二章 分享有时候是好事：为什么爱彼迎将始终优于优步

存下去，甚至茁壮成长，尽管最近许多这类初创公司在疫情中受挫。不管专业化有什么优势，短租相对于 Expedia 和 Booking 的传统酒店业务在疫情期间的表现，可能会使在线旅行代理加强在该领域的竞争重点。但爱彼迎似乎有可能成为少数真正有机会在全球范围内保持赢家通吃市场地位的网络效应企业之一。也就是说，尽管表面上有相似之处，但优步的经营质量明显不同，这突出了平台幻觉的错误假设是如何导致投资者做出考虑不周的决定的。

本章要点

1. 优步和爱彼迎已经成为两个庞大"共享"子行业的全球市场领导者：网约车服务和短期住宿。

2. 尽管有明显的相似之处，但这两种业务的最终经济效益会有很大不同。尽管爱彼迎的规模只有优步的一小部分，但它的估值现在却与优步相当。长期来看，结构性分析表明，爱彼迎可以建立更强大、更持久的特许经营。

3. 任何特定城市的供应密度值都会推动优步和爱彼迎的网络效应。但是，由于寻找房间的游客来自各地，而共享汽车则主要是本地业务，爱彼迎的有效竞争对手需要建立全球业务，而优步面临的则是数百个本地竞争对手。更重要的是，在选择住宿地点时，有大量高度相关的（房间）属性，而乘车时只有价格和速度，这大大增强了相对网络规模的增量价值。

4. 尽管互联网为（客户）转换提供了便利，但信任与服务的相关性仍然可以创造强大的网络黏性。把自己的家托付给一个陌生人，或者为你的家人挑选一个年假度假地点，需要的信任远远大于短暂的市内出行。服务的复杂性也会通过搜索成本的增加来强化客户占有率，并以更多的商品类服务所不具备的方式使其成为数据科学的有益应用。

5. 网络效应的存在应该是整体潜在特许经营价值分析的起点而非终点。

第十三章
狂人与悲者：当广告和广告技术遇见互联网

第十三章 狂人与悲者：当广告和广告技术遇见互联网

互联网的出现催生了新兴且快速增长的广告媒介，衍生出了数百甚至数千个新的广告支持业务，还创造了一种可能性，让技术到头来为广告商提供了一种神器——与潜在客户建立一对一的关系。更妙的是，由于网页浏览量几乎没有上限，在这样的世界里，品牌能够以越来越低的价格接触到碰巧在网上冲浪的目标受众。这种前景将更多的资本引流到更大量的科技初创公司，这些公司为营销人员和消费者之间复杂的数字路径连接提供某些方面的解决方案。但除了极少数人，这两种机会在很大程度上都是失败的。

一开始，人们对依赖广告的在位企业可能从新媒体中受益感到兴奋，但最终这种兴奋还是让位于更理智的评估，CNN 总裁杰夫·扎克（Jeff Zucker）在 2008 年提出避免"用模拟美元换取 1 数字美分硬币（Digital Pennies）"的著名告诫就是最好的印证。但是，人们仍然预计，或者说只是希望，以技术创新和有机数字增长的某种神奇组合作为现有模拟资产的补充最终可以克服这些威胁。甚至扎克也在第二年将他的"1 美分数字硬币"估值提高到了"10美分数字硬币（Digital Dimes）"。

　　媒体巨头们不切实际的期望很容易被轻蔑地比作人们过去对恐龙的幻想。但是，结构性挑战不仅让在位企业不可避免地采用错误战略，还破坏了商业计划的有效性，而专业投资者已经为这些计划向热切的搅局者提供了数十亿美元的资金。事实证明，大部分广告和广告技术行业要么都为少数规模玩家的赢家多吃局面助了一臂之力（平台幻觉似乎很罕见地并不那么不切实际），要么就是没有重大的结构性优势和进入壁垒。这种状况对投资者和企业家有明显的影响。但它也给政策制定者提出了重要的问题，因为民主体制要靠新闻宣传来让选民知情，而这些新闻企业向来对广告的依赖性很强。

数字广告的盛衰

　　除了由谷歌和脸书分别主导的搜索和社交媒体，广告企业面临的基本经济挑战是，任何能想象到的在线浏览量的可持续增长水平都不可能跟得上广告费下降的速度。广告商为数字广告支付的费用急剧下降，与之相应的是可用的网络广告数量以指数级扩张。既然技术已经允许广告商在互联网上跟踪用户，那么吸引到一群独特观众的效果也就很有限了：程序化广告软件能以较低的价格带来其他网站上完全相同的用户。正如我们在第三章对《纽约时报》的讨论，即使用最优质的内容吸引到越来越多用户，也很难保障能与广告收入持平——在其读者访问的网站中，《纽约

第十三章 狂人与悲者：当广告和广告技术遇见互联网

时报》的订阅费几乎是最低的。

随着这些态势在一类广告中愈发凸显，最初是数字展示（Digital Display）或横幅广告（Banner Advertising），开拓型数字出版商找到了一个又一个新的增长途径。每一个可能带来持续广告增长的萌芽，无论是原生、视频、移动还是效果广告，反过来都会受到同样不可避免的经济影响，首先被困扰的将是单纯的展示广告。然而，投资者继续向新的广告驱动型初创企业投入数亿资金，其中有的企业已经达到数十亿美元甚至数千亿美元的估值，这种趋势一直延续到2016年——远远晚于这些企业本该破灭的时间。这一年，这些数字出版商的预期下调已经开始，裁员、减值和破产浪潮接踵而来。

在2019年数字媒体超越传统媒体时，电脑和手机在线广告在近10年来一直面临着各自增长率的相对稳定下降。更令人担忧的是，增长的部分被谷歌和脸书占了大部分。一些分析人士试图证明，在某些年里，所有的数字净增长都是由这两个玩家获得的，或者说其他的数字广告领域实际上正在萎缩。

考虑到对互联网上广告存量无限量供应的结构性分析，谷歌和脸书究竟是如何能够在主要基于广告的业务中蓬勃发展的？简而言之，第四章和第八章分别详述的迥然相异但又相互加强的竞争优势超强组合，使两者能够提供其他处于竞争劣势的公司根本无法比拟的价值。

稍微展开点讲的话，这两家企业在特殊的领域经营，技术能够利用其相对规模来为广告有效性提供持续、无上限的优化。这不仅仅是因为它们都有大量的数据，而且因为它们拥有与广告商独特相关的数据。奈飞在世界各地有近2亿的订阅用户，产生了大量的数据。但它历来不屑于做广告，不仅是因为有疏远其客户群的风险，还因为一个人喜欢什么节目和电影对于广告商来说并不那么相关。你搜索和点击的内容只有谷歌知道；你的社会互动和交流网络（以及你在线上线下购买的东西越来越多）是脸书的专属领域。机器学习以及——没错，人工智能可以将这种数据转化为越来越准确的预测，即哪些广告对哪些用户影响最大。

因此，谷歌和脸书在网络广告中占主导地位，因为它们提供的产品比其他任何人都要更有效。这并不意味着其他公司不能参与游戏，甚至分一杯羹，只要它们能找到用更少的数据吸引到以其人口特征或活动可以产生同等影响的受众。亚马逊目前在产品搜索类别中领先于谷歌，一直在抢占市场份额，尽管它在广告方面的规模还不到较大竞争对手的十分之一。而规模小得多的 Snap 和 Pinterest——前者对年轻人有独特的吸引力，后者在某些核心产品类别中吸引了忠实的买家——也对广告双雄的统治地位造成了少量冲击。但鉴于上述结构性优势，在无限期的未来，谷歌和脸书似乎不太可能继续在不断增长的数字广告市场中保持低于 50% 的重大风险。事实上，新冠疫情似乎已经给这些结构性趋势"增压"了。

这种状况引起了一些关于反垄断等方面的公共政策难题。可以肯定的是，在定义和监督反竞争行为方面还有很多工作要做。令人费解的是，与欧洲的反垄断法不同，美国的反垄断法并不包括对"滥用支配地位"的全面禁止。但除了管制不良行为外很难知道该如何监管，因为这些巨头拥有如此不可动摇的市场地位就是靠它们固有的能力——至少在广告实效方面——任何其他企业可以做的，它们也可以做，而且能做得更好。有人提出的方案是想要求谷歌和脸书降低产品质量，以便让其他人赶上。用这样的监管去实现反垄断法鼓励创新的目标感觉说不通。

有一个领域采用了矛盾的公共政策目标，导致十分讽刺的局面，那就是隐私领域。我们已经知道，谷歌和脸书的持续竞争优势的一个重要来源是其庞大用户群的信息属性。这些公司拥有巨大的所谓一手数据库——是由其客户直接提供的信息——这些数据既是高度专有的，又是极其宝贵的。他们开发了复杂的技术堆栈，以保护数据不受外界影响，所以在客户数据方面被称为"围墙花园"（Walled Garden）。

其他用户信息不那么强大或相关的企业必须用所谓的第三方数据进行补充，以提高其广告的有效性。第三方数据是从其他网站或平台或此类数据的商业聚合者那里收集或购买的。此外，为了提高它们自己有限的一手数据价值，网站会安装所谓的第三方cookies[1]，以便能够跟踪它们的用户离开后在哪些网站做些什么。

可以理解的是，隐私政策的大部分重点是对第三方数据的使用。但是，这些限制虽然有利于保护隐私，但会导致那些自己的一手数据相对强大而对第三方数据依赖有限的企业——也就是互联网的相对竞争地位得到强化，它们不可侵犯的市场地位是公共政策特别关注对象。2020年，谷歌宣布打算在2022年前从其主导的Chrome浏览器中消除第三方cookies。这可能对你的隐私有好处，而且这对谷歌的业务也绝对是个好消息。

---

1. 曾译作"小甜饼"，指网络或互联网使用者发给中央服务器信息的计算机文件。

美国反垄断法没有明确纳入隐私考虑。这使政府对谷歌收购Fitbit的看法变得非常复杂，因为传统的市场分析几乎没有提供值得关注的依据。更重要的是，美国法律根本没有直接解决隐私问题。美国联邦贸易委员会根据消费者保护的一般权力来审查隐私问题。这种单薄、互不相干的监管似乎很难解决技术化媒体的出现所带来的相关政策难题。最令人感兴趣的政策建议是要求这些公司至少在某些方面分享其专有数据。美国的政治制度是否有能力填补各种相互关联的监管空白，以合理地平衡相互竞争的利益，似乎还有待商榷。

广告技术的繁荣与萧条

在互联网2.0时代的所有小型繁荣中，广告技术的萧条是最令人叹为观止的现象之一。由于损失惨重，许多风险基金已经正式或非正式地禁止今后投资这一行业。早期的广告技术企业在2015年达到顶峰，吸引了超过30亿美元的资金。到2017年1月，联合广场风险投资公司的弗雷德·威尔逊（Fred Wilson）预测，"广告技术市场将迈入搜索、社交和移动的道路，因为投资者和企业家承认，谷歌和脸书赢了，其他人都输了"。

该行业在资本吸引上面临越来越多的挑战，这不仅仅反映了谷歌、脸书以及逐渐加入的亚马逊所创造的强大工具集。在设计创新产品时对数据使用已有和未来的监管限制，以及在现有科技巨头主导的生态系统中发展基于技术的可持续优势的固有挑战，都使投资者愈发谨慎。如果说谷歌和脸书的长期阴影给广告技术投资蒙上了一层阴影，那么甲骨文、Salesforce 和 Adobe 等稍逊一筹的公司也对与之密切相关的投资类别——市场营销技术初创企业的资金流产生了类似的影响。

广告技术和营销技术是互不相同但又是高度相关的市场。前者专注于如何创建、分发和管理付费活动，而后者则关乎免费活动，旨在通过电子邮件、社交媒体和各种个性化技术直接接触个人，例如在与谷歌合作时，旨在帮助关键词竞价的搜索引擎营销（SEM）工具被认为是广告技术，而协助放置免费搜索结果的搜索引擎优化（SEO）工具则属于营销技术的范畴。虽然有很多这样的产品和平台明显属于这个或那个篮子——广告交易或网络显然是广告技术，而客户关系管理（CRM）或社交媒体管理系统显然是营销技术——但这种界限可能是模糊的，随着公司寻求管理整体消费者体验，这些工具正日益融合。

营销技术的支出大大超过了广告技术的支出，而且相关投资也没有那么剧烈地缩水。之前，广告技术和营销技术之间的区别有时是由工具的使用方是广告公司还是内部团队来界定的。没有哪个行业比广告巨头更受广告业格局转型的影响。在它们面临集体存亡危机的时候，这个行业已经压倒性地决定把自己的未来押在预期的广告技术与营销技术的融合上了。为了明确这个赌注是好是坏，我们需要思考广告公司衰退的主要驱动因素。

狂人，悲者

2019年的广告代理业务基本呈现出健康的业态。主导该行业的五大广告代理控股公司在这一年共创造了超过600亿美元的收入，其中大多数报告维持或提升了利润率。虽然增长势头不及以往，但以这五个中坚力量为代表的行业整体也没有萎缩。几年前，这些控股公司在实现数字转型方面达到了一个重要的里程碑，称这些收入占到了它们业务的大部分。

然而，表面的平静之下，掩盖不了该行业处于动荡之中的事实，被迫面对不断变化的客户需求、新的进取型竞争对手，以及对其核心价值主张和经济模式性质的根本认同危机。这些压力在2020年疫情之前就已经出现了，它们将加速向数字化转变，而这正是该行业挑战的根源所在。

昔日的标志性广告狂人是为最大消费品牌设计创意广告活动的娴熟的故事讲者。他们的报酬一般是收取与广告活动有关的佣金。像大多数创意企业一样，坏消息是来自核心功能的财务杠杆有限；好消息是，在经济衰退时，成本结构足够灵活，公司能够设法维持盈利能力。控股公司从分散在各地的广告公司获取的利润主要来自集中广告投放业务，并为最广泛的全球客户提供尽可能广泛的服务。

到了2000年，广告公司的情况发生了很大变化。20世纪90年代末，以成本加酬金为基础的收益已经超过了佣金。传统广告

第十三章 狂人与悲者：当广告和广告技术遇见互联网

公司之间的数字军备竞赛中，通过收购和内部投资相结合的方式，扩大了数字服务的范围，新的产品和服务被提供给客户。广告公司的核心价值主张，即围绕着设计和开展创造性媒体品牌活动而建立的价值主张，基本上没有改变，但媒体从线下转移到线上的趋势侵蚀了广告公司的不可或缺性。客户仍然需要卓越的品牌营销活动，但品牌活动恰恰在某种程度上适用百货公司巨头约翰·瓦纳梅克（John Wanamaker）的著名观点——"花在广告上的钱有一半是浪费的；问题是我不知道是哪一半"。谷歌首席执行官埃里克·施密特（Eric Schmidt）对这种传统的营销方式提出了一个现代（也更利己）的看法，"（这是）美国企业中不负责任的消费的最后堡垒"。

相比之下，绩效广告的客户可以很容易地归结出成功的原因和很快地找到预期投资回报率的源头——点阅率和转换率不难计算。正如我们所看到的，正是在绩效广告领域，互联网不仅表现突出，而且不断改善。因此，网络的相对增长已经推动并将持续推动广告的相对份额下降到品牌宣传而不是绩效广告系列。

大数据对确保品牌推广活动的成功提供的帮助相对有限。当然，数据可以让我们厘清人们重视什么、偏好什么，而且大大帮助我们快速了解某件事情有效与否。但到头来，广告活动是一场创意的赌博。这也是拥有这么多用户数据的奈飞，尽管有着脍炙人口的《纸牌屋》的传说，但在制作优质节目方面并不具备固有优势。广告公司高管们勉励他们的团队制作能在数字时代传播的广告，并不比以前那些喊着"我想要爆款"的制片厂高管们更行之有效。相比之下，由于一个广泛的广告类别的成本效益不断提高，而另一个类别则相对停滞不前，由此产生的资源转移具有高度可预测性。十多年来，全类别品牌广告在全球付费媒体支出中只占少数，而且这一比例还在不断缩小。

可见，品牌广告一直只占在线媒体支出的一小部分，因此广告公司在数字媒体支出中的份额只占其在线下支出相应份额的一小部分就不奇怪了。然而，值得特别关注的是，即使在线下，支出已经从品牌建设转移到更直接的产品下架战略。与传统媒体巨头相比，代理商在数字媒体巨头中的收入比例明显较低，这削弱了他们为客户争取有利条件的相对优势——这是代理商控股公司模式中为数不多的突出规模优势。

表13.1 全球品牌支出的重要性不断下降（2010—2020年）

（单位：十亿美元）

支出项目	2010年	2020年预期	2010—2020年变量	复合年增长率
品牌广告				
线下	381.3	401.1	5.1%	0.5%
线上	10.0	83.5	835.0%	23.6%
总计	391.3	484.6	23.8%	2.2%
效果广告				
线下	404.9	625.6	54.5%	4.4%
线上	52.6	274.6	522.0%	18.0%
总计	457.5	900.2	96.8%	7.0%
媒体总支出	848.8	1384.8	63.1%	5.0%
品牌在媒体支出中的份额	46.1%	35.0%	(11.1%)	

资料来源：Daniel Salmon 等，数字营销中心 v4.1：再谈 TAM 和市场份额，BMO 资本市场，2019 年 6 月。

其他一些相关的结构性因素进一步解释了控股公司在广告生

态系统中相关性的下降。首先，谷歌和脸书以及数字媒体普遍实现了广告供应的民主化。在过去如果你支付不起电视或报纸广告，剩下的选择很有限，而互联网从根本上拓宽了游戏场。因此，广告控股公司的主要客户财富 500 强公司——快消巨头仍占其收入的四分之一——现在所占整体广告的比例比以前要小得多。

其次，数字媒体固有的透明结构和为其制作商业信息的成本大幅降低，降低了进入门槛，同时破坏了现在主要的成本加酬金（Cost-Plus-Fee）商业模式中的代理经济效益。竞争不仅来自层出不穷的新数字代理公司，而且越来越多地来自控股公司的核心客户群本身。如前所述，该客户群主要是那些规模足以在内部引入数字能力的公司。越来越多的品牌自己——最近包括麦当劳、耐克、Paypal 和沃尔玛——正在进行广告技术和市场技术的收购。

最后，在营销人员和他们的线上目标之间存在着竞争平台和软件解决方案拥挤又复杂的网络，这个网络并没有发挥代理公司的历史优势。没错，这些通常是"平台"业务——需求和供应方平台、SEO 和 SEM 平台、广告服务器、交易服务等，但所有这些部分通常都支持着几十个竞争对手。即使在个别情况下，现有的巨头——如在广告交易方面谷歌的 DoubleClick——是明显的领导者，整个行业内也是如此。这种混乱的技术杂音似乎为广告代理之外的另一种业务量身打造了发展机会：咨询。自 2018 年以来，数字咨询公司埃森哲、普华永道、德勤、Cognizant 和 IBM 在全球十大广告公司的名单中紧随控股公司的步伐。而且他们的增长速度远远超过了传统广告公司，无论是有机增长还是通过积极的收购。

正如一位评论家所说:"这是一个残酷的事实:广告公司可能有讲故事的能力,但咨询公司有解决问题的能力。"对控股公司来说,更不祥的是,最近咨询公司的无机增长不仅仅是源自技术收购,还有收购创意机构。所以,或许到最后故事会由咨询公司来讲。

不要发怒也不要悲伤,要报仇雪恨

2015年以来五家广告控股公司中至少有三家都在疯狂进行连续的赌博式交易,基于此,似乎行业中大多数企业决定它们的最佳战略是在咨询公司成为讲故事的人之前自己先成为解决问题的人。Interpublic、阳狮集团和Dentsu在数据驱动的营销解决方案公司上总共花费了超过100亿美元——阳狮集团的支出几乎与它之前所有收购加起来一样多。这些交易代表了第一方和第三方数据、分析和咨询以及特定行业或功能的技术工具和创意能力的多样化集合。被收购的资产已经被几个标的汇总,并在多年后进行了不同程度的成功整合。这些所有交易的共同点是,它们都旨在从广告品牌创意经理人转变成帮这些公司处理客户关系的不可或缺的伙伴。

阳狮的案例尤其具有指导意义。2015年,该公司以37亿美元收购了数字营销顾问Sapient。当时,阳狮集团声称,这一组合是代表"未来的机构",将自己打造成"营销、商业、咨询和技术融合领域的领头羊"。不到两年后,由于预期收益未能实现,

第十三章 狂人与悲者：当广告和广告技术遇见互联网

该公司将被迫减记 15 亿美元的收购价格。这并没有阻止该公司在 2019 年对 Epsilon 进行更大的 44 亿美元的收购，这次强调了标的公司的数据资产价值。

与其他两家巨型控股公司的这种做法形成鲜明对比的是 Omincom，它广泛地避开了大型收购，并在合作伙伴和小型补强收购（Bolt-on Acquisition）的支持下从内部资助数据驱动战略。自从 2018 年长期任职的首席执行官马丁·索雷尔（Martin Sorrell）离职后，全球最大的广告公司 WPP 不仅积极想办法剥离其核心数据分析子公司 Kantar 的控制权，还积极设法剥离公司几十年来积累的一系列媒体和技术公司的少数股权。新任首席执行官宣布了公司策略的"彻底蜕变"，其中既包括"对创造力的重新承诺"，也包括"利用我们独特的技术伙伴关系的优势"的重要性。

相对于整体营销支出而言，品牌的重要性不断下降，这是广告公司必须面对的一个不幸但不可避免的结构性现实。但对有效品牌管理的需求不会消失，作为广告公司核心优势的创意能力也不会被互联网所取代。现代广告公司的创意工作反映和优化了日益复杂的技术和媒体环境，这中间的重要性是毋庸置疑的。但是，竞相将计就计地打败技术咨询公司，而不是专注于更有效地利用广告公司自己独特的创意能力，似乎是一个失败的主张。同样失败的还有在专利技术和数据上花费数十亿美元去与拥有更多专利技术和数据的几十万亿美元公司竞争。

WPP 或阳狮集团选择的道路能否带来成功，时间会告诉我们答案。当然，成功很可能由执行力和战略共同决定。但是，一个有缺陷的战略，特别是聚集可持续优势而甚至无法实现平价的战略,加大了有效执行的难度。

广告技术领域还剩下什么

正如小众广告公司已经找到了在脸书和谷歌双头垄断中积累业务的方法——亚马逊的经验表明,包括产品搜索在内的一些细分市场业务可以相当大——在广告技术领域,更常见的是在营销技术领域,一些公司已经能够围绕功能或细分市场建立有防御力的护城河,使其具有结构优势。

在广告技术领域,最大的需求方平台萃弈科技(The Trade Desk)已经意识到有机会创建一个规模化的参与者,在两大围墙花园之外聚合零散的库存。萃弈科技由两位前微软高管创立,将自己定位为广告控股公司的伙伴,避免了这些公司为了直接对接客户采取去媒介化努力,从而超越了竞争对手。这使得萃弈科技通过聚集这些庞大的广告需求来源并吸引出版伙伴提供投放,迅速获得相对规模,加强了网络效应,这背后主要的推动力是:持续投资增强型软件工具的供应方规模效益、95%的客户保留率支持的紧密客户关系、利用交易数据推动持续改进的机会。

10年多的时间里,萃弈科技的市值已经增长到200亿美元以上,使几十家与之竞争的独立DSP相形见绌。但尽管有这样的成功和结构优势,萃弈科技在2020年的收入远远低于10亿美元,平台在2020年美国超过1 500亿美元的数字广告支出中,只投放了约40亿美元。这意味着这个未开发的市场非常巨大、潜力无限,

第十三章 狂人与悲者：当广告和广告技术遇见互联网

但也凸显了在当今的广告技术市场，大型围墙花园（有自己的大型 DSP 竞品）之外的机会是多么有限。一个相关领域推动了最近广告技术的小规模复兴，那就是联网电视数量的爆炸性增长，在这个市场中谷歌和脸书尚未实现同样的占有。这使得交易活动蹿升，还吸引了来自萃弈科技等独立公司和风险公司的大量新投资。

在营销技术领域，独立公司的潜在机会更大，因为它所包含的独特功能远远多于简单的优化媒体支出。大量差异化领域受益于集中的专业知识，使其能够开发有防御力的细分业务，可能性包括网站优化、营销自动化、客户跟踪、分析工具、内容管理、忠诚度计划以及电子邮件和短信营销。但是，虽然潜在的专业领域数量要多得多，但大型软件公司的数量也很多，它们的安装基础为其提供了重要的优势，能够提供增量营销解决方案。

一个有趣的成功案例是，安客诚（Acxiom）在 2018 年以 23 亿美元的价格将其营销解决方案业务出售给广告巨头 Interpublic 后，留下了独立的软件业务。当时，该公司的收入不足 3 亿美元。公司现在被称为 LiveRamp，2021 年的收入接近 5 亿美元，提供分摊数据平台，帮助品牌、代理商、出版商和其他技术合作伙伴解决消费者身份认同问题。这使企业客户能够确定营销信息是否通过数字和传统渠道（如电子邮件甚至电视）给到它们的目标受众，并使它们能够整合和连接分散的数据集而不损害隐私。LiveRamp 之所以蓬勃发展，是因为公司不愿意向多方或可能有其他利益或动机的企业（如科技巨头）提供创建这种行业应用所需的敏感客户信息。通过将自己定位为只为管理这种共享身份数据资源完整性的中立且不可或缺的合作伙伴，LiveRamp 的价值迅速超过了安客诚在出售其 23 亿美元营销解决方案部门之前的公司整体价值。

　　LiveRamp 代表了在建立独立、可扩展的营销服务细分业务方面，机会长期存在。其他专注垂直领域业务的成功上市公司还有 HubSpot 的集客营销（inbound marketing）和内容管理，以及最近 Sprout Social 的社交媒体管理。然而，大型营销云供应商 Adobe、甲骨文和 Salesforce 作为一站式营销平台拓展额外功能的能力，提高了独立公司的成功门槛。在特定的用例和行业结构背景下，专业规模和产品重点所带来的增量价值必须大到可以盖过综合产品的功效。正如我们在下一章中要讨论的，一直以来促进可防御软件特许经营发展的专业化能力——即使面对那些能够将人工智能应用于其大规模数据库的强劲对手——远远超出了营销技术的范围。

本章要点

1. 互联网时代，数字广告爆炸性增长，仅在美国就价值 1 300 亿美元，吸引了数以千计由广告支持的初创公司渴望分一杯羹，也吸引了技术初创公司想要管理这笔财富。

2. 一开始的兴奋情绪被证明是不恰当的，因为绝大多数新增投入都被脸书和谷歌吸收了。由于广告费随着不断涌现的广告存量而下降，而且有了技术，营销人员能以惊人的效率在互联网的任何地方接触到目标消费者，即使是最受瞩目的出版商也在努力增加广告支出。

3. 想监管脸书和谷歌广告双雄，必须注意不要破坏它们的成功根基：利用数据不断提高广告效果的能力。

4. 广告公司的核心价值主张是有效地讲故事，从而建立和提升品牌，但在数字时代，其重要性已相对降低。为此，许多广告公司试图将自己重新定位为技术或咨询公司，要与比它们大得多的专业公司竞争。

5. 在由谷歌和脸书主导的生态系统中，广告技术公司的机会很渺茫。在更广泛的营销技术领域，独立公司成功实现专业化的机会要大得多，但像 Adobe、甲骨文和 Salesforce 这样的巨型软件公司也在竞争的长名单之中，这些公司在为自己庞大的安装基础提供新的解决方案。

第十四章

大数据和人工智能：
何时重要何时不重要

第十四章 大数据和人工智能：何时重要何时不重要

数字平台及其相关网络产生了数据，而且是大量的数据。无论是在互联网上还是亲自使用信用卡，每笔电子交易都产生多种相互关联的算法，相比之下，在商店里的匿名现金交易所产生的信息量微乎其微。将我们的集体数字足迹所产生的大量数据转化为可行动的智能（actionable intelligence），以提高业务绩效，这一业务前景具有显著的直观吸引力。

通过智能软件的使用——有时被描述为机器学习或者更具未来感的人工智能（AI）——变大数据为黄金，这是每个人都经常吹捧的，不论是寻求资金的企业家到寻求更高估值的成熟（或有抱负）上市公司。FAANG 公司都或多或少地通过在该领域的收购或把自己宣传为"人工智能公司"，在各自的战略愿景中吹嘘人工智能的重要性。

目前的"人工智能热"反映了自 20 世纪 50 年代以来与人工智能有关热潮的延续，这几次热潮有一个共同点："承诺得太多，兑现得太少"。著名的计算机科学家加里·马库斯（Gary Marcus）和欧内斯特·戴维斯（Ernest Davis）在《如何创造可信的AI》(*Rebooting AI: Building Artificial Intelligence We Can Trust*)一书中，将人工智能"野心和现实之间"持续存在的巨大差距称为"人工智能鸿沟"（the AI Chasm）。在商业背景下，这些限制可能是解释"真正公司的真正管理者发现人工智能难以实施"的证据。

软件应用并不是新鲜事，支撑大部分所谓的人工智能的核心算法设计已经存在了几十年。毫无疑问，计算能力、基础设施带宽和数据集的增加，进一步增强了这些技术。但是，即使是在医疗保健和自动驾驶汽车这些相对有针对性的领域，人工智能革命性的潜在影响也被夸大了，人工智能的承诺并未兑现。

过去和最近的失望并没有消减未来学家和人工智能啦啦队的热情，他们仍然汇聚于此。在商业战略领域，哈佛商学院教授马可·伊恩斯蒂（Marco Iansiti）和卡里姆·拉卡尼（Karim R. Lakhani）不断传播着网络效应和人工智能的加强优势日益强大且无处不在的观点。在结构上，正如第三章所讨论的，这种供应方学习优势与需求方规模优势的结合代表了数字时代的逻辑组合。

在《人工智能时代的竞争：算法和网络统治世界时的战略和领导力》(*Competing in the Age of AI: Strategy and Leadership When Algorithms and Networks Run the World*)中，伊恩斯蒂教授和拉卡尼教授描绘了新时代的图景，与现在学术界、投资者和公众的常规想法相差无几。他们认为，数字环境促进网络和学习效应的自我强化循环，这推动了规模化的加速回报，人工智能经济由算法驱动的运营模式几乎是可以无限扩展的。他们认为，由此产生的经济影响是工业革命的许多倍，将会导致一个"赢家通吃的世界"。对即将到来的这种以人工智能为中心、与平台幻觉类似的

第十四章 大数据和人工智能：何时重要何时不重要

革命，两位教授的观点得到了不少人的认同。

对这些观点的热情宣传，加上这背后众多结构性观察的合理性，在众多投售文件中大肆赞美"大数据"的好处也就不足为奇了。然而，令人惊讶的是，这些特定的幻灯片通常出现在这些投售演讲的最后，往往是在一个叫作"增长机会"的部分。这里的推销点是一旦收集到足够的数据和/或开发出有效利用数据的算法，就有可能提高货币化或竞争优势。但是，网络效应企业的一个显著特点是，真正从实际的——区别于潜在的——强大供应方优势中受益的企业很少。

理论上的潜力和实际情况之间的鸿沟，一方面是由于在许多用例中，数据的价值有限，另一方面是由于许多可能能够利用数据获利的技术还处于萌芽阶段。"人工智能"可能是当下的热词，在让大批投资者出钱的过程中确实发挥了核心作用，但能证明人工智能是可持续竞争优势主要来源的互联网商业模式还少之又少。

以数十亿美元的 P2P 借贷市场为例。2005 年首先在英国出现，初衷很简单，就是利用互联网建立平台直接匹配借款人和贷款人，避免了在传统银行的开销。该平台通常会对最初的匹配收取初始费用，对持续的借贷关系管理收取服务费。

不难看出，P2P 市场对借款人和贷款人都有好处。这种贷款的多样化组合无疑会产生比储蓄账户更好的回报。而个人和小企业现在可以获得传统银行（甚至是亲戚）可能不会以任何条件提供的流动资金。不太明确的是除了收取较低的费用外，竞争性的 P2P 平台如何能使自己脱颖而出。借款人可能想要最低的利率，而贷款人的希望则相反。如果不同的平台为风险相当的借款人提供实际不同的利率，潜在交易的任意一方都有可能退缩。结果应该会是各平台提供相对类似的金融产品。

这就是数据可以发挥作用的地方。一个平台如果因为它为这些贷款提供了更多的服务，而掌握了更多关于处境相似的借款人实际风险状况的信息，就应该更好地为特定借款人的风险定价。不太成熟的平台可能会通过提供风险更高的条件来吸引借款人，但是，一旦由此产生的违约率升高，贷款人就会逃离这些平台。随着时间的推移，相对优势越来越明显，相对市场份额也越来越大，这种数据优势应该越来越大。

这套叙事被用来支持 LendingClub（最大但显然不是最早）的 P2P 市集在 2014 年 12 月 IPO 的大获成功。LendingClub 筹集了近 10 亿美元，是当年最大的科技 IPO，股价在交易的第一天就上涨了 50% 以上。几周内，公司的估值超过 100 亿美元，成为第一家大型金融科技公司。主承销商高盛在开始报道该公司时发表的研究报告解释说，LendingClub 展示了"有意义的竞争优势……类似于其他互联网市集模式"，推动了"赢家通吃"的局面。尽管在上市时，LendingClub 调整后的 EBITDA[1] 利润率低于 10%，但高盛向投资者保证，这种结构性市场特征在较长时间内应产生"超过 40%"的利润率。

高盛的信心是基于这样的信念：从更多的贷款发放中获得的专有数据使 LendingClub 能够开发出卓越的动态信贷模型。因此，"因为利率较低（贷款人要求的风险溢价较低），更多高质量的借

---

1. EBITDA 即 Earnings Before Interest, Taxes, Depreciation and Amortization，指未计利息、税项、折旧及摊销前的利润。

款人被吸引到 LendingClub 的平台上，能创造贷款表现更佳、投资者更信任的正反馈循环"。

高盛这套预言的问题是，对于大多数借款人来说，像信用评分这样的现成信息完全可以提供足够的预测能力。即使有好不容易开发的专有技术，让专有的借款人数据递增，也根本无法产生显著的价值增量。

在新市集早期，吸引需求的能力，无论是早期使用的贷款人还是借款人，都可以使一个平台与众不同。然而，随着 P2P 借贷市场逐渐成熟，主要的机构投资者开始参与进来，出现了规模化的需求聚合者，这两者都限制了 P2P 借贷平台为自己保留大量超额价值的能力。

该行业将自己看作一个有吸引力的载体，可以得益于典型的"多对多"市集中连接参与者所产生的网络效应。但是，在不同的贷款人和借款人之间，LendingClub 和它的同行们发现自己被夹在巨大的私人财富管理机构（如高盛）、巨大的消费金融门户网站（如 LendingTree 和 Credit Karma）以及谷歌之间。就像元搜索旅游公司因依赖 Expedia 和 Booking 的需求和谷歌的供应而受到限制一样，只要没有通过学习得到重大的供应优势，这个业务永远不会太好。

LendingClub 股票的崩盘是由多种因素造成的，其中一些因素是公司特有的。但是，即使是行业的中坚力量——包括美国 P2P 借贷领域的先行者 Prosper Marketplace——也未能保持稳定的盈利能力，更不用说高盛承诺的 40% 以上的利润率了；而实际上，有几十个新进入者已经找到了在市场的某些部分运作的方法，这表明"大数据"和人工智能所带来的进入壁垒是虚幻的。

有趣的是，在市场的一个部门，除了简单的信用评分之外，似乎还有其他来自数据的有效增量价值。对于信用分数较低的借款人，额外的数据分析可以产生对其还款概率的重要洞察。但讽刺的是，LendingClub试图只在大数据没有明显价值的那部分市场——对信用分数高于640分的借款人——开展业务来创造区分度。而其他一些类似LendUp和Applied Data Finance的企业瞄准低信用分数的借款人，使用了各种商业模式，但都强调了数据分析的作用。这些企业面临着各自的挑战，但至少能够形成供应方的优势。

LendingClub的失败并没有完全否定通过利用互联网专有数据和技术来加快学习曲线下移的可能。对于我们之前强调过的Ancestry.com和Zillow来说，这种现象至少是它们在各自的细分市场上持续占主导地位的部分原因。然而，LendingClub的失败确实强调了确定相关特殊用例是否适用的重要性，以及其他人能否迅速跟上这种变化。如果数据的预测相关性或其对产品改进或客户管理的适用性是有限的，那么大数据的存在本身就不是一个差异化的因素。同样，机器学习从相对较小的数据集中得出有效结论的能力表明，只有从更大的数据集中收集到大量相关知识增量时，才会产生优势。

LendingClub的案例突出了网络效应企业试图将大数据作为主要的规模化增强优势时面临的挑战。网络效应和人工智能的结合有可能增强竞争优势，但根据伊恩斯蒂教授和拉卡尼教授等人工智能布道者的观点，这对于产业结构而言既不是唯一的也不是最具变革性的影响。他们将工业革命的效率与人工智能时代进行了对比，前者依赖于垂直领域专业化带来的好处，后者则需要打破他们眼里目前不合时宜的组织孤岛。根据他们的说法，成为一个人工智能驱动的公司，"是通过建立一个以数据为中心的运营架构，根本上改变公司的核心"。因此，"竞争优势正在从垂直能力转向数据采购、处理、分析和算法开发的通用能力"，这在他们看来，"导致了传统专业化的逐渐消亡"。

《人工智能时代的竞争》中认为水平的世界秩序即将到来，对此书中给出的第一个证据是微软首席执行官萨蒂亚·纳德拉（Satya Nadella）策划的绝妙翻盘。从1999年的高点到2009年的低点，该公司的市值减半。在随后的10年里，公司股价几乎增长了10倍，在2019年成为第三家市值达到1万亿美元的公司（继苹果和亚马逊之后）。在名为"成为一家人工智能公司"的章节中，伊恩斯蒂和拉卡尼教授展示了纳德拉如何在这一时期调整公司的方向和重点。结果成功地从一个基本上由互不相干的业务线组成的企业——许多业务线仍然建立在运送不同的软件CD上——过渡到一个综合的基于人工智能的云端软件巨擘。

当纳德拉在2014年上任时，他手中是两条在结构上相互冲突的业务线：基于云的基础设施业务Azure，与市场领导者亚马逊云科技竞争；以及一系列传统的"本地"（On-premises）企业应用程序业务，这些业务日益面临来自开源或基于云的替代品的竞争。随着Azure继续开发自己不兼容的软件，这种结构上的分歧又被文化上的分歧所强化。更重要的是，将微软企业应用程序移植到Azure上是出了名的困难。纳德拉通过阐明一个统一的企业使命，即成为领先的企业生产力平台，并将云计算和开源技术作为这一愿景的核心，从而弥合了这些分歧。一系列戏剧性的组织变革、资本投资、产品计划和收购与这一明确的方向转变相一致,为成功的执行提供了所需的内部和外部可信度。

打破基础设施和应用程序之间的隔阂,并在整个组织内建立统一的软件设计,使微软获得了以前无法想象的有关其客户、项目和产品的大量信息。这反过来又让各种可以应用机器学习和人工智能魔力的有前途的用例显露出来,而这正是公司所积极追求的。正如伊恩斯蒂教授和拉卡尼教授所指出的,除了促进"基于用户不断反馈的持续改进"之外,数据流还提供了"客户亲密程度,为分析提供了各种机会"。经过改进后,全新的微软是他们认为的真正意义上"人工智能公司"的原型。"这是关于从根本上改变公司的核心,建立一个由带来持续变化的敏捷组织支持、以数据为中心的操作架构。"

微软的成就令人赞叹,体现了集中大量关键功能从而利用数据加强决策的潜在积极影响。《人工智能时代的竞争》中认为,"同样的转型正在所有行业中加速发生",不仅限于软件或技术企业。伊恩斯蒂和拉卡尼以谷歌进入汽车行业为例,称传统行业的边界正在迅速消失,人工智能的力量将推动大规模企业的出现,这些企业在"规模、范围和学习"方面具有持续增长、相互加强的竞争优势。在这个"规模空前"的新世界里,"专业能力"必然会变得"不那么相关,也不那么有竞争力"。

为了探究这一预测是否属实,我们可以观察其中一个行业的发展,它应该是《人工智能时代的竞争》中描述的核心趋势的原点:SaaS 软件。软件供应商自己托管解决方案而无须在客户那里现场安装的能力带来了巨大的潜在利益,并催生了一个寻求颠覆传统软件部门的庞大产业。推动微软战略重生的云计算革命,反映了 SaaS 模式逐渐统领了传统的本地解决方案。很难想象会有一个

第十四章 大数据和人工智能：何时重要何时不重要

行业倾向于推动与专业化越来越不相关的因素。然而，这段历史和当前的现实告诉我们一个非常不同的故事。

SaaS 革命：为什么甲骨文和 Salesforce 都没有占领世界

SaaS 革命，虽然是互联网革命的产物，但直到第一次互联网热潮崩溃和燃烧殆尽之后，它才开始大步迈进。美国全国性的宽带能力建设，加上计算和存储能力的大幅提高，促进了"按需即用软件"（On-Demand Software）的急剧增长，这也是该行业最初所描绘的图景。将软件作为一种服务提供的想法并不新奇。早在 20 世纪 60 年代，中小企业的服务局就已经提供了中央托管应用程序。20 世纪 90 年代末，出现了各种所谓的应用服务提供商（Application Service Providers，简称 ASP），以可负担的月费提供软件托管，有时通过互联网实施。

但这些软件的实施通常是"单租户"（Single Tenant）——每次只有一家公司可以使用。SaaS 模式的真正革命性之处在于，它允许一个软件同时为多个客户提供服务，即所谓的多租户架构。而极大地扩展了市场潜力的是企业们，甚至是全球的跨国企业，对 SaaS 应用的日益接受和最终的偏爱。

新兴 SaaS 竞争者所瞄准的企业软件市场已经被巨头们根深蒂固地支配，他们拥有强大的商业模式。根据其传统方法，软件被部署在客户/服务器的本地环境中。客户根据用户的数量支付前期的永久软件许可证，但也要为持续的维护和升级付费。最初的实施可能需要数月甚至数年的时间，而且是高度定制化且出了名的昂贵，涉及内部和外部顾问团队，其中一些人似乎一直都在。这个过程牵涉大量培训和支持、专门的硬件以及各种相关的中间件，因此，最终软件本身只占客户总成本的一小部分。新进入的 SaaS 企业在攻击这些在位企业时面临双重挑战。首先，即使一个潜在的客户对 SaaS 解决方案所提供的灵活性和成本节约很感兴趣——客户被收取基于用户的每月订阅费用，而且应用程序的部署往往不需要第三方的帮助，只需几周时间——对于一个现有的企业客户来说，转换成本很大。而且，根据软件功能的关键程度，转换过程中出现错误的风险也可能是巨大的。第二，尽管有观点认为，SaaS 产品的模块化设计实际上有利于定制和与其他供应商整合的能力，但潜在的客户对单一的分布式软件实例是否能满足复杂应用的需要持怀疑态度。此外，对于特别敏感的任务，许多公司对不直接控制软件和相关数据在其实体设备内的安全影响感到紧张。因此，SaaS 产品的最早客户是新兴的和较小的企业，它们采用了相对简单的分立应用（discrete application），在这方面没有可以取代的在位者。

最早的 SaaS 公司之一是 Salesforce。该公司于 1999 年由一位能说会道、才华横溢的前甲骨文雇员马克·贝尼奥夫（Marc Benioff）创立，他受到启发，想建立一家像亚马逊提供消费者产品那样安全、可靠地提供商业软件的公司。这家公司最初只专注于客户关系管理（CRM）产品，这在当时是一个 100 亿美元的市场。竞争来自三个最大的广基企业软件供应商，它们将 CRM 整合到它们的产品套件中。此外，Salesforce 还面临着一系列专业公

第十四章 大数据和人工智能：何时重要何时不重要

司的竞争，其中一些公司，如Siebel，专注于大客户，而另一些公司则针对中小企业，如Best。在Salesforce于2004年成功上市时，它是少数几家上市的SaaS公司之一，销售额还不到1亿美元。

尽管当时的SaaS行业规模不大，但在位的软件领导者非常清楚它所带来的威胁。在Salesforce上市一年后，甲骨文宣布以58亿美元收购Siebel，使其成为世界上最大的CRM公司。甲骨文和Siebel都开发了"按需即用"的产品，主要针对中小企业市场，但继续追求混合路径，保护它们的核心业务模式。在甲骨文宣布这项交易时，贝尼奥夫给他的员工发了一封电子邮件，指出"即使是恐龙在死前也会交配几次"。甲骨文公司首席执行官兼创始人拉里·埃里森（Larry Ellison）曾是Salesforce的早期投资者，他曾表示希望他的股份价值能"减少到零"。

埃里森的愿望没有得到满足。在2020年，Salesforce的股权价值超过了甲骨文，接近2 000亿美元。更广泛的SaaS部门市值远远超过1万亿美元。唯一一个更有价值的纯SaaS公司是传统的软件领导者Adobe，其价值甚至超越微软，不仅在战略上拥抱云，而且实际上将其整个业务从企业许可模式过渡到SaaS。Adobe落实大规模转型的能力反映其对SaaS的广泛接受，因为该模式的有效性已经在一系列高度复杂和敏感的应用中得到了证明。

自2000年以来，SaaS对传统企业软件的相对优势，足以称之为一场革命。SaaS模式的惊人成功，启发了许多关于SaaS企业性质以及其最终统治世界的速度和必然性的传统看法。例如，人们普遍认为，经过20年的发展，SaaS目前已经代表了大多数的软件部署，至少在所有重要的垂直领域发挥了有意义的作用。

相比之下，在不可逆转的云计算趋势面前，本地企业软件参与者被认为正在萎缩。SaaS 架构的多租户性质催生了需求方网络效应，这应该可以弥补由于 SaaS 企业的绝对固定成本要求较低而导致的供应方规模效益的减少。而且，正如伊恩斯蒂教授和拉卡尼教授所建议的那样，尽管早期的 SaaS 应用是专业化的，但随着行业的发展，通过将人工智能应用于整个垂直用例的集中能力，横向应用的优越性变得越来越明显。

就像"平台幻觉"本身所蕴含的传统观点一样，有关 SaaS 革命的那套说辞都是明显错误的。

诚然，自 2010 年左右以来，大部分软件收入增量都是基于云的，而且这一比例还在继续增长。在 2020 年，约有 62.6% 的新软件销售是 SaaS 应用。但尽管有这种相对趋势，新企业许可部署的绝对水平仍在继续增长，即使速度不快。结果是 2020 年 SaaS 应用在应用软件总支出中的比例不超过四分之一，预计最早到 2025 年才会与企业许可支出持平——SaaS 革命开始后整整 25 年。

更重要的是，在一些数十亿美元的垂直市场，SaaS 应用根本没有获得任何实际牵引力，不仅仅在那些对数据所有权和控制权敏感的部门是如此。对于这些用例，SaaS 公司往往在结构上进行部署，允许数据保留在客户实际拥有的服务器上。比如就汽车经销商而言，经销商管理系统（DMS）的市场今天仍然由两个传统的行业领军者（CDK 和 Reynolds and Reynolds）主导，与 2000 年时无异。

重点是，当强大的客户占有与规模优势结合，竞争能力是巨大的，而且常常被低估。另一个令人惊讶的是这种规模的性质。

尽管本地企业软件业务的绝对固定成本要求往往远远超过其SaaS同行，但对固定成本的相对依赖程度却低得多。与传统软件业务相关灵活的咨询和维护费用在整个成本结构中的比例远远高于SaaS业务。因此，SaaS企业规模的供应端效益实际上更大，因为它们的成本结构更多是固定的。

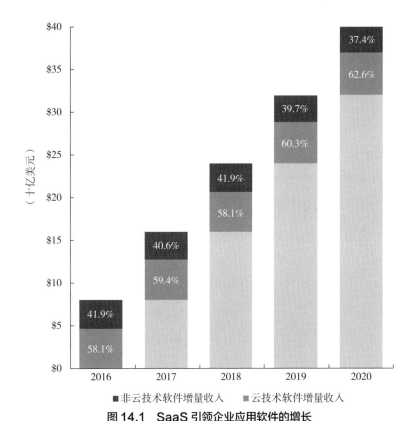

图14.1　SaaS引领企业应用软件的增长

资料来源：Christine Dover，IDC企业应用和数字商务研究总监。

但是，更强的供应方规模效应是否使SaaS业务本质上"更好"？这倒未必。在许多情况下，较低的绝对固定成本要求大大降低了盈亏平衡的市场份额，支持了更多可行的竞争者数量。此外，SaaS 架构和商业模式的灵活性在一开始吸引了客户，但如果有了更具说服力的替代方案，客户要离开也就更容易。这并不意味着在这些业务中不存在重大的客户占有率，只是它往往比传统软件要少。平均而言，即使毛利率较低，传统软件业务的总体利润率要高于 SaaS。即使 Salesforce 在 CRM 领域赢得与甲骨文的竞争，甲骨文也在持续增长，并保持着比 Salesforce 高得多的盈利能力。

那么网络效应和人工智能时代呢？

SaaS 公司通常没有网络效应；它们是老式的供应方规模企业。拥护多租户软件的客户最不希望的就是其他租户，尤其是竞争对手能够使用其数据。但这也有几个例外。一家名为 Turnitin 的 SaaS 软件公司是为全球教育机构提供反剽窃软件的供应商巨头。由于复杂的作弊行为往往涉及不同学校的学生之间共享论文，参与机构将所有提交的材料贡献给共同的专有匿名数据库，从而获得满意的效果。这种 SaaS 应用受益于供应方和需求方的规模，其远远高于传统软件应用的利润率证实了这一点。但这是一个不寻常的 SaaS 用例，适用于竞争优势的强大组合。

与伊恩斯蒂教授和拉卡尼教授的预测相反，预期中的人工智能和学习优势似乎更多体现在纵向上而不是横向上。SaaS 革命已经催生了数百个垂直方向的应用程序，其规模足以实现盈利，所有垂直方向的应用程序都能够支持多个竞争对手。三个最大的传统企业软件公司微软、甲骨文和 SAP 现在都在按需和本地部署的领域里运作，它们继续在垂直领域里展开竞技。但是，不断增加的纯 SaaS 公司在很大程度上仍然以垂直领域为重点，任何整合都主要发生在垂直领域内或与之密切相关的领域。目前，有 80

第十四章 大数据和人工智能：何时重要何时不重要

多家上市的SaaS公司，其中近70家公司的价值至少为10亿美元，20家公司的价值超过100亿美元。

与大多数较小的同行相比，Salesforce是最大、最有影响力的新型SaaS公司，它一直在疯狂地进行收购，在某些年里已经超过了以贪婪著称的甲骨文。但是，尽管其中一些收购越来越多地增加了其横向能力和新的垂直领域——例如，像Heroku这样的应用开发工具，以加强其本土的Force.com平台，以及最受瞩目的以280亿美元巨资对Slack的收购案，以补充其2016年在"企业生产力"类别中比Quip少得多的收购，这些收购绝大多数都直接加强了它在CRM市场或密切相关的数字营销领域的地位。

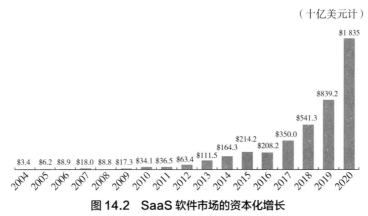

图14.2　SaaS软件市场的资本化增长

资料来源：标准普尔资本IQ。

日益分散和垂直的SaaS部门表明，专业化实际上可能会提高人工智能的价值，因为专门的数据集使机器学习能够产生最独到的见解。这与迄今为止人工智能以目标领域的狭隘性为特征的成功应用是一致的。这样的话，云计算的出现并没有使专业化变得过时，反而可能助推垂直集中的软件企业复兴，与主导传统企业软件格局最大的综合性跨功能供应商形成对比。为了理解这一观点的合理性，可以研究一下 80 家 SaaS 上市公司中的一家在这个动态的生态系统中成功发展的路径。

BlackLine 瞄准了一个乍看之下似乎对搅局的初创公司来说没什么机会的市场。BlackLine 成立于 2005 年，公司没有确定一个具有独特需求的行业，而是为错综复杂的公司提供了执行核心会计任务的产品。这种专业技术的危险性在于会计是主导软件行业大规模企业资源规划（ERP）业务的核心功能。尽管如此，BlackLine 的软件还是承诺将每月的财务结算过程自动化，从部门层面开始，然后滚动合并到公司财务。

在此之前，ERP 供应商只是把每月的公司财务状况作为一个输入项，并没有把每月的账目清算过程自动化。BlackLine 定位到了在此之前主要通过手动执行且可预见会产生错误结果的功能。这是企业的一个痛点，不仅因为基于 Excel 的过程成本高，需要密集的人力，而且监管要求增加使得在制定这些财务报告时需要更高的透明度和更严格的问责制。尽管在美国的此类应用的缝隙目标市场可能只有 10—20 亿美元，但在全球范围内，该应用和其他周边会计应用的市场可能是美国的 10 倍。

当 BlackLine 在 2005 年推出最初的产品时，前五大 ERP 公司几乎占了市场的四分之三。除了 SAP、甲骨文和微软，Sage 和 SSA Global（后来被 Infor 收购）也在其中。BlackLine 与许多最早的 SaaS 应用瞄准重点中小企业不同，它在大型复杂组织中有着最大的效用，这些组织都是前面那些公司的核心客户。当 BlackLine 在 2013 年将公司的大部分股权出售给外部投资者 Silver Lake Sumeru 时，它的收入刚刚超过 2 500 万美元，而且仍然没有盈利,但它有着忠实的蓝筹股客户名单,包括 AT&T、AIG、波音和联合健康。到 2016 年 BlackLine 上市时,当年的收入预计将超过 1 亿美元。在 2020 年,BlackLine 的年收入超过 3.5 亿美元,并且在稳步盈利。

广基 ERP 公司如何能允许 BlackLine 发展成为现在近 100 亿美元市值的公司?其实它们并没有想阻止 BlackLine。甲骨文公司雇用了一名 BlackLine 前员工,并开发了自己的产品,免费提供给甲骨文公司更广泛的软件包买家。专业知识的价值,特别是关于财务结算等相关活动的复杂流程的知识,在复制难度上得以体现。正如 BlackLine 的创始人和执行主席特蕾泽·塔克(Therese Tucker)告诉我他们持续成功的秘诀,"这是一个专门为会计和财务开发的平台,整合了 15 年来在该领域的深厚知识"。通用的横向能力还是比不上使用云数据来不断改进专业产品的能力。

诚然,SaaS 解决方案的转换成本并不像企业本地应用那样高。但是,使用人工智能和机器学习不仅可以识别和纠正,还可以预测成本不高但仍关键的应用程序的潜在问题,这将使客户在同意采用一个水平整合的 ERP 供应商提供的低成本产品之前会有所犹豫。

BlackLine 还处于真正人工智能技术应用的早期阶段;它在如交易匹配这类非常狭窄的特定用例中使用真正的人工智能,这背后潜在的益处是显而易见的。塔克说她并不担心随着人工智能变得更加强大和普遍,横向布局的大型软件公司会获得相对优势,原因有二。首先,她自己的经验让她相信,专业的公司总能发现最相关的问题,从而有效地应用新技术。其次,尽管一定意义上,较大的软件公司将有机会获得更多的绝对数据,但领先的专业玩家仍将拥有相关主题领域内更多的相关数据。更重要的是,客户允许专业公司使用数据的意愿可能比对技术巨头的意愿更强,因为他们在这一领域的声誉倍受攻击。甲骨文公司继续将其财务结算产品与会计套件捆绑在一起,但它的数百名客户用 BlackLine 的甲骨文连接器将数据自动集成到 BlackLine 的 EBusiness Suite,而不使用甲骨文公司更便宜的自主产品。2018年,全球领先的 ERP 供应商 SAP 宣布同意成为 BlackLine 的经销商,实际上是放弃了在该领域竞争的尝试。而且,BlackLine 继续通过地域扩张和逐步将其产品套件扩展到越来越多的相邻功能而迅速增长。

BlackLine 的案例不仅强调了在人工智能时代,专业化有着持续甚至不断增加的价值,而且还凸显了在决定何时应用机器学习技术是对企业资源的合理利用、何时又是代价高昂的注意力干扰方面,人类的判断起到了关键作用。对人工智能承诺的欣喜导致许多高管和投资者忽视了要想得到有用的答案,关键是要提出正确的问题。越来越多的企业倾向于出了问题就扔出数据,把数据当作逃避困难决策的对策,这恰恰与大数据的潜能相悖。正如人工智能先驱朱迪亚·珀尔(Judea Pearl)所指出的,"很容易理解为什么有些人将数据挖掘视为终点,而不是起点",但最重要的问题总是要求我们"必须考虑和阐明关于世界如何运作的实质性假设"。为了有效地做到这一点,避免许多人工智能枯井被漫无目的、毫无成效地挖掘,专业知识仍然是必不可少的。

本章要点

1. 软件应用并不是新事物,作为许多人工智能基础的核心算法

第十四章 大数据和人工智能：何时重要何时不重要

设计已经存在了几十年。新的事物是大量数据流经应用既定技术且不断激增的数字平台。

2. 人工智能在规模上大幅加强竞争优势的能力，是它在特定用例背景下启示的潜在价值的函数。如果数据的预测相关性或其对产品改进或客户管理的适用性是有限的，那么仅仅是"大"数据本身并不构成差异化因素。同样，机器学习从相对较小的数据集中得出有用结论的能力意味着，只有从更大的数据集中收集到更多更相关的重要知识时，优势才会产生。

3. 人工智能应用利用集中的数据资源来提高整体组织决策的能力，使一些人认为专业化不再重要。然而，往往是在专门的数据集的背景下，机器学习才能产生最独到的见解。

4. 基于云的解决方案的爆炸性增长和基于 SaaS 的软件的日益采用，既颠覆了软件业，也增加了该行业可用的实时数据量。超过万亿美元的 SaaS 软件行业绝大多数是以垂直布局为重点，这加强了人工智能时代专业化的长期价值。

结语 初创热潮：是病还是药

一个观点的起源很难确定。同样，一个新概念何时会成为传统智慧，也很难确定。大多数情况下，这些现象是各种不相干的因素集体作用的结果。然而，更多的时候，那些可以从这种观点的采用中获取既得利益的人——在平台幻觉的例子中这些人是众多的平台和背后的金主——在建立民间共识方面发挥了超比例的作用。提高估值和阻止竞争者的目标是推进平台幻觉这个骗局的强大动力。

很明确的是，平台幻觉已经导致大规模的价值破坏。投资者支持错误的商业计划和宏大的战略。在位企业错误地分配了珍贵的资本，并将管理层的注意力转移到不切实际的计划和遥不可及的目标上。其中，罪魁祸首是对网络效应的迷信，以及在较小程度上对"大数据"和"人工智能"等其他热词的迷信，这些都助长了平台幻觉，而对竞争优势的基本原则缺乏更深层次的尊重和重视。

那些对平台幻觉最执着的人往往疯狂地摇摆于对少数所向披靡的平台不可避免地接管全球的黑暗声明和对投资于平台的风险

资本家可获得的财富的欣喜预测之间。但是，对于两种观点——即经济正日益被"少数数字超级大国"所主导，它们能够获取"巨大且不断扩大的价值份额"，以及"人工智能时代可能创造了人类文明史上最大的创业机会"的断言——人们该如何调和？我在前面内容中试图说明的是，这种分裂的意识形态的两端都所言非虚。

本书第三部分介绍了一些有价值的新兴公司，这些公司在科技巨头的时代成立却已初具规模。它们的成功不是必然的，它们的道路是多样的，一路走来的路上到处都是其他有志者迷失方向的尸体。尽管它们使用广泛的商业模式和战略所瞄准的市场各不相同，但有一些重要的共同点，将它们与规模更大但失去活力的群体区分开来。

这些企业的共同点是它们都聚焦于缓解一个非常具体且紧迫的客户痛点。这种规范使它们能够发展出数字商业模式中持续最短暂的两个特征——客户占有和相对规模。替代方案一触即发，盈亏平衡的市场份额比以往任何时候都低，这一现实给所有技术驱动的新兴企业带来阴影。作为一个平台或具有网络效应并不能减轻这些风险。瞄准一个有迫切需求的缝隙市场，一方面有利于培养客户忠诚度，另一方面也有利于在这个细分市场上迅速建立规模。

类似复杂性和信任等产品和服务的属性增加了转换和搜索的成本，这是本书强调的从 Etsy 到爱彼迎等一众新兴特许经营领跑企业的基础。此外，将产品的使用融入客户的日常生活的能力帮助许多成功的 SaaS 公司建立更深的客户占有。

专业化加强了客户占有，加速了相对规模的实现，也加强了学习，增加了为人工智能和大数据开发有价值的用例的机会。在相对平凡的在线家具市场，Wayfair 能够在亚马逊的阴影下茁壮成长，反映了专业化相对于绝对规模的价值。有时，不作为科技巨头，也可以通过建立替代性的独立来源而成为一种优势，比如 The Trade Desk，或者在信任和数据安全至关重要的地方建立优势，比如 LiveRamp。

有些人可能会抱怨说，这种方法仅限于小型细分市场，而投资者更青睐大规模的全球机会。但我们都是从婴儿开始的。无论是线上还是线下，最强、最大、最坏的特许经营企业都是从主导一个细分市场开始的，然后像皮癣一样无情地蔓延，吞噬每一个邻近的区域。Booking 从主导荷兰的独立酒店开始，然后是欧洲大陆，到现在全世界的许多地方都有它的身影。BlackLine 也像几十家价值数十亿美元的垂直 SaaS 软件公司一样，从一个惊人狭小的用例开始，通过迅速证明其产品的不可或缺性和有效性，已经能够不断扩大其 TAM。

很少有大规模的市场，尤其是搜索市场，能够实现赢家通吃的局面。即使是与脸书形式类似的社交媒体也有许多与谷歌相同的结构性障碍，更容易受到有针对性的地理、人口和产品的竞争攻击。值得注意的是，对全球统治的担忧中最合理的地方似乎是那些以前基本上不存在的产品类别。搜索和社交是全新的行业。在那些已经有规模的模拟在位企业所在行业中，很难想象有哪一个新的数字巨头能战无不胜。最后，最具统治力的平台公司谷歌，其复原力主要归功于网络效应以外的竞争优势，这一事实击破了平台幻觉的泡沫。

在真正庞大的市场中，任何赢家通吃的结构性趋势都表现出两个明显的特点：一是比较罕见；二是主要由规模化的学习和技术带来的无限的效率提高所驱动。这对发生这种现象时应采取的适当监管方法有启示。也就是说，监管者必须建立明确的标准来限制少数人的潜在滥用行为，从而不损害多数人从这些规模驱动的强大优势中获得的利益。

人们普遍相信初创企业拥有无限的机会或许是没有道理的，但可以确定的是，风险资本家在这种信念的支持下成功地筹集到了比"文明史上"任何时候都多的资金。最成功的风险投资公司过去展现出惊人的持久收益，反映了风险投资中固有的网络效应。这些网络效应是源于早期公司的价值绝大部分反映在其人员和观点的质量上。领先的公司与久经考验的创始人有着非比一般的关系，并通过其交际网和附属机构网络提供了无与伦比的资源和专业知识。

但是在过去，最具代表性的公司，最具划时代意义的基金顶多也就几亿美元；最成功的种子轮或早期阶段的投资很少超过1 000万美元。而如今，这些公司能筹集到超过10亿美元的资金。很难想象任何一家公司能够有效地管理这种规模的基金背后大量的创业公司投资。

以成立于1972年的红杉资本为例。创始人唐·瓦伦丁（Don Valentine）1978年对苹果的15万美元投资可谓传奇。公司发展中令人瞩目的是，公司在2011年拿下了WhatsApp全部800万美元的A轮融资。当脸书在2014年以220亿美元收购WhatsApp时，红杉净赚了近30亿美元。但该公司最新的旗舰基金是80亿美元。相比之下，创始人克里斯·萨卡（Chris Sacca）创立于2010年投资优步、Instagram和推特的840万美元种子基金Lowercase

Ventures Fund I，被称为历史上表现最好的风险基金，走的完全是另一条路。在 2015 年又筹集了一个规模不大的基金后，萨卡宣布他将关闭该基金，只继续支持现有的投资组合。

其实，成功的创投基金在对其最有前途的投资的后期承诺上赚取了大部分的钱，也花费了大部分的资本。举例来说，红杉对 WhatsApp 初始投资后，在最终收购之前又追加了 5 200 万美元的后续投资。随着科技公司现在在上市之前往往保持较长的私有化时间，后续轮融资的规模也变得越来越大。但是，将数十亿美元的最新一轮融资（其中一些是数十亿美元的融资）称为"初创企业"投资，感觉很不真实。事实上，这几轮融资中许多都是与传统的私募股权或成长型投资者以及共同或主权财富基金一同进行的。这些类别的投资者回报并不具有最佳风险公司的持久性特征。2018 年和 2019 年的创投总额都超过了惊人的 1 300 亿美元，并由最大的基金所主导。这些资金基本上流入不同的业务领域，过去的回报持久性能否延续，还有待进一步观察。

与误判早期投资相对吸引力的金融陷阱完全不同，创业机会的浪漫化引起了文化、经济甚至监管方面更广泛的关注。当我在 20 世纪 80 年代末获得 MBA 学位时，大约一半的重点项目毕业生都去了投资银行和咨询公司。当时，如此多的高能人才被引向两个如此狭窄的服务行业，这在很多方面都令人感到不安和不幸。首先，直觉上我们会认为，如果能有更多最优秀、最聪明的人决定自主创造或以其他方式改善世界，这个社会才会变得更好。其次，这么多毕业生做出这样的选择，主要不是出于对这两个行业的浓厚兴趣，而是因为麦肯锡和高盛被看作商学院学生"成功"的最大标志。

不过现在有个好消息，同时也是坏消息，那就是最抢手的MBA毕业生的志向已经发生了巨大的变化。

今天，超过50%的哈佛商学院毕业生加入了创业初期的小型企业，超过10%的2020届毕业生首次选择自主创业。斯坦福大学的MBA中几乎有20%的学生开始了自己的事业，只有不到1%的人进入了投资银行。考虑到传统观念认为小企业是增长引擎，以及大家普遍为数字经济的无限潜力而感到兴奋，过去30年里的这股创业热潮我们有理由不喜欢吗？答案是有，而且很多。

首先，如此高比例的毕业生真的一直在内心憧憬成为企业家的可能性并不比他们过去梦想成为银行家或顾问的可能性更高。更有可能的是，追随当下被认为与成功最相关的任何道路的深切愿望，都会致命地阻碍许多人清晰地了解自己真正喜欢什么。但至少在银行业或咨询业，当许多人不可避免地顿悟这不是他们的人生使命时，他们将获得许多广泛适用的技能，并接触到许多专业角色和行业。而在初创企业的相应经验可能以类似的顿悟而结束，或者更有可能因企业的破产而结束，就像大多数企业会面临的那样。然而到那时，掌握到有意义的专业知识的概率或是在创业泡沫中的经历能变为更广泛经验的概率则要低得多。

其次，有重要证据表明，尽管传统观念认为小企业是创新和经济增长的主要动力，但我们最宝贵的人力资源可以通过提高更成熟企业的资产生产力来产生更大的影响。一些研究表明，"43家初创企业中，只有1家公司能在10年后还雇用创始人以外的员工"。即使是常常听到的与新公司在创造就业方面的核心作用相关的统计数字——被一些人描述为"小企业创造就业的神话"——也是值得怀疑的，因为关键是减去大量破产的小企业所造成的就业损失之后，还剩下多少净就业机会。

关于工作场所厌女情绪和种族歧视的问题理应受到关注，但也要注意，尽管1986年美国最高法院首次在1964年修订的《民权法案》第七章加入性骚扰内容，以及最近又新增了LBGT权利，但这些甚至都不适用于雇员少于15人的企业。更广泛地说，研究表明，"在几乎每一个有意义的指标上，包括工资、生产力、环境保护、出口、创新、就业多样性和税收合规性，大公司明显比小公司的整体表现要好"。这并不是说那些对创业抱有真正热情的学生不应该追寻这项事业，只是关于它作为一种公司形式的内在经济和社会优势的假设是站不住脚的。

如果说少数数字巨头正在掌管世界，或者说创办一家有利可图的线上颠覆企业从未如此容易，那么投资者们将何去何从？答案是就在数字经济中，它既提供了建立可持续壁垒的新途径，又使曾经的优势来源更难保留。以完全透明为特征的环境会产生的净影响是，建立或维持强大的商业特许经营需要比以往更多的聪明才智。

但这是可以做到而且已经实现了的。即使在FAANG公司的长期阴影下，新生的创新公司不断涌现，老牌企业也在开发新技术以加强其核心优势。拥抱产品复杂性的"多对多"专业市集，利用客户数据来持续优化的垂直SaaS平台，在谷歌无处不在、无孔不入的情况下仍设法实现独特客户价值的在线旅游领域不可或缺的领导者，以及为参与者提供强大决策工具的数据共享平台——所有这些企业都筑成了强大的护城河，不过都需要继续深挖从而维持。

所有这些成功案例的共同点是，对每家公司来说，一旦达到规模，就需要一些额外的结构性优势组合来确保其地位。这些公司中没有共同的解释因素，但所有公司都找到了自己的工具，在竞争激烈的数字生态系统中至少培养了一定程度的客户占有。要做到这样，通常需要专业化的元素来支持有价值的产品或服务属性，这种属性能让即使是规模大得多的广基竞争对手也无法与之相比。

因此，无论是对创业精神不假思索的拥护，还是对 FAANG 公司的麻痹性恐惧，都与平台幻觉高度相关，也都是没有必要的。对网络效应、人工智能或初创企业的迷信，通常会分散人们的注意力，使其无法继续尊重在数字颠覆时代蓬勃发展所需的竞争优势的永恒原则。如果投资者不能理解这些原则的持续相关性以及其潜在应用的可变性，将对他们的回报产生可以想见的影响。更重要的是，如果不怀疑关于 FAANG 所向披靡和初创企业固有吸引力的简单假设，我们的经济和人力资源将无法有效地用于实现数字时代的全部社会和经济潜力。

致　谢

这本书最直接的来源是我自 2015 年以来在美国哥伦比亚商学院教授的一门名为数字投资的课程。这门课的构想是研究不同行业中曾经具有颠覆性但现在已经成熟的数字领导者的竞争优势来源，以便为针对同一行业的下一波颠覆者提供潜在的投资参考。这项实践揭示了数字在位企业所享有的优势具有出乎意料的多样性，以及数字企业搅局者具有吸引力。这反过来又突出了传统观念对数字商业模式吸引力认识不足，而《平台幻觉》这本书正是要弥补这一不足。在编辑泰德·金尼（Ted Kinni）和保罗·米歇尔曼（Paul Michelman）的鼓励下，我开始尝试将这些观察整合成题为《所有平台都不平等》（*All Platforms Are Not Equal*）的文章并发表在了《麻省理工学院斯隆管理评论》（*MIT Sloan Management Review*）上。

鉴于这些渊源，我尤其要感谢星火资本（Spark Capital）的创始人和普通合伙人杰里米·菲利普斯（Jeremy Philips），他从一开始就和我一起讲授数字投资这门课，还要感谢支持我工作的学生、助教和演讲嘉宾。这门课程、这篇文章和这本书都离不开哥伦比亚商学院金融和资产管理专业 Robert Heilbrunn 名誉教授布鲁斯·格林沃德（Bruce C. N. Greenwald）的帮助，他也是早期数字投资课程的常驻嘉宾。用来分析数字产业结构的框架与我们在《被诅咒的巨头》中用来分析媒体产业结构的框架相同。《被诅咒的巨头》和《平台幻觉》都在很大程度上依赖于格林沃德教授早期关于竞争优势的著作《企业战略博弈：揭开竞争优势的面纱》，这本书展示了战略和财务分析之间的基本联系，而这正是当前企业的核心所在。

如果没有周围诚实的反馈来维持理性与感性的平衡——尤其是疫情期间，我不可能完成这本书。美国布鲁克林学院学习中心的前长期主任迈拉·考根（Myra Kogen）帮我进行交稿前的审阅。我的朋友伊桑·伯曼（Ethan Berman）、达伦·卡特（Darren Carter）、戈登·克罗维茨（Gordon Crovitz）、约翰·爱德华·墨菲（John Edward Murphy）、卡梅隆·波茨彻（Cameron Poetzscher）和钟晓英（音译）也阅读了整个手稿并提供了宝贵的评论。还要感谢其他的朋友、亲戚、学者和业界人士，他们都给我提供了鼓励，对手稿的某些部分提出了意见，或是分享了对本书论题某些方面的看法，包括兰尼·贝克（Lanny Baker）、大卫·艾森伯格（David Eisenberg）、贝丝·费雷拉（Beth Ferreira）、里德·黑斯廷斯（Reed Hastings）、沃伦·詹森（Warren Jensen）、杰夫·乔丹（Jeff Jordan）、大卫·克尼（David Knee）、拉里·库奇尔（Larry Kutscher）、柴尔·马多克斯（Chaille Maddox）、兰斯·迈罗夫（Lance Maerov）、约翰·马丁（John Martin）、弗利普·马里茨（Flip Maritz）、詹姆斯·米尔恩（James Miln）、布莱恩·默里（Brian Murray）、朱迪亚·珀尔（Judea Pearl）、瓦尔沙·拉奥（Varsha

Rao）、安德烈·雷辛巴赫（Andrea Reichenbach）、克莱尔·雷希尔（Clare Reihill）、大卫·罗森布拉特（David Rosenblatt）、贾森·沙姆斯（Jason Shames）、理查德·西克洛斯（Richard Siklos）、希拉·斯彭斯（Sheila Spence）和特雷泽·塔克（Therese Tucker）。

在哥伦比亚大学，我受益于商学院的同事沃特·蒂森（Wouter Dessein）、布鲁斯·格林沃德（Bruce Greenwald）、迈克尔·莫布森（Michael Mauboussin）、乔纳·洛克夫（Jonah Rockoff）、米克洛斯·萨瓦里（Miklos Sarvary）和法学院的吴修铭（Tim Wu）、社会学系苏迪尔·文卡特什（Sudhir Venkatesh）和新闻学院的詹姆斯·B·斯图尔特（James B. Stewart）的慷慨相助。来自哥伦比亚学院的阿吉特·苏尼尔·阿科尔（Ajit Sunil Akole）作为研究助理特别热情且有创造性。更广泛地说，商学院媒体和技术项目的霍利斯·奥罗克（Hollis O'Rorke）和杰米·钱德勒（Jamie Chandler）也确保我没有离题。

在我担任高级顾问的 Evercore 公司，内森·格拉夫（Nathan Graf）和杰森·索博尔（Jason Sobol）已经容忍了我十多年，仍然愿意以同样细致的思考来评价全书，这也是他们对客户来说不可或缺的原因。在这两位与我合作最密切的同事之外，我还"无耻"地借 Evercore 公司职务之便获得了大多数与主题相关的广泛而深入的知识，包括银行业务和股票研究。约翰·贝尔顿（John Belton）、迈克尔·考德威尔（Michael Caldwell）、马蒂·西科（Marty Cicco）、维奈·卡梅斯瓦兰（Vinay Kameswaran）、格雷格·梅利奇（Greg Melich）、杰夫·赖森伯格（Jeff Reisenberg）、杰森·托马斯（Jaison Thomas）和大卫·托古特（David Togut）都为我提供了重要见解。我设法让才华出众的助理迈克尔·利萨（Michael Lizza）

在已经非常繁重的工作职责之外帮助我进行研究和分析,为本研究打下基础。我在 Evercore 出色的行政助理劳拉·霍尔登(Laura Holden)也是为我提供了帮助的研究助手。

我还要感谢我的经纪人吉姆·莱文(Jim Levine),感谢他在整个过程中为我和这个项目提供了周到的建议。最后,我必须感谢我在 Portfolio 出版社出色的编辑们。阿德里安·扎克海姆(Adrian Zackheim)从一开始就支持这个想法,并兑现了全部承诺,作为一个作者无法再要求更多。梅里·孙(Merry Sun)在原来的编辑换了工作后被分配到这个项目,她很快进入状态,而且无疑优化了项目。

最后,在此声明,任何向我提供帮助或支持的人都不应为我实际书写的内容负责,我的结论也不代表他们的观点。